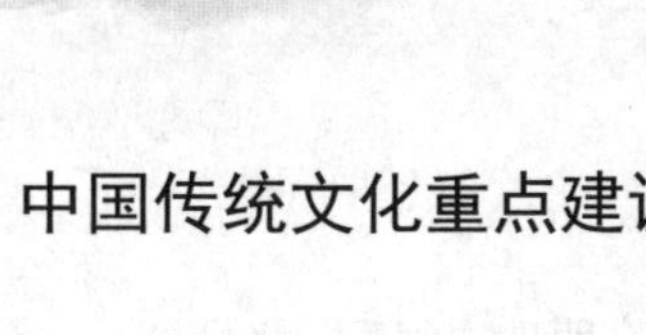

中国传统文化重点建设教材

中国传统文化教育

主　编：旺　青　　郎红玲　　高明珠

副主编：王　颖　　孙绍华　　朱海娥

郭　佳　　白雪亮　　李　星

潘　莹　　陈　超　　卜祥汉

中国原子能出版社
China Atomic Energy Press

图书在版编目（CIP）数据

中国传统文化教育 / 旺青，郎红玲，高明珠主编. -- 北京：中国原子能出版社，2021.1（2023.1重印）

ISBN 978-7-5221-1250-3

Ⅰ. ①中… Ⅱ. ①旺… ②郎… ③高… Ⅲ. ①中华文化 Ⅳ. ① K203

中国版本图书馆 CIP 数据核字（2021）第 035983 号

中国传统文化教育

出　　版	中国原子能出版社（北京海淀区阜成路 43 号 100048）
责任编辑	刘东鹏
责任印刷	赵明
印　　刷	河北宝昌佳彩印刷有限公司
经　　销	全国各地新华书店
开　　本	787 mm × 1092 mm　1/16
印　　张	11.5
字　　数	300 千字
版　　次	2021 年 1 月第 1 版
印　　次	2023 年 1 月第 2 次印刷
书　　号	978-7-5221-1250-3
定　　价	68.00 元

出版社网址：http：//www.aep.com.cn

前言

中国传统文化源远流长，博大精深，它是中华民族几千年文明的结晶。也是民族历史上各种思想文化、观念形态的总体表现，具有鲜明民族特色的和传统优良的文化。中国传统文化在人类文化史上有着重要的地位和作用。

习近平总书记曾明确指出：“中华优秀传统文化已成为中华民族的基因，植根于中国人内心，潜移默化影响着中国人的思想方式和行为方式。”今天，我们提倡和弘扬社会主义核心价值观，必须从中汲取丰富营养，否则就不会有生命力和影响力。

中国传统美德是中国文化的精髓，如仁、义、礼、智、信“五常”，孝、悌、忠、信、礼、义、廉、耻“八德”等，是传统文化在漫长发展历程中生生不息的主要支撑，必须努力传承和弘扬。中国传统文化中还有许多思想理念对当代人类面临的冲突解决提供了有益的启示，孔子在2500年前提出“己所不欲，勿施于人”的态度与“和而不同”的精神，有利于处理人与人的矛盾冲突，有利于处理不同文明之间的关系，也深刻体现了中国传统文化处理人类难题的智慧，值得深入学习和发掘。弘扬中国传统文化，树立和践行社会主义核心价值观，是学校立德树人的责任和使命。

本教材采用言简意赅的语言介绍丰富多彩而又震撼人心的历史，阐释中国传统文化丰满而深刻的精神内涵，力求使学生能够在最短的时间，以最快的速度，对我国传统文化的方方面面有个比较详尽的了解。

本教材通俗易懂，知识性、趣味性、可读性较强，是一本难得的学习中国传统文化的教材，适用于学校的综合素质教育教程，对于其他有志于了解中国传统文化的人而言也是很好的入门书籍。

由于编者水平有限，书中难免出现一些错误和缺点，敬请批评指正。

编者

2020年11月

目录

第一章　国学精粹

中国传统文化就是一座宏伟的殿堂，许多人以毕生精力都难以穷尽其底蕴。重温国学经典，诵读流传了千百年的《三字经》《千字文》《弟子规》等，就会惊喜地发现：中国国学竟有如此独特的魅力和深厚的文化底蕴。

第一节　王应麟与《三字经》

一、作者简介

原典作者：王应麟（1223 年—1296 年）南宋官员、学者。字伯厚，号深宁居士，又号厚斋。祖籍河南开封，后迁居庆元府鄞县（今浙江省宁波市鄞州区），理宗淳祐元年进士，宝佑四年复中博学宏词科。历官太常寺主簿、通判台州，召为秘节监、权中书舍人，知徽州、礼部尚书兼给事中等职。其为人正直敢言，屡次冒犯权臣丁大全、贾似道而遭罢斥，后辞官回乡。南宋灭亡以后，他隐居乡里，闭门谢客，著书立说。计有二十余种、六百多卷，相传《三字经》为其所著。

增改作者：章太炎（1869 年—1936 年），原名学乘，字枚叔，以纪念汉代辞赋家枚乘。后易名为炳麟。因反清意识浓厚，慕顾绛（顾炎武）的为人行事而改名为绛，号太炎。世人常称之为“太炎先生”。中国浙江余杭人，清末民初思想家，史学家，朴学大师，国学大师，民族主义革命者。著名学者，研究范围涉及小学、历史、哲学、政治等，著述甚丰。

二、作品简介

《三字经》是中国古代历史文明送给每个中国人的精神遗产。短小的篇幅，脍炙人口的佳句，广为流传的道理……它陶冶世人的，不只是生动有趣的历史故事，还有它博大精深的学识，谦谦君子的为人素养。

《三字经》是中华传统文化的启蒙读物，人生成长路上的良师益友。

三、经典诵读

人之初，性本善，性相近，习相远。苟不教，性乃迁①，教之道②，贵以专。昔孟母，择邻处，子不学，断机杼③。窦燕山，有义方④，教五子，名俱扬。养不教，父之过，教不严，师之惰。子不学，非所宜⑤，幼不学，老何为。玉不琢，不成器，人不学，不知义⑥。为人子，方⑦少时，亲师友，习礼仪。香九龄，能温席，孝于亲，所当执⑧。融四岁，能让梨，弟⑨于长，宜先知。首孝悌，次见闻，知某数，识某文。

【注释】

①迁：改变。②道：方法。③杼：织布机上的梭子。④义方：教育孩子的好方法。⑤宜：应该，适当。⑥义：合宜的道德、行为或道理。⑦方：正当，正值。⑧执：执行，施行。⑨弟：通“涕”，尊重、友爱兄长。

【译文】

人刚出生时，天性本是善良的；品格相差不远，只是后天的环境不一样习性才相差远了。如果从小不好好教育，善良的品性就会改变；教育子女最重要的方法贵在专心致志地去教育。从前，孟子逃学不学习，孟母就折断织布机的机杼来教子，孟母为了孟子能有个良好的学习环境，选择不同的地方定居。五代后晋的窦燕山原名窦禹钧，教子有方，他教育的五个孩子都名扬四海。仅仅供养儿女吃穿而不好好教育，是父亲的过错；只是教育但不严格要求，是老师的懒惰。小孩子不好好学习，是不应该的，年幼时不好好学习，到老的时候能有什么作为。玉不打磨雕琢，不会成为精美的器物；人不学习，就不懂得义理道德。做儿女的正值年少时，要亲近良师益友，学习为人处世的礼仪知识。东汉的黄香九岁时，就知道替父亲暖被褥，这是每个孝顺父母的人应该效仿和施行的。汉末的孔融四岁时，就知道把大的梨让给哥哥吃，这种尊敬和友爱兄长的道理，是每个人从小就应该知道的。人首先要孝敬父母和友爱兄长，其次是学习看到和听到的知识，知道十百千万之数为某数，认识古今圣贤之事为某文。

图 1-1-1　《三字经》竹简

一而十，十而百，百而千，千而万。三才者，天地人，三光者，日月星。三纲者，君臣义，父子亲，夫妇顺。曰春夏，曰秋冬，此四时，运不穷①。曰南北，曰西东，此四方，应②乎中。曰水火，木金土，此五行，本乎数③。曰仁义，礼智信，此五常，不容紊。稻粱菽，麦黍稷，此六谷，人所食。马牛羊，鸡犬豕，此六畜，入所饲。曰喜怒，曰哀惧，爱恶欲，七情具。匏土革，木石金，丝与竹，乃八音。高曾祖，父而身，身而子，子而孙。自子孙，至玄曾，乃九族，入之伦。父子恩，夫妇从，兄则友，弟则恭。长幼序，友与朋，君则敬，臣则忠。此十义，人所同。

【注释】

①运：运转，运行。不穷：指春去夏来，秋去冬来，没有穷尽之意。②应：对应，相应。③本：根本，本源。数：运数，天理。

【译文】

万物之数起于一，一进为十，十进为百，百进为千，千进为万，直至无穷。三才是指天、地、人，三光是指太阳、月亮、星星。三纲就是君王与臣子的言行要合乎义理，父母子女之间要相亲相爱，夫妻之间要和顺相处。春夏秋冬叫做四季，这四季的运转没有穷尽。东南西北叫作四方，这四个方位分别与中央相应。五行就是金木水火土，这五行之理来源于运数。仁义礼智信称为五常，这五常绝不容许紊乱。稻子、小米、大豆、小麦、黍米和高粱，这六种粮食是人类吃的主粮。马牛羊、鸡狗猪，这六畜是人类饲养的家畜。喜怒哀惧、爱恶欲望，这七种感情从人一出生时就具备了。古人用匏瓜、黏土、皮革、木块、石头、金属、丝线与竹子制成各种乐器，称为“八音”。高祖父生曾祖父，曾祖父生祖父，祖父生父亲，父亲生我自己，我自己生儿子，儿子再生孙子。从儿子、孙子再接下去到玄孙和曾孙称为“九族”，这“九族”代表着人的长幼尊卑秩序和家族血统的承续关系。父子之间要注重相互的恩情，夫妻之间要感情和顺，当哥哥要友爱弟弟，当弟弟要尊敬哥哥。年长的和年幼的交往要注意长幼尊卑的次序，朋友相处要讲信用，君主尊重他的臣子，臣子就会对君主忠心耿耿。这十义，人人都是一样的。

凡训蒙[①]，须讲究，详训诂[②]，明句读。为学者，必有初，小学[③]终，至四书。论语者，二十篇，群弟子，记善言。孟子者，七篇止，讲道德，说仁义。作中庸，子思笔，中不偏，庸不易。作大学，乃曾子，自修齐[④]，至治平[⑤]。孝经通，四书熟，如六经，始可读。诗书易，礼春秋，号六经，当讲求。有连山，有归藏，有周易，三易详，有典谟[⑥]，有训诰[⑦]。有誓命[⑧]，书之奥。我周公，作周礼，著六官，存治体。大小戴，注礼记，述圣言，礼乐备。曰国风，曰雅颂，号四诗，当讽咏。诗既亡，春秋作，寓褒贬，别善恶。三传者，有公羊，有左氏，有谷梁。经既明，方读子，撮[⑨]其要，记其事。五子者，有荀扬，文中子，及老庄。

【注释】

①训蒙：即启蒙，对儿童进行启蒙教育。训，教诲。蒙，初生之草，比喻幼稚的小孩。②训诂：即用当代通俗的语言解释古书字句的意义。③小学：一本古代儿童教育课本。④修齐：修身和齐家。⑤治平：治国平天下。⑥典：为帝王受命之书。谟：大臣协助帝王的文书。⑦训：大臣开导、启迪君王以纠正错误的文书。诰：指训诫勉励的文告，用于上告下，昭示天下的文件。⑧誓：指帝王告诫将士，命将誓师、信赏必罚的言辞。命：指命令、任命，帝王申布命令于大臣。⑨撮：提取，抓住。

【译文】

凡是对儿童进行启蒙教育，必须讲解考究字词含义，用通俗的语言详细地解释字句意义，明确古文的断句。求学的人，一定要打好求学初期的基础，把小学学透了，才可读四书。《论语》这本书共有二十篇，是孔子的弟子记录孔子的格言警句编成的。《孟子》这本书共有七篇，讲的是品行修养，说的是仁义道德。作《中庸》这本书的是子思，“中”是不偏的意思，“庸”是不变的意思。作《大学》这本书的是曾参，他主张提高自身修养，使家庭和睦，进而治国平天下。《孝经》通晓了，“四书”熟读了，像“六经”这样深奥的书就可以读了。《诗》《书》《易》《礼》《春秋》和《乐》称六经，应当仔细阅读。《易经》有《连山易》《归藏易》《周易》三种版本，它们详尽阐述了易理。《书经》有以下几部分：典，是国君受命之书；漠，是大臣协助国君的文书；训，是大臣开导、启迪国君以纠正错误的文书；语，是训诫勉励的文告；誓，是国君告诫将士，命将誓师、信赏必罚的言辞；命，是国君申布命令于大臣。《书经》文辞含义深奥。周公作《周礼》，记载了六官的官制以及国家的组成情况。戴德和戴圣整理注释《礼记》，记述圣人的言论，礼乐的内容十分完备。《诗经》分为《国风》《大雅》《小雅》《颂》，称为四诗，应当诵读吟咏。《诗经》随着周朝的衰落被冷落，孔子的《春秋》便应运而成，隐含着褒贬，分辨出善恶。三传就是《公羊传》《左传》和《谷梁传》。儒家经典明晓了，再开始读诸子百家的书，抓住书中重点，记住事情始末。五种子书分别是《荀子》《扬子》《文中子》以及《老子》《庄子》。

图 1-1-2　尊师重道

经子通，读诸史，考世系，知终始。自羲农，至黄帝，号三皇，居上世[①]。唐有虞，号二帝，相揖逊[②]，称盛世。夏有禹，商有汤，周武王，称三王。夏传子，家天下，四百载，迁夏社。汤伐夏，国号商，六百载，至纣亡。周武王，始诛纣，八百载，最长久。周辙东，王纲坠，逞干戈[③]，尚游说。始春秋，终战国，五霸强，七雄出。嬴秦氏，始兼并，传二世，楚汉争。高祖兴，汉业建，至孝平，王莽篡。光武兴，为东汉，四百年，终于献[④]。魏蜀吴，争汉鼎[⑤]，号三国，迄两晋。宋齐继，梁陈承，为南朝，都金陵。北元魏，分东西，宇文周，与高齐。迨至隋，一土宇[⑥]，不再传，失统绪[⑦]。唐高祖，起义师，除隋乱，创国基。二十传，三百载，梁灭之，国乃改。梁唐晋，及汉周，称五代，皆有由。炎宋[⑧]兴，受周禅，十八传，南北混。辽与金，帝号纷，迨灭辽，宋犹存。至元兴，金绪歇，有宋世，一同灭，并中国，兼戎狄。明太祖，久亲师，传建文，方四祀。迁北京，永乐嗣，迨崇祯，煤山逝。清太祖，膺景命[⑨]，靖四方，克大定。至世祖，乃大同，十二世，清祚终。读史者，考实录[⑩]，通古今，若亲目。

【注释】

①上世：远古时代。②揖逊：揖让，禅让。③逞：显示，炫耀。干戈：本指古代的两种兵器，这里指战争。④献：指汉献帝刘协。⑤鼎：代指国家政权。⑥一土宇：指统一天下。⑦统绪：皇帝世系，这里指天下。⑧炎宋：赵宋自称以火德王，故称炎宋。⑨膺：接受。景命：上天的命令。⑩实录：编年史的一种体裁，是继位之君命史官为死去的国君所编的编年体大事记。

【译文】

通晓经书和子书后，再读各种史书；考究各朝代相承的系统，了解他们的兴衰。从伏羲氏、神农氏到黄帝，这三位上古时代的帝王被后人尊称为“三皇”。唐尧和虞舜被称为“二帝”，相互禅让，治理的时代被称为盛世。夏朝有开国君主禹，商朝有开国君主汤，周朝有开国君主周文王，被后人称为三王。禹把帝位传给儿子，天下成为一个家族所有；经过四百多年，改变了夏的统治。商汤讨伐夏桀，建立新王朝国号商；传了六百多年，到纣王时灭亡。周武王开始讨伐纣王建立周朝，延续了八百多年，是最长的朝代。周平王东迁国都，王朝法制衰败废弃；诸侯炫耀武力进行战争，推崇游说之士。从春秋开始，到战国结束，先后有五国称霸，七国称雄。秦国开始用武力吞并六国，传至秦二世时出现楚汉相争。汉高祖起兵打败了项羽，汉朝建立；到了孝平帝时，被王莽篡权。刘秀起兵诛灭王莽，建立东汉，两汉延续四百年，到汉献帝时结束。魏国、蜀国、吴国争夺天下，称为三国，直到东、西晋。宋、齐相继，梁、陈相承，史称南北朝，定都金陵。北朝的元魏分裂成东魏和西魏，宇文泰篡位，建立北周，高洋篡位建立北齐。等到了隋朝，隋文帝统一天下，隋不再相传，失去了天下。唐高祖李渊举兵起义，灭掉隋朝，建立唐朝。唐朝传了二十代近三百年，后梁灭掉唐朝，国号于是改变。后梁、后唐、后晋、后汉和后周史上称五代，五个朝代的更替都有原因。赵匡胤接受后周皇帝的禅让，建立宋朝；相传了十八代，出现南北混战。辽国和金国帝号繁多，等到辽国灭亡，宋朝还存在。到元朝兴起，金国的命运终止了，宋朝同样被元朝消灭了；蒙古人主中原，兼并少数民族。明太祖朱元璋长期亲自督师，灭了元朝，建立明朝；传位建文帝正好四年。明成祖迁都北京，他的子孙接续皇位；等到崇祯皇帝在煤山上吊自尽，明朝灭亡。清太祖接受上天的命令，平定四方完成国家稳定。到清世祖时才统一天下，传位至十二世，清朝灭亡。读史的人应该查考历代实录，通晓了古往今来发生的事情，就像是亲眼目睹。

口而诵，心而惟[①]，朝于斯，夕于斯。昔仲尼，师项橐，古圣贤，尚勤学。赵中令，读鲁论[②]，彼既仕，学且勤。披蒲编，削竹简，彼无书，且知勉。头悬梁，锥刺股，彼不教，自勤苦。如囊萤，如映雪，家虽贫，学不辍。如负薪，如挂角，身虽劳，犹苦卓。苏老泉[③]，二十七，始发愤，读书籍。彼既老，犹悔迟，尔小生[④]，宜早思。若梁灏，八十二，对大廷，魁多士。彼既成，众称异，尔小生，宜立志。莹八岁，能咏诗，泌七岁，能赋棋。彼颖悟，人称奇，尔幼学，当效之。蔡文姬，能辨琴，谢道韫，能咏吟。彼女子，且聪敏，尔男子，当自警。唐刘晏，方七岁，举神童，作正字。彼虽幼，身已仕，尔幼学，勉而致，有为者，亦若是。犬守夜，鸡司[⑤]晨，苟不学，曷为人。蚕吐丝，蜂酿蜜，人不学，不如物。幼而学，壮而行，上致君，下泽民。扬名声，显[⑥]父母，光于前，裕于后。人遗子，金满赢，我教子，唯一经。勤有功，戏无益，戒之哉，宜勉力。

【注释】

①惟：思考。②鲁论：即《论语》。③老泉：苏洵。④尔小生：你们这些后生晚辈。⑤司：管理，掌握。⑥显：荣耀。

【译文】

口里吟诵，心里思考，早晨这样，晚上也这样。从前孔子向项橐学习，孔子是古代的圣贤，还勤奋学习。宋朝的赵普，喜欢读《论语》，已经做了中书令，学习仍然很勤奋。西汉的路温舒把文字抄在蒲草编成的席子上阅读，公孙弘将《春秋》刻在竹子削成的竹片上，他们家贫没书，还知道勤奋学习。晋朝的孙敬把头发拴在屋梁上，战国的苏秦用锥子刺大腿，他们没有老师的教诲，自己勤奋刻苦。晋朝的孙敬把萤火虫放在纱袋里照明读书，孙康利用积雪的反光来读书，他们家境贫苦，学习始终不停止。汉朝的朱买臣边担柴边读书，隋朝的李密一边放牛一边读书，他们身体虽然劳累，依然刻苦并取得卓越成就。宋代的苏洵，到了二十七岁才开始发奋读书。苏洵已经上了年纪，才后悔学得太迟；你们这些后辈晚生，应该早早考虑用功学习。像宋朝的梁灏，八十二岁才考中状元，在金殿上回答皇帝提出的问题，在参加考试的人中居第一位。梁灏已经成功，大家感到惊异，你们这些后生晚辈，更应早立志向。北齐的祖莹，八岁就能吟诗；唐朝的李泌，七岁就能以下棋为题作出诗赋。他们两个人的聪颖和悟性，人们赞赏和称奇，你们这些年幼的学生应该效法他们。东汉的蔡文姬能分辨琴声，晋朝的谢道韫能出口成诗。文姬、道韫两位弱女子尚且如此聪慧、敏捷，你们这些男子汉应该自己警醒。唐朝的刘晏刚刚七岁，就考中“神童科”，做了翰林正字的官职。刘晏虽然年纪幼小，却已经做官；你们这些年幼的学生，也应当勉力达到；有作为的人，也应当像这样。狗守夜，鸡报晓，人如果不学习，怎么称为人呢？蚕吐丝，蜜蜂酿蜜，人不学习不如小动物。幼年时努力学习，长大后学以致用；上报效君主，下恩泽民众。使你的名声传扬，使父母得到荣耀，给祖先增添光彩，给后代留下富足。有人留给子孙的是金银钱财，我教育后代，只希望他们精于读书学习。勤奋会有收获，贪玩没有益处，以这句话为戒，应该努力、尽力。

【开篇有益】

1. 词语积累：

宜、方、撮、司、显

2. 文化常识：

典、漠、训、浩、誓、命

修身治平

3. 读后有感：

《三字经》像一个循循善诱的老师，传授着渊博知识，教诲着人生哲理，规范着言行举止，集中体现了中华民族的悠远文化和传统美德，充满了积极向上的追求和鼓舞。同情心、宽容心、感恩心、羞辱心、民族心；尊重师长，宽厚待人，勤劳节俭，清正廉洁，爱国爱民，弘扬正气……句句陶冶情操，声声予人鞭策，潜移默化中使自己更向往完美，使内心更倾慕高尚。从扇枕温席的黄香，到四岁让梨的孔融；从登科夺魁的八旬梁灏，到藏火偷读的少年祖莹，三字经中的榜样比比皆是。假如我们能够把榜样作为模仿的对象，用他们的美德靛行和发奋学习的精神涵养心灵，你一定会成为一个对社会有用且令人尊重的人。

第二节 周兴嗣与《千字文》

一、作者简介

周兴嗣（469 年—537 年），字思纂，祖籍陈郡项人。世居江南姑孰（今安徽当涂）。南朝大臣，史学家。

博学，善于属文。梁武帝继位，拜安成王国侍郎。帝每令兴嗣为文，如《铜表铭》《栅塘碣》《檄魏文》《次韵王羲之书》。每奏辄称善，官终给事中。参撰皇帝实录、皇德记、起居注、职仪等百余卷，著有文集十卷，《千字文》传诵千古。梁武帝大同三年七月十五日卒。《梁书》及《两唐书志》传于世。

二、作品简介

1400年前，先贤周兴嗣用1000个汉字，组成了《千字文》这篇绝妙的文章。这部国学经典，语言优美，辞藻华丽，几乎句句用典，字字引经；运用文学的语言形式播撒丰富的人文知识和深博的儒家思想；与《三字经》《百家姓》俗称“三百千”。是一部影响大而流行广的蒙学读物。

《千字文》是一部四言长诗，历经千年的沧桑巨变，依旧翰墨留香；1000 个汉字，字字珠玑，闪耀着中国文化的超然智慧，在绵长的历史长河中熠熠生辉！

三、经典诵读

天地玄黄，宇宙洪荒①。日月盈昃②，辰宿③列张。寒来暑往，秋收冬藏。闰馀成岁④，律吕调阳⑤。云腾致雨，露结为霜。金生丽水，玉出昆冈。剑号巨阙⑥，珠称夜光。果珍李柰⑦（nài），菜重芥姜。海咸河淡，鳞潜羽翔。

【注释】

①洪荒：无边无际、混沌蒙昧状态，指远古时代。②昃：月光圆满。是：太阳西斜。③辰宿：星辰。④闰馀成岁：中国古代历法以月亮圆缺变化一次为一个月，十二个月为一年，但人们实际经历一年（地球绕太阳运行一圈）和它之间有差额，这个时间差额被称为“闰余”。为解决这个问题，古人每过几年就把积累起来的“闰余”相加，合成“闰月”插入该年份中，有“闰月”的这一年就是“闰年”。闰，余数。⑤律吕：中国古代校定音律时将一个八度分为十二个不完全相等的半音，从低到高排列，每半音称一律，其中奇数各律叫“律”，偶数各律叫“吕”。相传黄帝时伶伦制乐，用律吕以调阴阳。调阳：这里指调整节气。⑥巨阙：越王允常命欧冶子铸造了五把宝剑，第一为巨阙，其余依次名为纯钩、湛卢、莫邪、鱼肠，

全都锋利无比，而以巨阙为最。⑦李柰：李子和柰子，两种水果名。

【译文】

天是青黑色的，地是黄色的，宇宙形成于混沌蒙昧的状态中。太阳正了又斜，月亮圆了又缺，星辰布满在无边的太空中。寒暑循环变换；秋天收割庄稼，冬天储藏粮食。积累数年的闰余并成一个月，放在闰年里；古人用六律六吕来调整节气。云气上升遇冷就形成了雨，夜里露水遇冷就凝结成霜。黄金产在金沙江，玉石出在昆仑山岗。最锋利的宝剑叫"巨阙"，最贵重的明珠叫"夜光"。水果里最珍贵的是李子和柰子，蔬菜中最重要的是芥菜和生姜。海水是咸的，河水是淡的，鱼儿在水中潜游，鸟儿在空中飞翔。

图 1–2–1 古代学堂

龙师火帝①，鸟官人皇②。始制文字，乃服衣裳。推位让国，有虞陶唐③。吊民伐罪，周发殷汤④。坐朝问道，垂拱平章⑤。爱育黎首，臣伏戎羌。遐迩一体，率宾归王。鸣凤在竹，白驹食场。化被⑥草木，赖及万方。

【注释】

①龙师：相传伏羲氏用龙给百官命名，因此叫他"龙师"。火帝：神农氏用火给百官命名，因此叫他"火帝"。②鸟官：少昊（hào）氏用鸟给百官命名，因此叫他"鸟官"。人皇：传说中的三皇之一。③有虞：有虞氏，传说中的远古部落名，舜是它的首领；这里指舜，又称虞舜。陶唐：陶唐氏，传说中的远古部落名，尧是它的首领；这里指尧，又称唐尧。尧当了七十年君主，死时把君位让给了舜；舜当了五十年君主，把君位传给了禹；史称"禅让"。④周发：西周的第一个君主武王姬发，他讨伐暴君商纣王而建立周朝。殷汤：历史上商朝又称殷，成汤是第一个君主，他讨伐夏朝暴君桀而建立商朝。⑤垂拱：不做什么而天下太平，多为称颂皇帝无为而治的套语。平：平指太平。章：通"彰"，彰明，显著。⑥被：通"披"，覆盖，恩泽。

【译文】

龙师、火帝、鸟官、人皇是上古时代的帝皇。仓颉创制了文字，百姓穿起了衣裳。唐尧、虞舜把君位禅让给功臣贤人。安抚百姓、讨伐暴君的，是周武王姬发和商王成汤。贤明的君主坐在朝廷上向大臣们询问治国之道，垂衣拱手使天下太平，功绩彰著。他们爱抚、体恤老百姓，使四方各族俯首称臣。远近都统一成了一个整体，老百姓都归顺于贤明的君主。凤凰在竹林中欢乐的鸣叫，小白马在草场上觅食。圣君贤王的教化覆盖一草一木，恩泽遍及天下百姓。

盖此身发，四大五常[①]。恭惟鞠养[②]，岂敢毁伤。女慕贞洁，男效才良。知过必改，得能莫忘。罔谈彼短，靡恃[③]己长。信使可覆，器欲难量。墨[④]悲丝染，诗赞羔羊[⑤]。景行[⑥]维贤，克念作圣。德建名立，形端表正。空谷传声，虚堂习听。祸因恶积，福缘善庆[⑦]。尺璧非宝，寸阴是竞

【注释】

①四大：指地、水、风、火。五常：指仁、义、礼、智、信。②鞠养：抚养，养育。③恃依赖，依仗。④墨：墨子，名翟，战国初期思想家，墨家学派创始人。他看见匠人把白丝放进染缸里染色，悲叹到："染于苍则苍，染于黄则黄。"强调人要注意抵御不良环境的影响，保持天生的善性。⑤羔羊：羔羊毛色洁白如一，借以赞颂君子的节俭正直，德如羔羊。⑥景行：大路，比喻光明正大的行为。⑦缘：因为。庆：赏赐。⑧寸阴是竞：一寸光阴也要积极争取，不能浪费，形容时间极其宝贵。寸阴，极短的时间。竞，争取。

【译文】

人的身体发肤分属于"四大"，一言一动都要符合"五常"。诚敬地想着父母的养育之恩，哪里还敢毁坏损伤。女子要仰慕持身严谨品行端洁的人，男子要仿效有才能有道德的人。知道自己有过错一定要改正，学到的知识本领不要忘却。不谈论别人的短处，不依仗自己的长处。诚信要经得起考验，器量要大，使人难以度量。墨子悲叹白丝染色，《诗经》赞颂羔羊能始终保持洁白如一。高尚的品德只能在贤人那里看到，要克制私欲，才能成为圣人。好的道德养成了，好的名声就树立了；形体端庄了，仪表就端正了。空旷的山谷中声音传得很远，宽敞的厅堂里声音回声清晰。灾祸是因为恶的积累，福祚是因为善的奖赏。一尺长的美玉不是真正的宝贝，片刻的时光也值得争取。

资父事君，曰严与敬。孝当竭力，忠则尽命。临深履薄[①]，夙兴温凊[②]。似兰斯馨，如松之盛。川流不息，渊澄取映。容止若思，言辞安定。笃[③]初诚美，慎终宜令。荣业所基，籍甚无竟。学优[④]登仕，摄职从政。存以甘棠[⑤]，去而益咏。乐殊贵贱，礼别尊卑。上和下睦，夫唱妇随。

【注释】

①临深履薄：面临深渊，脚踩在很薄的冰面上。比喻小心谨慎。②夙兴："夙兴夜寐"之略，即早起晚睡。夙，早。温凊：即冬温夏凊。③笃：忠诚，厚道。④学优：即"学而优则仕"，指学习好了就可以做官。⑤甘棠：木名。《史记》记载："召公巡行乡邑，有棠树，决狱政

事其下……召公卒，而民人思召公之政，怀棠树不敢伐，哥咏之。”后以“甘棠”称颂循吏的美政和遗爱。

【译文】

奉养父亲侍奉君主，要严肃、恭敬。孝顺父母应当竭尽全力，忠于君主则要不惜献出生命。要如临深渊，如履薄冰那样小心谨慎，要早起晚睡，侍候父母让他们冬暖夏凉。让自己的德行像兰草那样清香，像松柏那样茂盛。像大河川流不息，像碧潭清澄照人。仪容举止若有所思，言语措辞从容沉静。厚实的开始确实不错，慎重的结果也许更好。这是荣誉与事业的基础，有了这个根基，荣誉与事业的发展才能没有止境。书读好了走上仕途，行使职权参加国政。召公活着时曾在甘棠树下理政，他过世后老百姓对他更加怀念歌咏。音乐根据人们身份的贵贱而有所不同，礼节根据人们地位的高低而有所区别。上下和睦相处，夫妇要一唱一随。

图 1-2-2　学习文化

外受傅训，入奉母仪。诸姑伯叔，犹子比儿。孔怀[①]兄弟，同气连枝[②]。交友投分，切磨箴[③]规。仁慈隐恻，造次[④]弗离。节义廉退，颠沛匪亏。性静情逸，心动神疲。守真志满，逐物意移。坚持雅操，好爵自縻[⑤]。

【注释】

①孔怀：指相互非常思念，后来代指“兄弟”。②同气连枝：比喻同胞的兄弟姐妹。③箴：劝诫、劝勉。④造次：匆忙，慌乱。⑤縻：牵系，拴住，系住。

【译文】

在外接受师傅的训诲，在家遵从母亲的教导。对待姑姑、伯伯、叔叔，要像他们的亲生子女一样。兄弟之间要相互关爱，如同树枝相连。结交朋友要意气相投，学习上切磋琢磨，品行上互相告勉。要仁义、慈爱，对人的恻隐之心，在仓促匆忙的时候都不能抛离。气节、正义、廉洁、谦让的美德，在穷困潦倒的时候也不可亏缺。内心清静平定，情绪就会安逸，心为外物所动，精神就会疲惫困倦。保持纯真的天性，愿望就可以满足，追求物欲享受，意志就会转移。坚持高雅情操，好运就会牵系你。

都邑华夏，东西二京。背邙（máng）面洛，浮渭据泾。宫殿盘郁，楼观飞惊。图写禽兽，画彩仙灵。丙舍[①]傍启，甲帐对楹。肆筵设席，鼓瑟吹笙。升阶纳陛[②]，弁[③]（biàn）转疑星。右通广内[④]，左达承明。既集坟典[⑤]，亦聚群英。杜稿钟隶[⑥]，漆书壁经[⑦]。

【注释】

①丙舍：宫中别室。②陛：帝王宫殿的台阶。③弁：古时一种官帽，后泛指帽子。④广内：汉宫廷藏书之所，指帝王书库。⑤坟典：指《三坟》《五典》，分别记载三皇、五帝事迹的书。⑥杜稿：杜度的草书手稿。钟隶：钟繇的隶书真迹。⑦漆书：一种书体名，也指用漆写字。壁经：汉代鲁恭王在曲阜孔庙墙壁里发现的古文经书。

【译文】

中国古代的都城华美壮观，有东京洛阳和西京长安。洛阳背靠邓山，面临洛水；长安北横渭水，远据浸河。宫殿回环曲折，楼阁凌空欲飞。宫殿上画着飞禽走兽，绘出五彩仙灵。配殿从侧面开启，帐幕对着高高的楹柱。宫殿里摆着酒席，乐人在吹笙鼓瑟。官员们登上台阶，帽子转动，像满天的星斗。右面通向藏书的广内殿，左面到达朝臣休息的承明殿。这里收藏了很多的典籍名著，也聚集着成群的文武英才。有杜度的草书手稿和钟繇的隶书真迹，还有漆写古书和孔庙墙壁内发现的古文经书。

府罗将相，路侠槐卿[①]。户封八县，家给千兵。高冠陪辇，驱毂[②]（gǔ）振缨。世禄侈富，车驾肥轻。策功茂实[③]，勒碑刻铭。磻（pān）溪伊尹[④]，佐时阿衡[⑤]。奄宅曲阜，微旦[⑥]孰营。桓公匡[⑦]合，济弱扶倾。绮[⑧]回汉惠，说[⑨]感武丁。俊乂（yì）密勿[⑩]，多士寔宁（shí）[⑪]。晋楚更霸，赵魏困横。假途灭虢[⑫]，践土会盟。

【注释】

①侠：同“夹”。槐卿：三公九卿的简称。②毂：泛指车。③茂实：茂盛，真实。④磻溪：姜太公吕尚。伊尹：原为陪嫁奴隶，商汤用为小臣，后任以国政，辅佐商汤功灭夏桀。⑤阿衡：商朝官名，相当宰相。⑥旦：周公姬旦。⑦匡：匡正。⑧绮：绮里季，帮助汉惠帝在即位之前保住其太子地位的功臣之一。⑨说：傅说，原为奴隶，殷高宗武丁梦见了他便画像访求，找到后用为宰相。⑩俊乂：有才能的人。密勿：勤勉努力。⑪ 寔宁：这才安宁。寔，此。⑫ 假途灭虢：指用借路的名义而灭亡这个国家。虢，春秋时的诸侯国。

【译文】

宫内将相依次排成两列，宫外大夫公卿夹道站立。他们每户都有八县以上的封地，还有上千名的侍卫武装。戴着高大帽子的官员们陪着皇帝出游，驾着车马，飘舞着帽带。世世承体，奢侈豪富，出门时乘着轻车肥马。他们的功绩卓越而真实，朝廷还记载他们的功德，刻在碑石上。周武王在磻溪遇到了吕尚，尊他为“太公望”；伊尹辅佐时政，商汤王封他为“阿衡”。鲁国的都城曲阜，如果没有周公旦，谁能经营得那么好。齐桓公匡正天下诸侯，帮助弱小，拯救危亡。汉惠帝做太子时靠绮里季才幸免废黜，商君武丁靠梦境感应而得了贤相传说。贤才们勤勉努力，靠这些众多的贤士，才换来国家富强安宁。晋文公、楚庄王先后称霸，赵国、魏国受困于连横。晋国向虞国借路去消灭虢国，晋文公在践土召集诸侯敌血会盟。

何①遵约法，韩②弊烦刑。起翦（jiǎn）颇牧③，用军最精。宣④威沙漠，驰誉丹青。九州禹迹，百郡秦并。岳宗泰岱，禅主云亭。雁门紫塞⑤，鸡田赤城⑥。昆池⑦碣石，巨野⑧洞庭。旷远绵邈⑨，岩岫杳冥⑩。

【注释】

①何：萧何，刘邦的丞相。②韩：韩非。③起翦颇牧：白起、王剪、廉颇、李牧。④宣：宣扬，传播。⑤紫塞：北方边塞，这里指长城。⑥鸡田：地名。赤城：山名。⑦昆池：即昆明滇池。⑧巨野：古湖泽名。⑨绵邈：连绵遥远的样子。⑩杳：众多。冥，昏暗。

【译文】

萧何遵奉汉高祖简约的法律，韩非困于自己主张的苛刑。秦将白起、王翦，赵将廉颇、李牧，用兵作战最为精通。他们的声威远扬到北方的沙漠，他们的美名画像永远流传。九州之内都留下了大禹治水的足迹，全国各郡都被秦国统一。五岳以泰山为尊，历代帝王都在云山和亭山主持禅礼。名关有北疆雁门，要塞有万里长城，驿站有边地鸡田，奇山有天台赤城。赏池赴昆明滇池，观海临河北碣石，看泽去山东巨野，望湖上湖南洞庭。江河土地辽阔遥远，名山奇洞幽深秀丽。

图 1–2–3 纸墨笔砚

治本于农，务兹稼穑。俶（chù）载①南亩，我艺黍稷②。税熟贡新③，劝赏黜陟。孟轲敦素，史鱼秉直。庶几中庸，劳谦谨敕。聆音察理，鉴貌辨色。贻厥嘉猷④，勉其祗植⑤。省躬讥诫，宠增抗极。殆辱近耻，林皋⑥幸即。两疏见机，解组⑦谁逼。索居⑧闲处，沉默寂寥。求古寻论，散虑逍遥。欣奏累遣，戚谢欢招。

【注释】

①俶载：始事，开始从事某项工作。②黍稷：谷物名。③税熟：庄稼成熟后，农民用新粮交税。贡新：进贡新粮。④厥：他的。猷：计划、谋划。⑤祗：恭敬。植：立、树立，此指立身处世。⑥皋：水边高地。⑦解组：解下印绶，指辞官。⑧索居：孤身独居。

【译文】

把农业作为治国的根本，一定要做好播种与收获。在南边田地开始干农活，种植黄米和小米。用刚熟的新谷交纳税粮，庄稼种得好的受鼓励赏赐，种得不好的受处罚。孟子敦厚朴素，史官子鱼秉性刚直。做人要尽可能合乎中庸的标准，必须勤劳、谦逊、谨慎、严谨。听人说话要审察其中的道理，看人容貌要看出他的脸色。给人正确高明的建议，勉励别人恭敬地立身处世。听到讥讽告诫要反省自身，备受恩宠不要得意忘形、对抗权尊。知道有危险耻辱的事快要临近，退隐山林还可幸免。汉代疏广、疏受叔侄见机归隐，有谁逼迫他们辞官呢？离群独居悠闲度日，不费唇舌清静无为。探求古籍，搜寻辩论，消除忧虑，自在逍遥。欣喜的事召进，可忧的事驱遣，烦恼消除了，快乐招聚了。

渠荷的历①，园莽抽条。枇杷晚翠，梧桐蚤凋。陈根委翳，落叶飘摇。游鹍②独运，凌摩绛霄③。耽读玩市，寓目④囊箱。易輶（yóu）攸⑤畏。属耳⑥垣墙。具膳餐饭，适口充肠。饱沃（yù）烹宰，饥厌糟糠。亲戚故旧，老少异粮。妾御绩纺⑦，侍巾帷房。

【注释】

①的历：光彩烂灼的样子。②鹍：古书上指像鹤的一种鸟。③凌摩：迫近，接近。绛霄：指天空极高处。④寓目：过目，看一下。⑤輶：一种轻便的车子。⑥属耳：以耳触物。常谓窃听。⑦绩纺：泛指纺纱、绩麻诸事。

【译文】

池塘中的荷花开得鲜艳，园林内的青草抽出嫩芽。枇杷叶子还是绿的，梧桐叶子早就凋谢了。老树根蜿蜒曲折，落叶四处飘荡。远游的鹍鸟独立翱翔，直冲布满彩霞的云霄。在街市上沉迷留恋于读书，眼睛注视的是书袋和书籍。换了轻便的车子要有所畏惧，隔着墙壁有人在贴耳偷听。准备饭食要适合口味，让人吃得饱。饱时厌倦大鱼大肉，饿时满足粗菜淡饭。亲戚、朋友会面要盛情款待，老人、小孩的食物应有所不同。小妾婢女要做纺纱、绩麻诸事，恭敬地在内房服侍。

纨扇圆絜①，银烛炜煌。昼眠夕寐，蓝笋象床。弦歌酒宴，接杯举觞。矫手顿足，悦豫且康。嫡后嗣续，祭祀烝（zhēng）尝②，稽颡（sǎng）③再拜，悚惧恐惶，笺牒简要，顾答审详。骸垢想浴，执热愿凉。驴骡犊特，骇跃超骧④（xiāng），诛斩贼盗，捕获叛亡。

【注释】

①纨：很细的丝织品。絜："洁"之书面语。②烝尝：本指秋冬二祭，后泛指祭祀。③稽颡：屈膝下拜，以额触地的一种跪拜礼，表示极度的虔诚和感谢。④骧：马抬起头快跑。

【译文】

绢制的团扇又圆又白，银色的蜡烛明亮辉煌。白日小憩晚上就寝，有青篾编成的竹席和象牙雕屏的床榻。奏乐唱歌摆酒开宴；接过酒杯举起畅饮。手舞足蹈，快乐又安康。子孙后代继承传续，四时祭祀不能懈怠。跪着磕头拜了又拜，心情要悲痛虔诚。书信要简明扼要，回答问题要审慎周详。身上脏了就想洗澡，捧着热东西就希望它变凉。灾祸中，驴骡牲畜都会惊骇跳跃，东奔西跑。要诛杀盗贼，捕获叛乱分子和亡命之徒。

布射僚丸[①]，嵇琴阮啸[②]。恬笔伦纸[③]，钧巧任钓[④]。释纷利俗，竝（bìng）[⑤]皆佳妙。毛施[⑥]淑姿，工颦[⑦]妍笑。年矢每催，曦晖朗曜[⑧]（yào）。璇玑悬斡[⑨]，晦魄[⑩]环照。指薪修祜[⑪]，永绥吉劭[⑫]。矩步引领，俯仰廊庙。束带矜庄，徘徊瞻眺。孤陋寡闻，愚蒙等诮。谓语助者，焉哉乎也。

【注释】

①布：吕布。僚：宜僚。②嵇：嵇康。阮：阮籍。③恬：蒙恬。伦：蔡伦。④钧：马钧。任：任公子。⑤竝："并"的异体字。⑥毛：毛嫱。施：西施。⑦工：善于。⑧曜：照耀。⑨璇玑：指北斗星的第一星至第四星。斡：旋转。⑩晦魄：月亮。⑪指薪：指薪尽火传。指同"脂"，燃烧的油脂。薪，柴火。祜：福。⑫绥：平安，安抚。劭：劝勉，美好。

【译文】

吕布善于射箭，宜僚善玩弹丸，嵇康善于弹琴，阮籍善于长啸。蒙恬制造毛笔，蔡伦发明造纸，马钧巧制水车，任公子钓得大鱼。他们或者为人解决纠纷，或者有利于社会，都高明巧妙。毛嫱、西施姿容妓美，哪怕皱着眉头，也像美美的笑。岁月如箭匆匆催人渐老，太阳的光辉朗照。高悬的北斗随着四季变换转动，明晦的月光洒遍人间每个角落。像薪尽火传那样行善积福，永远的安康就靠吉祥的忠告。昂头迈步，应付朝廷委以的重任。整束衣冠庄重从容，小心谨慎高瞻远瞩。学识浅陋，见闻不广，愚昧不明，让人耻笑。古书中的语助词，那就是"焉""哉""乎""也"了。

【开篇有益】

1. 词语积累：

寸阴是竞、临深履渊、同气连枝、假途灭虢、笃、靡、酞、枯

2. 文化常识：

垂拱：垂衣拱手，表示不做什么事，形容不用花什么气力。

孔怀：意思是甚相思念，后用为兄弟的代称。

坟典：三坟、五典的并称，后转为古代典籍的通称。

3. 读后有感：

《千字文》内容浩瀚广博，形式新颖独特，可谓包罗万象，胜似百科全书。有宇宙洪荒的开天辟地，有修养身心的规范准则，有理政爱民的险罚减否，有春种秋收的憧憬礼赞。处身治家之道，勤恳劳作之本；民间温情之馨，与人为善之举；不被金钱所诱惑，不为名利而改变……这些治国齐家、为人处世的基本原则，似汩洞清泉，温润滋甜，沁人心脾。认真诵读每一句经典，试着从语言文字、历史文化的融通中领悟经典，你会感受到古人的人格力量与生命的境界，这些，对我们的成长和自身的完美，是最为弥足珍贵的。记住祖先的训诫，做一个有知识、有品质、有美德的人。

第三节　李毓秀与《弟子规》

一、作者简介

李毓秀（1647 年—1729 年），字子潜，号采三，康熙雍正年间绛州（今山西省运城市新绛县）人，编撰《弟子规》（原名《训蒙文》），诞生于清朝顺治四年（1647 年）农历十一月十七日，雍正七年（1729 年）农历八月二十四日辞世。

现在流通的《弟子规》原名是《训蒙文》，是李毓秀夫子的著作，后经雍正乾隆年间贾存仁改编并改名，在清代后期产生过很大的影响，被誉为“开蒙养正之最上乘者”，有“人生第一步，天下第一规”之称，《训蒙文》意思是启蒙、教育子弟尽人伦本分、忠厚生活的读物，全文仅 1080 个字，以三字一句的形式编撰而成，内容浅显易懂，通俗押韵，易于读诵，很快流传于世，这本不起眼的《弟子规》辗转翻印，流传南北，成为妇孺皆知、历久弥新的修身读本。

二、作品简介

重伦理亲情，尽孝悌之道；重人格完善，讲诚信谨行；重人际交往，乐与人为善；重智育学文，尊德育为先……《弟子规》是教导做人的根本，是训迪心灵的钥匙，是启蒙养德、防邪存正所必备的矩圣规贤。

圣人训，代代垂传；弟子规，潜心读念。

三、经典诵读

总序

弟子规，圣人训，首孝弟[①]，次谨信。泛爱众，而亲仁[②]，有余力，则学文。

【注释】

①孝：对父母尽心奉养并尊敬。弟：通“悌”，友爱、尊重兄弟姊妹。②亲仁：亲近仁爱有德之人。

【译文】

弟子规这本书，是依据至圣先师孔子的教诲编写而成的生活规范；首先要做到孝顺父母，友爱兄弟姊妹，其次做事要小心谨慎，做人要诚实守信。和大众相处时要平等博爱，并且亲近有仁德的人，还有多余的时间精力，就应该好好地看书学习做学问。

入则孝

父母呼，应勿缓，父母命，行勿懒，父母教，须敬听，父母责，须顺承。冬则温，夏则清[①]，晨则省，昏则定[②]。出必告，反必面，居有常，业无变。事虽小，勿擅为，苟擅为，子道亏。物虽小，勿私藏，苟私藏，亲心伤。亲所好，力为具[③]，亲所恶，谨为去。身有伤，贻[④]亲忧，德有伤，贻亲羞。亲爱我，孝何难，亲憎我，孝方贤。亲有过，谏使更[⑤]，怡[⑥]吾色，柔吾声。谏不入，悦复谏，号泣随，挞[⑦]无怨。亲有疾，药先尝，昼夜侍，不离床。丧三年[⑧]，常悲咽，居处变，酒肉绝。丧尽礼，祭尽诚，事死者，如事生。

【注释】

①冬温夏清：冬天使父母温暖，夏天让父母凉爽。古指人子孝道，现亦指冬暖夏凉。清：清凉、寒冷。②晨昏定醒：旧时侍奉父母的日常礼节；指晚间服侍就寝，早晨省视问安。也叫“昏定晨省”。省，探望、问疾。定，指服侍就寝。③具：满足。④贻：给……留下。⑤谏：劝告。更：改过。⑥怡：愉快。⑦挞：用鞭、棍等击打。⑧丧三年：即三年之丧，旧时父母死后，子女要服丧三年，是封建社会服丧中最重的一种。

【译文】

父母叫你，要立刻答应不能迟缓；父母让你做事，要马上去做不能拖延偷懒；父母教诲，要恭敬地聆听；父母责备，要顺从地接受。子女照料父母，冬天让他们温暖，夏天让他们清爽凉快。早晨要向他们请安，晚上要伺候他们安眠。出门要告诉父母，回来要当面禀报。平时居住的地方要固定，选定的职业、志向也不要轻易变动。事情虽然很小，也不要擅自去做；假如自作主张地任性做事，就不合乎为人子女的德行。东西即使很小，也不要私藏起来；如果私藏东西，父母一定会伤心生气。父母所喜欢的东西，一定要尽力替他们准备好；父母所讨厌的东西，一定要小心地处理掉。如果身体有所不适或受到损伤，就会给父母带来担忧；如果在德行上有缺欠，就会给父母带来耻辱。

父母喜欢我，做到孝顺并不难；父母不喜欢我，我还能用心尽孝，那才是贤德的。父母有了过失，子女应当耐心地劝说；劝说时一定要和颜悦色，声音柔和。你的劝说父母听不进去，就等父母心情好时再劝；如果父母还是不听，还要哭泣恳求，即使因此而遭到鞭打，也毫无怨言。父母亲病了，吃的药自己要先尝一尝是苦、是烫；并要日夜侍奉，不离开他们的床边、身旁。父母亲去世后，要守丧三年，有孝心的，提起父母会哭泣哀伤；守丧居处要力求简朴，守丧期间要禁绝情欲、酒肉等。办丧事要完全按照礼法，祭祀要完全出于诚心。对待去世的父母亲，要如同他们在世时一样。

出则悌

兄道友，弟道恭[①]，兄弟睦，孝在中。财物轻，怨何生，言语忍，忿自泯[②]。或饮食，或坐走，长者先，幼者后。长[③]呼人，即代叫，人不在，己即到。称尊长，勿呼名；对尊长，勿见[④]能。路遇长，疾趋揖，长无言，退恭立。骑下马，乘下车，过犹待，百步余。长者立，幼勿坐，长者坐，命乃坐。尊长前，声要低，低不闻，却非宜。进必趋，退必迟，问起对，

视勿移。事诸父，如事父，事诸兄，如事兄。

【注释】

①兄道友，弟道恭：哥哥对弟弟友爱，弟弟对哥哥恭敬；形容兄弟间互敬互爱。道：作动词用，按道理、规矩对待。②泯：消除。③长：在此为长辈。④见：即“现”，表现、炫耀之意。

【译文】

做哥哥的要按规矩友爱弟弟，做弟弟的要按规矩尊重哥哥；兄弟和睦相处，孝心就包含其中了。把财务看轻，兄弟间的怨仇怎么会产生；在言语上忍让，愤恨自然会消除。用餐、就座或者行走，年长者在先，年幼者在后。长辈叫人，立即替他去叫；被叫的人不在，自己要立即到长辈那里去。称呼长辈，不能直接称呼他们的名字；面对长辈，不要炫耀自己的才能。路上遇到长辈，要快步迎上前去行礼；长辈没有说话，就要退在一旁恭敬地站立。骑马的要下马，乘车的要下车；长辈走过时，要在原地等待，长辈走过百余步后才离开。长辈站着，晚辈就不要坐下；长辈坐下，让你坐下你才可坐下。在长辈面前，声音要放低；低到长辈听不清楚，却又是不合适的。见长辈时一定要快步上前，告退时一定要脚步缓慢；长辈问话，要站起来回答，眼睛看着长辈，不要东张西望。

对待叔叔伯伯，就像对待自己的父亲一样；对待堂兄表兄，就像对待自己的兄长一样。

谨

朝起早，夜眠迟，老易至，惜此时。晨必盥，兼漱口，便溺回，辄净手。冠必正，纽必结，袜与履，俱紧切。置冠服，有定位，勿乱顿①，致污秽。衣贵洁，不贵华，上循分，下称家。对饮食，勿拣择，食适可，勿过则②。年方少，勿饮酒，饮酒醉，最为丑。步从容，立端正，揖深圆，拜恭敬。勿践阈③，勿跛倚④，勿箕踞⑤，勿摇髀。缓揭帘，勿有声，宽转弯，勿触棱。执虚器，如执盈⑥，入虚室，如有人。事勿忙，忙多错，勿畏难，勿轻略。斗闹场，绝勿近，邪僻⑦事，绝勿问。将入门，问孰存⑧，将上堂，声必扬。人问谁，对以名，吾与我，不分明。用人物，须明求，倘不问，即为偷。借人物，及时还，人借物，勿有悭⑨。

【注释】

①顿：放置。②则：规定，一定的数量、标准。③阈：门槛儿。④跛倚：东歪西斜，站立不正。⑤箕踞：随处而坐，腿乱伸开；古人认为这是一种不礼貌、不庄重的行为。⑥盈：装满了东西。⑦邪僻：乱七八糟的事。⑧孰存：孰，谁；存，在。⑨悭：小气，吝啬。

【译文】

清晨起的要早，晚上睡的要迟；老年很容易到来，要珍惜此刻的时光。早晨一定要先洗脸漱口，大小便回来就要洗手。帽子一定要端正，纽扣一定要扣好，袜子和鞋子都要服帖。放置帽子和衣服要有固定的地方，不能乱放把衣帽弄脏。穿衣服注重整洁，不讲究华丽；先要符合自己的身份，后要适合自己的家庭条件。对于饮食，不要挑拣；吃东西要适可而止，不要超过标准。正当年轻时，不要喝酒；喝酒醉倒，样子是最难看的。走路要不慌不忙，站立要端端正正；作揖要拱手弯腰，礼拜要恭恭敬敬。出入不要踩踏门槛，身体不要东歪

西斜；坐时不要张开两腿，不要摇晃大腿。缓慢地揭开门帘，不要发出响声；大幅度的转弯，不要碰着东西的棱角。拿着空的器具，要像拿着装满东西的器具一样；走进没人的房间，要像进到有人的房间一样。做事不要慌忙，忙乱多出差错；不要害怕困难，不要草率了事。争斗嬉闹的场合，绝对不要接近；乱七八糟的事情，绝对不要过问。将要进入别人家门，应先敲门问一声家有何人；将要走进正屋，声音一定要响亮。别人问你是谁，用自己的名字回答；回答“是我”，弄不清楚你是谁。借用别人的东西，必须当面向人家提出请求，如不问一声就拿，那就是偷盗。借别人的东西，要及时归还；别人向你借东西，自己有就不要吝啬。

信

凡出言，信为先，诈与妄[①]，奚可焉甲话说多，不如少，惟其是[②]，勿佞巧[③]。奸巧语，秽污词，市井气，切戒之。见未真，勿轻言；知未的[④]，勿轻传。事非宜，勿轻诺，苟轻诺，进退错[⑤]。凡道字，重且舒，勿急疾，勿模糊。彼说长，此说短，不关己，莫闲管。见人善，即思齐，纵去远，以渐跻[⑥]。见人恶，即内省，有则改，无加警。唯德学，唯才艺，不如人，当自砺。若衣服，若饮食，不如人，勿生戚。闻过怒，闻誉乐，损友来，益友却。闻誉恐，闻过欣，直谅[⑦]士，渐相亲。无心非[⑧]，名为错，有心非，名为恶。过能改，归于无，倘掩饰，增一辜[⑨]。

【注释】

①诈：假话。妄：无根据的话。②惟其是：实事求是。③佞巧：逢迎讨好，奸诈机巧。④的：确实。⑤错：困难。⑥跻：上升。⑦直谅：真诚大度。⑧非：错误。⑨辜：罪过。

【译文】

凡说出的话，信用是首要的；胡乱说话怎么行呢？说话多不如说话少；说话要符合实际，不要逢迎讨好。奸诈取巧的话语，下流肮脏的词句，阿谀奉承的市侩习气，一定要戒除。看到不是真相，不要轻易乱说；知道不是实情，不要轻易传播。事情不合义理，不要轻易许诺；假如轻易许诺，就会进退两难。凡说话吐字，吐音要重并且语速要慢；不要急急忙忙，不要含糊不清。不要东家说长西家说短；不关自己的事不要多管。看到别人的善行要向他看齐；即使相差很远，也能渐渐赶上。看到别人的恶行要立刻反省；自己有就马上改正，自己没有也要引起警惕。只有在道德、学问、才能和技艺方面比不上人家，这才应当自己勉励。如果穿的、吃的比不上人家，不要产生忧伤。听到自己的过错就生气，听到称赞自己就高兴；有损德行的朋友就会接近，有益的朋友就会离去。听到赞美自己就惶恐，听到自己的过错就欢喜；正直诚实的人，就逐渐与你亲近。无意做了错事叫“错”；故意做错事叫“恶”。过错能改正，最终没有错；如果掩饰错，就又添一个错。

泛爱众

凡是人，皆须爱，天同覆[①]，地同载[②]。行高者，名自高，人所重，非貌高。才大者，望[③]自大，人所服，非言大。己有能，勿自私，人所能，勿轻訾[④]（断）。勿谄富，勿骄贫，勿厌故，勿喜新。人不闲，勿事搅，人不安，勿话扰。人有短，切莫揭，人有私，切莫说。道人善，即是善，人知之，愈思勉。扬人恶，即是恶，疾[⑤]之甚，祸且作。善相劝，德皆建，过不规，道两亏。凡取与，贵分晓，与宜多，取宜少。将加人，先问己，己不欲，即速已[⑥]。恩欲报，怨欲忘，报怨短，报恩长。待婢仆，身贵端，虽贵端，慈而宽，势服人，心不然，理服人，方无言。

【注释】

①覆：覆盖。②载：负载。③望：名望。④訾：挖苦、诋毁。⑤疾：过分。⑥已：止。

【译文】

凡是人，都需要互相关爱，我们同一片天覆盖，同一块地负载。行为高尚的人，名声自然会高；人们敬重的并不是好的相貌。才学丰富的人，名望自然会大；人们佩服的并不是会说大话。自己有才能，不要自私；别人有才能，不要轻视、毁谤。不要对富人谄媚巴结，不要对穷人傲慢无礼；不要厌弃旧友，不要只爱新朋。别人没有空闲，不要因自己的事情去打搅；别人身心不安，不要跟人家说话去叨扰。别人有短处，千万不要揭露；别人有隐私，千万不要说出。称道别人的善行，就是一种美德，别人知道了你的称赞，就更加勉励自己。宣扬别人的恶行，就是一种恶行；过分厌恶痛恨他，祸害将要招致。善于互相规劝，德行都能树立；过错不能规劝，道德上两人都有缺陷。凡是拿人家东西和给人家东西，贵在分得清楚；给人家的应该多，拿人家的应该少。事情将要加到别人身上，先要问问自己；自己都不愿做，就要赶快停止。恩惠要想着报答，积怨要想着忘掉；抱怨是一时的，报恩是长远的。对待婢女和仆人，注重自身品行的端正，虽然注重品行的端正，还要仁慈宽厚。用权势压服人，人心不服；用道理说服人，人才无话可说。

亲仁

同是人，类不齐，流俗[①]众，仁者稀。果[②]仁者，人多畏，言不讳，色不媚。能亲仁[③]，无限好，德日进，过日少。不亲仁，无限害，小人进，百事坏。

【注释】

①流俗：指平庸、世俗之人。②果：果然，真正。③亲仁：亲近有仁德的人。

【译文】

同样是人，品行高低各个不相同；世间平庸世俗之人很多，品行高尚的仁者稀少。真正品行高尚的仁者，人们都心存敬畏；品行高尚的仁人说话没有隐瞒，也不阿谀讨好。能够亲近品行高尚的仁者，会得到无限的好处；德行会一天比一天增进，过失会一天比一天减少。不亲近品行高尚的仁者，会有无限的害处；小人会乘机接近，办坏很多事情。

余力学文

不力行，但学文，长浮华[①]，成何人？但力行，不学文，任己见，昧理真。读书法，有三到：心眼口，信[②]皆要。方读此，勿慕彼，此未终，彼勿起。宽为限，紧用功，工夫到，滞塞[③]通。心有疑，随札记，就人问，求确义。房室清，墙壁净，几案洁，笔砚正。墨磨偏，心不端，字不敬，心先病。列典籍，有定处，读看毕，还原处。虽有急，卷束齐，有缺坏，就补之。非圣书，屏[④]勿视，蔽聪明，坏心志。勿自暴，勿自弃，圣与贤，可驯致[⑤]。

【注释】

①浮华：浮华不实。②信：确实。③滞塞：滞，停；塞，阻碍。④屏：通“摒”，摒弃。⑤驯致：逐渐达到，逐渐招致。

【译文】

不努力实践，只一味读书，只能增长浮华不实的习气，能成为什么样的人？只卖力去做，不读书学习，依靠自己短浅的见识，就会蒙蔽真理。读书的方法有三到：心到、眼到、口到，这三者确实都非常重要。正读着这本书，不要想着那本书；这本书还未读完，不要去读另一本书。学习的时间安排得宽裕，学习时要抓紧用功。功夫到了，不懂的地方自然就通达了。心中有疑问，要随时做笔记，有机会就向别人请教，以求得准确的意义。房间要整齐，墙壁要干净，桌子要清洁，笔墨纸砚等文具要端正。墨磨偏了，说明内心不端正。字写不工整，说明内心浮躁。存列典籍，要有固定的地方；阅读完一本书，一定要放回原处。即使有急事，也要把书本整理整齐，书本有损坏，就要修补。不是传述圣人言行的著作，应该摒弃不看，否则会蒙蔽智慧，败坏心志。不要自暴，不要自弃，圣人和贤人的境界，可以循序渐进地达到。

【开篇有益】

1. 词语积累：

冬温夏凊、贻、兄友弟恭、泯、趋、箕踞、悭、訾、入孝出悌、自暴自弃

2. 文化常识：

孝弟：亦作孝悌，孝顺父母敬爱兄长。

晨昏定省：晚间服侍就寝，早上省视问安。旧时侍奉父母的日常礼节。

三年之丧：臣为君、子为父、妻为夫等要服丧三年。

3. 读后有感：

《弟子规》用最简短的文字，把一个人在家、出外、待人、接物与学习上应该恪守的行为规范形象而全面的概括出来。通俗易懂的文字里揭示着许多做人的道理，对于我们在学习、生活、工作、家庭等方面也有着重要的规范意义，是我们终身受益的良师益友。

孝敬父母，友爱兄弟，待人接物常怀恭敬之心，修身治学涵养自我，这是学习《弟子规》首先要读懂并身体力行的最基本的道理。为人只有讲道德，有品位，孕育出正人君子的品行，才能赢得别人的赏识，受到社会的尊重。

第二章　儒学思想及其传承

博大精深的儒家思想，历经百代而不朽；代表人物中的孔孟二圣，更是智识非凡、神思澄明、慧眼如炬，薪传千年而不衰。他们代表着一个理性的社会秩序，延承着世代崇尚的道德信仰。走近他们，我们不仅是在接近古典，更有心灵的沟通和启迪。那“学聚问辩”的精神，那“自强不息”的追求，那“高山仰止”的人格……会在潜移默化的濡染中影响你，支撑你；给你信念，给你动力！

第一节　孔子与《论语》

一、作者简介

孔子是中国古代伟大的思想家、教育家。由他开创的儒家学派在历史上产生过深远影响，儒家文化一直是封建时代中华民族的主体文化。但是孔子“述而不作”没有留下完整、系统的学术专著。两千多年间，只有一部记录了孔子及其学生的言论与事迹的语录体著作流传了下来，这就是《论语》。

此书共20篇,492章,总约一万余字。这些文字,是我们今天研究孔子思想最宝贵的材料。

对于何以书名《论语》,诸家说法不一。一般认为“论”是“论纂”,“语”是“语言”,因此,“论语”就是把孔子及其弟子的对话“论纂”起来的意思。《论语》各篇都以每篇开始的两字或三字为篇名。如第一篇的第一章以“学而时习之，不亦说乎”为首句，于是第一篇便定名为“学而篇”；第二十篇以“尧日”开头，因此第二十篇便称为“尧日篇”。

《论语》的编纂，约始于春秋末年，而成书于战国初年。

图 2-1-1　孔子画像

二、作品简介

《论语》的内容非常丰富，涉及社会与人的各个方面，有人誉之为“东方的圣经”，并不为过。《论语》的核心内容是，仁既是孔子理想中最高的政治原则，又是最高的道德准则。“仁”的根本含义则是“仁者爱人”(《颜渊》)。

“忠恕”是由“仁”派生出来的，忠恕之道的基本要求是以诚待人，推己及人。具体内容是，己立立人，已达达人；己所不欲，勿施于人（《卫灵公》)。由此中国人形成了“四海之内皆兄弟”(《颜渊》）的宽广情怀。

"仁"推广到政治就是"仁政"。孔子认为治理好国家，君主定要重视人品、道德，要讲究信用，爱护民众，这是治国的基本原则。子曰："道千乘之国，敬事而信，节用而爱人，使民以时。"(《学而》)。

《论语》中，讲到"仁"109次，讲到"礼"75次。孔子认为有了"仁"的本质还要通过"礼"的实践而达到全社会的遵守。

三、经典诵读

《论语》八则

《论语》是儒家学派的经典著作，由孔子的弟子及再传弟子编撰而成。以语录体和对话体记录孔子及弟子言行，集中体现了孔子的政治主张、伦理思想、道德观念及教育原则等，对中华儿女的心理素质及道德行为有重大影响。孔子的人文思想在中国家喻户晓，在国外也广为人知。指导人生的格言箴语，字字珠玑，闪耀着思想智慧定于一尊的光芒。

1. 曾子曰："吾日三省①吾身：为人谋而不忠乎？与朋友交而不信乎？传②不习乎？"

【注释】

①三省：表示多次检察自己的思想行为。②传：老师的传授。

【译文】

曾子说："我每天多次反省自己：替人谋划，有没有尽心竭力呢？同朋友交往，是不是做到诚实可信了呢？老师传授给我的学问，是不是用心印证、学习了呢？"

2. 子曰："吾十有五而志于学，三十而立①，四十而不惑②，五十而知天命③，六十而耳顺④，七十而从心所欲，不逾矩⑤。

【注释】

①立：指立身处世。②不惑：结合上句理解为"对于坚定志向没有疑惑"。③天命：指不能为人力所支配的事情。④耳顺：对于别人的言论，能够分出真假。⑤逾矩：逾越规矩。

【译文】

孔子说："我十五岁时立志做学问，三十岁时立定根基，四十岁不再有疑惑，五十岁懂得了上天给我安排的命运，六十岁时对于别人的言论能够分出真假，七十岁时能随心所欲，从不会逾越规矩。"

3. 子曰："见贤思齐①焉，见不贤而内自省也。"

【注释】

①见贤思齐：见到德才兼备的人就想赶上他。贤：德才兼备的人；齐：相等。

【译文】

孔子说："看到贤德的人就想着向他看齐；看到不贤德的人就在内心反省自己。"

4. 子曰："不愤不启①，不悱不发②。举一隅③不以三隅反，则不复④也。"

【注释】

①不愤不启：不到学生想弄明白而还没弄明白时不去启发他。愤：想弄明白而弄不明白。②不悱不发：不到学生想说而说不出时不去启发他。悱：想说却说不出。③隅：角落，方面。④复：再。

【译文】

孔子说："教导学生，不到他冥思苦想仍不得其解的时候不去开导他；不到他想说出来却说不出来的时候不去启发他。教给他一个方面的东西，如果他不能由此灵活推知其他方面的东西，就不必再教导他了。"

5. 颜渊问仁。子曰："克己复礼[①]为仁。一日克己复礼，天下归仁焉。为仁由己，而由仁乎哉？颜渊曰："请问其目[②]？"子曰："非礼勿视，非礼勿听，非礼勿言，非礼勿动。"颜渊曰："回虽不敏，请事斯语[③]矣！"

【注释】

①克己复礼：克制自己，使自己的行为回归到礼的方面去。复礼，归于礼。②目，要目，条目。③请事斯语：请让我接这话去做。请，表示恭敬的语气词；事，从事，做事。

【译文】

颜渊问什么是仁。孔子说："克制自己的行为回归到礼的方面去就是仁。一旦能做到这些，全天下都会处于仁的境界。实行仁德完全在自己，怎么会在别人呢？"颜渊说："请问实行仁德的具体途径。"孔子说："不合于礼的事不看，不合于礼的话不听，不合于礼的话不要说，不合于礼的事不做。"颜渊说："我虽然不聪明，请让我照您的这些话去做。"

图 2-1-2　私塾

6. 孔子曰："益者三友，损者三友。友直，友谅[①]，友多闻，益矣。友便辟[②]，友善柔[③]，友便佞[④]，损矣。"

【注释】

①谅：诚信。②便辟：指谄媚逢迎之人。③善柔：阿谀奉承。④便佞：花言巧语，阿谀逢迎。此处指能言善辩，但心术不正、引人学坏的人。

【译文】

孔子说："有益的交友有三种，有害的交友有三种。同正直的人交朋友，同诚信的人交朋友，同见闻广博的人交朋友，这是有益的。同逢迎谄媚的人交朋友，同阿谀奉承的人交朋友，同花言巧语的人交朋友，这是有害的。

7. 孔子曰："益者三乐，损者三乐。乐节礼乐[①]，乐道[②]人之善，乐多贤友，益矣。乐骄乐，乐佚游[③]，乐宴乐[④]，损矣。"

【注释】

①乐节礼乐：把用礼乐来节制当作快乐。前一"乐"意为以……为快乐，后一"乐"读 yue；节：节制，符合。②道：称道、说。③佚：放荡。④宴乐：宴饮取乐。

【译文】

孔子说："有益的快乐有三种，有害的快乐有三种。把符合礼乐当作快乐，把称道别人的优点当作快乐，把有很多贤良的朋友当作快乐，是有益的。把骄纵享乐当作快乐，把放荡游乐当作快乐，把宴饮取乐当作快乐，是有害的。"

8. 孔子曰："君子有九思：视思明，听思聪，色思温，貌思恭，言思忠，事思敬，疑思问，忿思难[①]，见得思义。"

【注释】

①忿思难：忿，心中的怒气。难，指后续的困难。

【译文】

孔子说："君子有九种思考：看，要考虑是否看清楚；听，要考虑是否听明白；脸色，要考虑是否温和；容貌，要考虑是否谦恭；言语，要考虑是否坦诚实在；做事，要考虑是否谨慎认真；遇到疑难，要考虑请教；心有怒气，要考虑可能有后患；看见可得的，要考虑是否合于义。"

【开篇有益】

1. 词语积累

省、隅、目、谅、便辟、便佞、佚、忿

2. 成语典故

见贤思齐：见到德才兼备的人就要向他(她)看齐。

不愤不启：不到学生们想弄明白而还没有弄明白时，不去启发他。

不悱不发：指不到学生想说而说不出来时，不去启发他。

3. 读后有感

对每个中华传统文化爱好者及想求得生命升华的国人来说，《论语》都是一部必读之书。《论语》是道德智慧的凝结，是中华文明的汇聚；它像长者，像教师，谆谆教诲着为人处世的道理，识人交友的智慧，举一反三的学思，见贤思齐的品德。咀嚼回味这些至情至理的名言警语，能升华高远的心灵，启迪生活的思考，更能在潜移默化中积极着我们的人生态度。品读《论语》，从圣贤哲思中接受熏陶与洗礼，从先人智慧中学会执着与平和。

第二节　曾子与《大学》

一、作者简介

曾子（姓曾，名参，前505年—前435年），字子舆，汉族，春秋末年生于鲁国东鲁（山东临沂平邑县），后移居鲁国武城（山东济宁嘉祥县）。儒家大家，孔子晚年弟子之一，儒家学派的重要代表人物，夏禹后代。其父曾点，字皙，七十二贤之一，与子曾参同师孔子。

倡导以“孝恕忠信”为核心的儒家思想，“修齐治平”的政治观，“内省慎独”的修养观，“以孝为本”的孝道观至今仍具有极其宝贵的社会意义和实用价值。曾子参与编制了《论语》、撰写《大学》《孝经》《曾子十篇》等作品。

周考王六年（公元前435年），去世，享年七十一岁。曾子在儒学发展史上占有重要的地位，后世尊为“宗圣”，成为配享孔庙的四配之一，仅次于“复圣”。

二、作品简介

《大学》原为《礼记》第四十二篇。宋朝程颖、程颐兄弟把它从《礼记》中抽出编次章句；朱熹将《大学》《中庸》《论语》《孟子》合编注释，称为《四书》，从此《大学》成为儒家经典，位居四书之首，为人们了解整个儒家文化和提高自身修养提供了纲领性指导，也浓缩了孔子思想的精华。

三、经典诵读

大学之道

大学①之道，在明明德②，在亲民③，在止于至善。知止④而后有定，定而后能静，静而后能安，安而后能虑，虑而后能得。物有本末，事有终始。知所先后，则近道矣。

【注释】

①大学：是相对于小学而言的“大人之学”，讲治国安邦的大学问。小学即“洒扫应对进退，礼乐射御书数”；古人8岁入小学，学习文化基础和礼节；15岁入大学，学习伦理、政治等修身做人的学问。②明明德：弘扬光明正大的品德。前一个“明”为动词，后一个“明”为形容词。③亲：作“新”讲，革新、弃旧图新。④知止：知道目标所在。

【译文】

大学的宗旨，在于弘扬光明正大的品德，在于革新民心，在于达到最完善的境界。知道要达到的境界才能够志向坚定，志向坚定才能够镇静不躁，镇静不躁才能够安然不乱，安然不乱才能够思虑周详，思虑周详才能够有所收获。每样东西都有根本有枝末，每件事情都有开始有终结。明白了这本末始终的道理，就接近事物发展的规律了。

古之欲明明德于天下者，先治其国；欲治其国者，先齐其家；欲齐[①]其家者，先修其身；欲修其身者，先正其心；欲正其心者，先诚其意；欲诚其意者，先致其知[②]；致知在格物[③]。物格而后知至，知至而后意诚，意诚而后心正，心正而后身修，身修而后家齐，家齐而后国治，国治而后天下平。自天子以至于庶（shù）人，壹是[④]皆以修身为本。其本乱而末治者，否矣！其所厚者薄，而其所薄者厚[⑤]，未之有也！

【注释】

①齐：动词，管理，使有秩序。②知：获得知识。③格物：认识、研究万事万物。④壹是：都是。⑤厚者薄：该厚待的却冷淡轻慢；薄者厚：该冷淡轻慢的反倒厚待。

【译文】

古代那些想要把光明正大的德行弘扬于天下的人，首先要治理好自己的国家；想要治理好自己国家的人，首先要管理好他的家族；想要管理好家族的人，首先要修养好自身品性；想要修养好自身品性的人，首先要端正自己的心思；想要端正自己的心思的人，首先要使自己的意念真诚；想要使意念真诚的人，首先要使自己获得知识；获得知识的途径在于认识、研究万事万物。探究万事万物的事理后才能获得知识，获得知识后意念才能真诚，意念真诚后心思才能端正，心思端正后才能修养品性，品性修养后家族才能整顿好，家族整顿好后国家才能治理成功，治理好国家后天下才能太平。从天子到平民百姓，都要以修养品性为根本。这个根本被扰乱而枝末反倒能治理好，这是不可能的！正如他所尊重的人却反而轻蔑他，他所轻蔑的人却反而尊重他，这样的事是从来没有过的！

【开篇有益】

1. 词语积累：

明明德、齐家、格物致知

2. 读后有感：

大学之道是什么？在明明德。意思是要让高尚的德行得以传扬和彰显。儒家讲究以德、以礼治天下，最终达到天下大同的世界。因此，向往、学习君子的美好品性，认识、改掉自己的不善之举，最终止于至善，这正是《大学》开篇便讲大学之道的目的。历史和理想告诉我们，天地间最伟大的事业，莫过于做一个真正的人。也许，最终的至善之人是根本没有的，因为，十全十美的东西并不存在。但是，没有最好，却有更好。弘扬光明正大的品德，坚持弃旧图新的修养，达到不断完善的境界，这才是可敬的。

治国先齐家

所谓治国必先齐其家者，其家不可教而能教人者，无之。故君子不出家而成教于国：孝者，所以事君也；弟者，所以事长也；慈[①]者，所以使众也。《康诰》曰："如保赤子[②]。"心诚求之，虽不中[③]（zhòng），不远矣。未有学养子而后嫁者也。

【注释】

①慈：指父母爱子女。②如保赤子：这是周成王告诫康叔的话，意思是保护平民百姓如母亲养护婴孩一样。赤子，婴孩。③中：达到目标。

【译文】

之所以说治理国家必须先治理好自己的家族，是因为不能管教好家人而能管教好别人的人，是没有的。所以，有修养的人不出家门就显示出治理国家方面的才能：孝顺，是侍奉君主的原则；尊兄，是侍奉长官的原则；仁慈，是控制百姓的原则。《康诰》说："如同爱护婴儿一样爱护国民。"内心真诚地去追求，即使达不到目标，也不会相差太远。未曾有过先学会了养孩子再去出嫁的人。

一家仁，一国兴仁；一家让，一国兴让；一人贪戾，一国作乱。其机[①]如此。此谓一言偾[②]（fèn）事，一人定国。

尧舜帅[③]天下以仁，而民从之；桀纣率天下以暴，而民从之。其所令反其所好，而民不从。是故君子有诸己而后求诸人，无诸己而后非诸人。所藏乎身不恕 ，而能喻[⑤]诸人者，未之有也。故治国在齐其家。

【注释】

①机：本指弩箭上的发动机关，引申为关键。②偾：败，坏。③帅：同"率"，率领，统帅。④恕：即恕道。孔子说"己所不欲，勿施于人"，是说自己不想做的，也不要让别人去做。这种推己及人，将心比心的品德即儒学所倡导的恕道。⑤喻：使别人明白。

【译文】

国君一家仁爱，一国也会兴起仁爱；国君一家礼让，一国也会兴起礼让；国君一人贪婪暴戾，一国就会犯上作乱。其联系就是这样紧密，这就叫作一句话就会坏事，一个人就能安定国家。

尧舜用仁爱统治天下，老百姓就跟随着施行仁爱；桀纣用凶暴统治天下，老百姓就跟随着凶暴。他的命令与自己的做法相反，老百姓不会服从。所以，品德高尚的人，总是自己首先做到，然后才要求别人做到；自己先不这样做，然后才要求别人不这样做。自身藏有不合恕道的行为，却去教训别人实行恕道，这是从未有过的。所以，要治理国家必须先管理好自己的家族。

《诗经》

《诗》云:"桃之夭夭，其叶蓁蓁。之子于归[①]，宜其家人。"宜其家人，而后可以教国人。《诗》云："宜兄宜弟。"宜兄宜弟，而后可以教国人。《诗》云："其仪不忒（tè）[②]，正是四国。"其为父子兄弟足法，而后民法之也。此谓治国在齐其家。

【注释】

①归：古代指女子出嫁。②忒：仪表，仪容。武：差错。

【译文】

《诗经》说："桃花鲜美无比，树叶茂密可爱，这个姑娘出嫁了，全家老小都和睦。"全家人都和睦了，然后才能够让一国的人都和睦。《诗经》说："兄弟和睦。"兄弟和睦了，然后才能够调教一国的人民。《诗经》说："他的仪容没有差错，成为四方国家的表率。"无论是作为父亲、儿子，还是兄长、弟弟，都值得人去效法时，老百姓才会去效法他。这就是要治理国家必须先管理好家族的道理。

【开篇有益】

1. 词语积累：

中、机、帅、喻、仪、武

2. 文化常识：

慈：①和善。②（上对下）疼爱。③指母亲。④姓。

归：①返回：~国华侨。无家可~。②还给；归还：物~原主。③趋向或集中于一个地方：

3. 读后有感：

在以家族为中心的宗法治社会，家是一个小小的王国，家长就是它的国王；国是一个大大的家，国王就是它的家长。因此，管理家族的道理与管理国家的道理是一样的。所谓君君、臣臣、父父、子子，其核心就是各在其位，各司其职。假如一个家族的成员都能各守其分，那么一个国家的社会制度就会比较稳定。因此，一家之长、一国之君的榜样作用十分重要。《大学》的这一章反复强调为君长者要以身作则，推己及人，这既是对"欲治其国者"的告诫，值得推荐给当政为官的人作为有益参照；也可广泛应用于生活的各个方面，作为我们立身处世，待人接物的座右铭。

知其所止

《诗》云："邦畿千里，惟民所止[①]。"《诗》云："缗蛮[②]黄鸟，止于丘隅。"子曰："于止，知其所止，可以人而不如鸟乎？"《诗》云:"穆穆文王，於（wū）缉熙敬止[③]！"为人君，止于仁；为人臣，止于敬；为人子，止于孝；为人父，止于慈；与国人交，止于信。

【注释】

①邦畿：都城及其周围的地区。止：本段中有"至、到、停止、居住、栖息"等多种含义，随上下文而有所区别，此处为"居住"的意思。②缗蛮：即绵蛮，鸟叫声。隅：角落。止：栖息。③於：叹词；缉熙：光明，光辉；止：语气助词。

【译文】

《诗经》说："京城的地域广阔千里，是老百姓向往的地方"，《诗经》又说："缗蛮叫着的黄鸟，栖息在山冈上。"孔子说："对于止的问题，连黄鸟都知道它该栖息在什么地方，难道人还不如一只鸟儿吗？"《诗经》说："品德高尚的文王，为人光明磊落，令人敬仰。"做国君的，要做到仁爱；做臣子的，要做到恭敬；做子女的，要做到孝顺；做父亲的，要做到慈爱；与他人交往，要做到诚信。

《诗》云："瞻彼淇澳[①]，菉竹猗猗。有斐君子，如切如磋，如琢如磨。瑟兮僩（xiàn）兮[②]，赫兮恒兮[③]。有斐[④]君子，终不可諼[⑤]（xuān）兮！""如切如磋"者，道学也。"如琢如磨"者，自修也。"瑟兮僩兮"者，恂栗[⑥]也。"赫兮喧兮"者，威仪也。"有斐君子，终不可諼兮"者，道盛德至善，民之不能忘也。《诗》云："於戏！前王不忘[⑦]。"君子贤其贤而亲其亲，小人乐其乐而利其利，此以没世不忘[⑧]也。

【注释】

①淇澳：指淇水水边。②瑟兮僩兮：庄重而胸襟开阔的样子。③赫兮恒兮：大的样子。④斐：文采。⑤諼：忘记。⑥恂栗：恐惧，戒惧。⑦於戏：叹词。⑧没世不忘：原指去世了也不会被遗忘，现指一辈子也忘不了。没世：去世。

【译文】

《诗经》说："看那淇水岸边，嫩绿的竹子郁郁葱葱。有一位文质彬彬的君子，研究切磋学问如加工骨器，修炼自己如打磨美玉。他庄重开朗胸襟宽阔，地位显赫气势盛大。这样文质彬彬的君子，真令人难忘啊！""如加工骨器"，是说他们做学问的态度；"如打磨美玉"，是说他们自我修炼的精神；"庄重开朗"，是说他们内心谨慎有所戒惧；"光明显耀"，是说他们仪表威严；"这样文质彬彬的君子，真令人难忘啊"，是说他们非常高尚品德达到了最完善的境界，人们难以忘怀。《诗经》说："啊，前代君王使人难忘！"因为君主尊重贤人亲近亲族，一般平民享受安乐获得利益。这就是人们永远不会忘记他们的原因。

【开篇有益】

1. 词语积累：

邦畿、隅、缉熙、恂栗、没世不忘

2. 读后有感：

"知其所止"是指知道自己该停何处。凡事有起就有止，起于必起之时，止于当止之处。流水止于平地洼坎，野兽止于林木水草，人类止于沃土良田。这是天地间一切生物为生存而起止的必然规律。人不同于野兽。大自然赋予人类辨善恶、知美丑、析万物之理的能力。为人要找到自己的位置，追求做人的价值。为人君止于仁德；为人臣止于谨敬；为人子止于孝顺；为人父止于慈爱；与人交往止于诚信。这是保障社会和谐发展所必备的社会秩序和为人准则。时代在发展，生活有诱惑，你是随波逐流，还是知其所止？

君子必慎其独

所谓诚其意者，毋自欺也。如恶恶臭[①]（xiù），如好好色[②]，此之谓自谦[③]。故君子必慎其独也！小人闲居[④]为不善，无所不至，见君子而后厌然[⑤]，掩其不善，而著[⑥]其善。人之视己，如见其肺肝然，则何益矣。此谓诚于中，形于外。故君子必慎其独也。

【注释】

①恶恶臭：厌恶腐臭的气味。臭：泛指各种气味，较现代单指臭味的含义宽泛。②好色：美女。③谦：心安理得。④闲居：独处。⑤厌然：躲躲闪闪的样子。⑥著：显示。

【译文】

所说的使意念真诚，是说不要欺骗自己。要像厌恶腐臭的气味一样，要像喜爱美丽女子一样，这就叫作心安理得。所以品德高尚的人在独处的时候也一定谨慎。品德低下的人独处时不做好事，什么坏事都做，见到品德高尚的人便躲躲闪闪，掩盖自己的不好之处，显示自己好的方面。别人看你自己，就像能看见你的心肺肝脏一样，掩盖有什么用呢？这就叫作内心真实一定会表现在外表上。所以品德高尚的人在独处时也一定谨慎。

曾子曰："十目所视，十手所指，其严乎！"富润屋[①]，德润身[②]，心广体胖[③]（pán）。故君子必诚其意。

【注释】

①润屋：装饰房屋。②润身，修养自身。③心广体胖：原指人心胸开阔，外貌就安详。后用来指心情愉快，无所牵挂，因而人也发胖。胖：安泰舒适。

【译文】

曾子说："十只眼睛看着，十只手指着，难道不令人畏惧吗？"财富能装饰房屋，品德能修养身心，使心胸宽广身体舒泰安康。所以品德高尚的人一定要使自己意念真诚。

【开篇有益】

1. 词语积累：

慎独、无所不至、厌然、著、心广体胖

2. 文化常识：

君子：①先秦时指社会地位高的人。与"小人"相对。②人格高尚的人。

小人：①先秦时指社会地位低的人。与"君子"相对。②谦辞。

3. 读后有感：

人要做到真诚很重要，这也是最考验人的一课。"慎其独"，简而言之，就是人前人后一个样。人前真诚，人后也真诚。所以，比装饰房屋、修饰外表更重要的是修养身心、涵养美德。真诚做人，才是立身之本。其实，要想人不知，除非己莫为。自欺欺人，装样掩饰，这种弄虚作假的行为，不但会失信于人，最总也会东窗事发，落得一败涂地的下场。

第三节　孔伋与《中庸》

一、作者简介

孔伋（前 483 年—前 402 年），字子思，鲁国人，孔子的嫡孙、孔子之子孔鲤的儿子。大约生于周敬王三十七年（公元前 483 年），卒于周威烈王二十四年（公元前 402 年），享年 82 岁。

孔伋是春秋时期著名的思想家，受教于孔子的学生曾参，孔子的思想学说由曾参传子思，子思的门人再传孟子。后人把子思、孟子并称为思孟学派，因而子思上承曾参，下启孟子，在孔孟"道统"的传承中有重要地位。《史记·孟子荀卿列传》称孟子求学于子思的门人，《孟子题辞》则称孟子是子思的学生。

子思在儒家学派的发展史上占有重要的地位，他上承孔子中庸之学，下开孟子心性之论，并由此对宋代理学产生了重要而积极的影响。因此，北宋徽宗年间，子思被追封为"沂水侯"；元文宗至顺元年（公元 1330 年），又被追封为"述圣公"，后人由此而尊他为"述圣"，受儒教祭祀。

二、作品简介

《中庸》作者为孔子的后裔子思，后经秦代学者修改整理。"中庸"是指既不善也不恶的人性本源和根本智慧。在《论语》中，孔子把"中庸"看成最高的道德标准，也是他解决问题的最高智慧。大致含义是：恪守中道，坚持原则，不偏不倚，无过无不及。意在教育人们自觉进行自我修养和自我完善，把自己培养成具有理想人格的人物。

三、经典诵读

君子遵道而行

子曰："素隐行怪①，后世有述②焉，吾弗为之矣。君子遵道而行，半途而废，吾弗能已③矣。君子依乎中庸，遁世不见④知而不悔，唯圣者能之。"

【注释】

①素：据《汉书》，应为"索"。怪：怪异。②述：记述。③已：止，停止。④见：被。

【译文】

孔子说："有人喜欢探索隐蔽事理，做奇异怪诞之事，后世虽有所称述，我也不会这样做。君子遵循中庸之道去做事，却有人半途而废，我却不会停止。真正的君子遵循中庸之道，即使一生默默无闻不被人知道也不后悔，这只有圣人才能做得到。”

【开篇有益】

1. 词语积累：

已、见知（见谅、见笑）

2. 读后有感：

内心冷僻幽隐，行为怪诞极端，不合中庸规范，自然为圣人所不齿。找到正路却半途而废，也为圣人所不屑。正道直行坚持到底，这才是圣人赞赏并身体力行的。遵道，可理解为遵循正道、法度，也可以指坚守正确的人生道路。追求理想不要太犹豫彷徨，认准的路就坚定不移地走，即使走得很心酸，很艰苦，也绝不半途而废，这是圣人的理念和追寻。

图 2-3-1 孔伋画像

行远自迩，登高自卑

君子之道，辟如行远，必自迩[①]；辟如登高，必自卑[②]。《诗》曰：“妻子好合[③]，如鼓瑟琴。兄弟既翕[④]，和乐且耽[⑤]。宜尔室家，乐尔妻帑[⑥]。”子曰：“父母其顺矣乎！”

【注释】

①行远自迩：走远路要从近处开始。比喻事情要由浅入深，一步步前进。迩：近。②登高自卑：登山要从低处起步。比喻事情的进行要有一定的顺序。卑：低处。③好合：和睦。④翕：和顺，融洽。⑤耽：安乐。⑥妻帑：妻子和儿女。帑：通“孥”，子孙。

【译文】

君子实行中庸之道，就像走远路一样，必定要从近处开始；就像登高山一样，必定要从低处起步。《诗经》说：“妻子儿女感情和睦，就像弹琴鼓瑟一样。兄弟关系融洽，和顺又快乐。使你的家庭美满，使你的妻儿幸福。”孔子说：“这样，父母就称心如意了啊！”

【开篇有益】

1. 词语积累：

行远自迩、登高自卑、妻帑

2. 读后有感：

万事总宜循序渐进，不可操之过急。人生既要有远大的目标，而施行起来又要脚踏实地，否则，“欲速则不达”，效果适得其反。纵观古今中外，最终能名垂千古的人，大多是既有崇高理想、雄心壮志，又能扎扎实实、勤勤恳恳做事的人。所以，一切要从自己做起，从身边做起。登高自卑，锲而不舍，才有希望渐入佳境，成就理想。

大德者必受命

子曰：“舜其大孝也与？德为圣人，尊为天子，富有四海之内。宗庙飨之①，子孙保之。故大德必得其位，必得其禄，必得其名，必得其寿。故天之生物，必因其材而笃②焉。故栽者培③之，倾者覆④之。”《诗》曰：“嘉乐⑤君子，宪宪令德⑥。宜民宜人，受禄于天。保佑命之，自天申之。”故大德者必受命。”

【注释】

①宗庙飨之：在宗庙里祭祀他。②材：资质，本性。笃：厚，这里指厚待。③培：培育。④覆：倾覆，摧败。⑤嘉乐：嘉美喜乐。⑥宪宪：显明兴盛的样子。令：美好。

【译文】

孔子说：“舜该是个最孝顺的人了吧？德行上称作圣人，地位上尊为天子，财富上拥有整个天下。在宗庙里祭祀他，子子孙孙都保持他的功业。所以有大德的人必定得到他应得的地位，必定得到他应得的财富，必定得到他应得的名声，必定得到他应得的长寿。所以上天生养万物，必定根据它们的资质而厚待它们。所以能成材的培育它，不能成材的摧败它。《诗经》说：‘高尚优推的君子，有光明美好的德行，让人民安居乐业，享受上天赐予的福禄。上天保佑他，任用他，给他重大使命。’所以有大德的人必定会承受天命。”

【开篇有益】

1. 词语积累：

飨、笃、覆、嘉乐、令德

2. 文化常识：

宗庙：天子或诸侯祭祀祖先的专用房屋（或王室国家的代称）。

3. 读后有感：

生命的意义何在？人活着到底为了什么？温饱、家人、亦或财富？其实，人生在世的这些追求无非是为了认可自己的人生价值，为了权利、名位、财富、福禄、长寿等这些人们孜孜以求的东西。如把“大德者必受命”的“命”字权且解释为“人生价值”的话，那么有大德之人必是能实现自己的人生价值之人。只不过是人生价值的定位与实现的基础必须是“有大德”，即修养自身、高尚德行，把自己培养成“宪宪令德”的君子。

明哲保身，进退自如

大哉圣人之道！洋洋乎！发育万物，峻极于天。优优[①]大哉！礼仪[②]三百，威仪[③]三千。待其人[④]而后行。故曰：苟不至德[⑤]，至道不凝[⑥]焉。故君子尊德性而道问学，致广大而尽精微，极高明而道中庸。温故而知新，敦厚以崇礼。是故居上不骄，为下不倍[⑦]。国有道其言足以兴，国无道其默足以容。《诗》曰："既明且哲[⑧]，以保其身。"其此之谓与？

【注释】

①优优：充足有余。②礼仪：古代礼节的主要规则。③威仪：古代典礼中的动作规范及待人接物的礼节。④其人：指圣人。⑤至德：极高的德行。⑥凝：凝聚，引申为成功。⑦倍：通"背"，背弃，背叛。⑧哲：智慧，指通达事理。

【译文】

伟大啊圣人之道！浩瀚无边！生养万物，与天一样崇高。充足有余！礼仪三百条，威仪三千条。有待于圣人来实行。所以说：如果没有极高的德行，极高的道就不能成功。因此君子尊崇道德修养而追求知识学问，到达广博境界又钻研精微之处，洞察一切又奉行中庸之道。温习已有知识从而获得新知识，诚心诚意地崇奉礼节。所以身居高位不骄傲，身居低位不自弃。国家政治清明时他的言论足以振兴国家；国家政治黑暗时他的沉默足以保全自己。《诗经》说："既明智又通达事理，可以保全自身。"大概就是说的这个意思吧？

【开篇有益】

1. 词语积累：

洋洋、优优、哲

2. 文化常识：

礼仪：礼仪是在交往中体现出来的人们之间互相尊重的意愿。

威仪：指随从；也形容仪表威武严肃；军容整齐的。

3. 读后有感：

"国有道其言足以兴，国无道其默足以容"的态度，与孟子所说的"穷则独善其身，达则兼济天下"的观点是一脉相承的，都是对于现实社会和政治处境的一种处置，更是一种适应。反过来说，也就是一种安身立命、进退仕途的艺术。明哲保身，方能进退自如，使自己立于不败之地。当然，这种明哲保身的态度与麻木、自私，认为事情与己无关则丢开不管的冷漠旁观的心理，是风马牛不相及的，我们切莫把它们混为一谈。

第三章 百家思想精选

春秋战国展示了一个龙腾虎跃的时代。尤其是诞生在思想、文化领域内的诸子百家学说，更是影响着也传承着中华民族几千年来的灿烂文化。庄子的深邃恣肆，韩非子的犀利峻刻，墨子的朴素民主……可谓百家争鸣，群星璀璨。诸子百家，不仅仅活跃了那个时代，也光耀着华夏历史，为中国的学术史、文化史、思想史谱写了最光彩夺目、最绚烂多姿的一页。

第一节　孟子与《孟子》

一、作者简介

孟子，名轲，字子舆，是鲁国贵族孟孙氏的后裔。约公元前372年，他诞生在邹国（今山东邹县一带），孟孙氏家族没落后迁居于此。孟子三岁时，父亲就去世了，靠母亲织布维持生计。

孟子的家本来住在郊外靠近墓地的山边。孟母见儿子很喜欢模仿着玩丧礼、祭礼的游戏，便决定迁居到城里去居住。不想迁到城里后，住在一个市场附近，孟子看到商贩们做生意，又玩起了讨价还价的游戏。孟母又把家迁到一个学堂附近，孟子就跟着读书人学习起了礼仪。

孟子八岁时，孟母省吃俭用将他送进学堂，但孟子起初学习并不努力，不能坚持用功。孟母看到这种情况，愤然用剪刀剪断织布机上的布，对孟子说："你读书没有恒心，半途而废，和这又有什么差别呢！"孟子从此刻苦攻读。

图3-1-1　孟子画像

二、作品简介

《孟子》是一部记载孟子言行的对话体著作。它气势磅礴、思想精深，是先秦极富特色的散文专集。一个个自然精巧、独成意趣的比喻和寓言，富有自我完善的道德追求和与

民同乐的太平理想。虽只言片语，却无一不在讲道德，说仁义；语言宛畅，警策动人。

三、经典诵读

“敢问何谓浩然之气[①]？”曰：“难言也。其为气也，至大至刚[②]，以直养而无害，则塞于天地之间。其为气也，配义与道，无是，馁[③]（něi）矣。是集义所生者，非义袭而取之也。行有不慊[④]（qiè）于心，则馁矣。”

【注释】

①浩然之气：指浩大刚正的精神。浩：盛大、刚直的样子。②至大至刚：极其正大、刚强。③馁：泄气。④慊：满足，痛快。

【译文】

（公孙丑问：）“请问什么是浩然之气？”孟子说：“难以说清楚。它作为气，最广大刚强，用正直培养它而不去伤害它，它就会充盈于天地之间。它作为气，与义和道配合，没有义与道，它就没有力量了。它是由正义在内心长期积累而形成的，不是通过偶然的正义行为来获取它的。如果行为不能使内心感到满足，它就没有力量了。”

宋人有闵[①]其苗之不长而揠之者，芒芒然[②]归，谓其人[③]曰：“今日病[④]矣！予助苗长矣！”其子趋而往视之，苗则槁矣。天下之不助苗长者寡矣。以为无益而舍之者，不耘[⑤]苗者也；助之长者，揠苗者也。非徒无益，而又害之。

【注释】

①闵：同“悯”，担心。②芒芒然：疲倦貌。③其人：家人。④病：累。⑤耘：除草。

【译文】

有个担心禾苗不长而去把它拔高的宋国人，疲倦地回到家，对家里人说：“今天累坏了！我帮助禾苗生长了！”他的儿子赶快跑去看禾苗，禾苗都枯萎了。其实天下不帮助禾苗生长的人是很少的。认为培养工作没有用处而放弃不干的，是不锄草的懒汉；用外力帮助它生长的，就是拔苗的人。这种助长行为不只是没有益处，而且会伤害它。

【开篇有益】

1. 词语积累：

闵、病、耘

2. 读后有感：

做任何事情都要脚踏实地，实事求是，遵循事物发展的客观规律去发挥自己的主观能动性，循序渐进地把事情做好。欲速则不达，急于求成，违反自然规律，单凭主观愿望去做，即使愿望善良，动机美好，结果只能适得其反，把事情弄得更糟。

孟子曰：“天时不如地利，地利不如人和。三里之城，七里之郭[①]，环而攻之而不胜。夫环而攻之，必有得天时者矣，然而不胜者，是天时不如地利也。城非不高也，池非不深也，兵革[②]非不坚利也，米粟非不多也，委[③]而去之，是地利不如人和也。故曰：域民不以封疆之界，固国不以山溪之险，威天下不以兵革之利。得道者多助，失道者寡助。寡助之至，亲戚畔[④]之；

多助之至，天下顺之。以天下之所顺，攻亲戚之所畔，故君子有不战，战必胜矣。”

【注释】

①郭：外城。②兵革：兵器甲盾。③委：弃，丢掉。④畔：同“叛”，背叛。

【译文】

孟子说：“有利的时机气候不如有利的地势，有利的地势不如人的齐心协力。三里内城墙、七里外城墙的小城，包围着攻打它却不能取胜。包围着攻打它，必定得到时机气候的有利条件了，这样却不能取胜，是因为有利的时机气候不如有利的地势。（还有）城墙不是不高，护城河不是不深，武器装备不是不精良，粮食不是不多，守城者却弃城而逃，是因为有利的地势不如人的齐心协力。所以说：定居百姓不能靠疆域界限，巩固国防不能靠山河险要，威慑天下不能靠武器装备的锐利。拥有道义的人，得到的帮助就多，失去道义的人，得到的帮助就少。帮助的人少到极点，亲戚也会叛离他。帮助的人多到极点，天下人都归顺他。凭借天下都归顺的力量去攻打连亲戚都叛离的人，所以说拥有道义的人不战则已，战则必胜。”

【开篇有益】

1. 词语积累：

郭、池、委、畔

2. 读后有感：

孟子认为，持身端正的人天下都会归向他；而持身端正的关键则是凡事要从自身找原因，严于律己，宽以待人，不断提高和完善自己。抓住这个根本，就能赢得天下，达到人和境界。这一主张不仅在当时具有进步性，反映孟子在那个历史发展时期的远见卓识和对人和力量的重视，就是今天读来，也具有极精辟的借鉴意义。古往今来，得人心者得天下，人心所向万事终成。当代社会倡导和谐民主，让人民安居乐业，为治国良策。“和”既是治国安民之本，也是立身处世之根，昭示着华夏儿女对和谐社会的美好憧憬。

景春曰：“公孙衍、张仪岂不诚大丈夫哉？一怒而诸侯惧，安居而天下熄。”孟子曰：“是焉得为大丈夫乎？子未学礼乎？丈夫之冠也，父命[①]之；女子之嫁也，母命之，往送之门，戒之曰：‘往之女家，必敬必戒，无违夫子！’以顺为正者，妾妇之道也。居天下之广居[②]，立天下之正位[③]，行天下之大道[④]，得志，与民由之；不得志，独行其道。富贵不能淫，贫贱不能移，威武不能屈，此之谓大丈夫。”

【注释】

①命：教导。②广居：比喻“仁”。③正位：比喻“礼”。④大道：比喻“义”。

【译文】

景春说：“公孙衍和张仪难道不确实是大丈夫吗？一发脾气诸侯就害怕，安静下来天下就太平。”孟子说：“这怎么能是大丈夫呢？你没有学过礼吗？男子举行加冠礼时，父亲训导他；女子出嫁时，母亲训导她，送她到门口，告诫她说：‘到了你的夫家，一定要恭敬要警惕，不要违逆丈夫。’以顺从作为准则，这是为人妻的妇道。住在天下最宽广的住宅，站在天

下最正确的位置，走在天下最光明的大路；得志时，和百姓一起循着大道前进；不得志时，独自坚持自己的原则。富贵不能使自己腐化堕落，贫贱不能使自己改变志向，威武不能使自己改变气节，这样的人可称作大丈夫。”

【开篇有益】

1. 词语积累：

命、广居、正位、大道

2. 读后有感：

孟子这段关于“大丈夫”的名言，句句闪耀着人格力量的光辉，在历史上曾经鼓励了不少的仁人志士，成为他们不畏强暴，坚持正义的座右铭。真正的大丈夫，不是怒可惧诸侯，安可稳天下的至高权威，而是堂堂正正，仁义礼信的道德楷模。坚守自己的心志，不受贫贱、富贵等外界条件的影响；恪守自己的原则，始终走在光明正确的道路上，这才是古之大丈夫所为，也应该是当代人的榜样。

孟子曰：“无或①乎王之不智也。虽有天下易生之物也，一日暴之，十日寒之，未有能生者也。吾见亦罕矣，吾退而寒之者至矣，吾如有萌焉何哉？今夫弈之为数②，小数也，不专心致志，则不得也。弈秋，通国之善弈者也。使弈秋诲二人弈，其一人专心致志，惟弈秋之为听。一人虽听之，一心以为有鸿鹄将至，思援弓缴③（zhuó）而射之，虽与之俱学，弗若之矣，为是其智弗若与？曰非然也。”

【注释】

①或：同“惑”。②数：通“术”，技术、技巧。③缴：生丝制的绳子，系在箭上。

【译文】

孟子说：对于君王不聪明不必奇怪。即使天下最容易生长的东西，如果晒它一天，冻它十天，也没有能生长的。我见君王的次数少，我一离开那些冷冻他的人马上围上去了，我启发他的那点善心萌芽又能怎样呢？下棋作为技艺，是小技艺；不专心致志，就学不到手。奕秋是全国下棋圣手。让他教两人下棋，一人专心专意，只听奕秋的话。另一人虽然在听，心里却想着有只天鹅将要飞来，想要拿起弓箭去射它。即使跟人家一道学习，成绩一定不如人家，是因为他的聪明不如人家吗？不是这样的。

【开篇有益】

读后有感：

智慧很重要，用心更重要。只有专心致志，心无旁骛，才能学有所成。二人学习弈棋，师出同门，但棋艺却相差甚远，究其原因，唯有专心与否之别。所以说，决定你能否成功的关键，不在于你是否有非凡的智慧，而在于你是否用心去做。俗话说：“痴于艺者技必精，痴于书者书必工”，讲的就是这个道理。

第二节　老子与《道德经》

一、作者简介

老子，又称老聃、李耳，字伯阳，楚国苦县曲仁里人，是我国古代伟大的哲学家和思想家、道家学派创始人。传世之作《道德经》又称《老子》，用不多的字数，充分体现了中国古代朴素辩证法的神韵，阐述了道家对于事物的产生、发展、变化等规律的认识，被誉为万经之王，老子也因其深邃的哲学思想被尊为“中国哲学之父”。

二、作品简介

《道德经》的国外版本有一千多种，是世界译本及发行量中仅次于《圣经》的中国书籍。有人说：盛世文人用《道德经》助长豪情，乱世文人则将它当作精神信仰。鲁迅也曾说“不读《老子》一书，不知中国文化，不知人生真谛”。由此可见《老子》的深远影响。

三、经典诵读

天下皆知美之为美，斯恶已①；皆知善之为善，斯不善已。有无相生，难易相成，长短相刑②，高下相盈③，音声④相和，前后相随，恒也。是以圣人处无为⑤之事，行不言之教，万物作而弗始。生而弗有，为而弗恃⑥，功成而弗居。夫唯弗居，是以不去。（二章）

【注释】

①恶：丑。已：通“矣”。②刑：通“形”，在比较对照中显现出来。③盈：补充、依存。④音声：《礼记·乐记》中说，合奏乐音叫“音”，单一音响叫“声”。⑤无为：顺应自然，不加干涉，不必管束。⑥为而弗恃：有所施为但不强加自己的意志倾向，转意为不依仗自己对别人有恩惠而达到利己的目的。恃：依仗。指个人意志、倾向。

【译文】

天下都知道美的就是美的，就是因为有丑的了。都知道善的就是善的，就是因为有恶的了。所以有和无互助产生，难和易互相形成，长和短互相包容，高和下互相依存，音和声互助和谐，前和后互助跟从。因此，圣人以无为处理事务，实行无言的教导，万物自己发生变化而不为它开头。生长了万物，而不据为己有，抚育了万物而不自恃己能，成功了而不居功。正是因为不居功，所以功绩不会失去。

【开篇有益】

1. 词语积累：

恶已、刑、盈、音声

2. 读后有感：

美与丑、善与恶之间的相互转化往往是此消彼长的。逐渐减少丑的一面，美就自然显现出来了；恶的一面受到制约，善也就显示出来了。美丽成为大家共同的追求，丑陋就会逐渐消退；善良成为了大家共同的准则，凶恶也就没有存身之地了。在喧嚣浮躁的尘世间，在以某些人的功利价值随意改变一切的环境下，老子这些尊重宇宙万物自然本性的教诲箴言，无疑能带给人们以宁静和谐、超越世俗的人生启迪和思考。

图 3-2-1 老子画像

上善若水①。水善利万物而不争，处众人之所恶②，故几于道③。居善地，心善渊④，与⑤善仁，言善信，政善治⑥，事善能，动善时⑦。夫唯不争，故无尤⑧。（八章）

【注释】

①上善若水：上，最大的意思。上善即最善。②所恶：令人厌恶的地方。③几于道：几，接近。即接近于道。④渊：沉静、深沉。⑤与：交往。⑥善治：善于治理好国家。⑦善时：善于把握有利的时机。⑧尤：怨咎、过失、罪过。

【译文】

最上等的善要像水一样。水善于滋润万物而不与之争夺，停留在众人讨厌的低洼地方，所以最接近道。居住善于选择地方，存心善于保持深沉，交友善于真诚相爱，说话善于遵守信用，为政善于有条有理，办事善于发挥能力，行动善于掌握时机。正因为他与世无争，所以才不会招惹怨恨。

【开篇有益】

1. 词语积累：

上善若水、几、善治、尤

2. 读后有感：

在自然界的万事万物中，老子最赞赏的就是水了。水是生命之源。它滋养万物，付出不为索取，没有任何私念；它虚下就低，包容寰宇，惠人而己不争；它圆融通达，遇方则方，遇圆则圆，随物赋形，不以人之好恶改变本性。其实，水性如人性，水德亦人德，水的特性也最能体现自然无为的哲理。老子以水喻道、释道，借水性水德昭示人性人品，要求人们用全部身心默默为万物众生服务而不求回报。这对我们的道德修养和立身处世，仍有十分重要的认识价值和积极的现实意义。

企者不立[1]，跨者不行[2]；自见者不明，自是者不彰，自伐者无功，自矜者不长。其在道也，曰：余食赘形[3]。物或恶之，故有道者不处。（二十四章）

【注释】

①企者不立：踮脚而立难以久站，比喻不踏实工作的人站不住脚。②跨者不行：跨步而行走不了长路，比喻急于求成的人难以持之以恒。③赘形：赘肉，身上多余的肉。

【译文】

踮起脚跟站着的人难以久站，迈着大步前行的人走不了多远；靠自己眼看的人看不清楚，自以为是的人不能判断是非，自我夸耀的人无法建立功勋，自高自大的人得不到众人拥护。从天道的角度看，只能称之为剩饭赘肉。人人厌恶它，所以有道之人不会这样做。

【开篇有益】

1. 词语积累：

企者不立、跨者不行

2. 读后有感：

企者不立，跨者不行，这两个比喻形象地说明了做事要脚踏实地，切莫急功近利。自见、自是、自伐、自矜的举动都是轻浮急躁的，是违背自然、短暂而不能持久的。欲速则不达，既是老子强调的观点，也是尽人皆知的哲理。九层之台起于累土，根基雄厚，心态平和，才能承受巨大的重量；踮脚拔高，跨越求捷，则可能导致事与愿违的结果。

知人者智，自知者明。胜人者有力，自胜者强[1]。知足者富，强行[2]者有志。不失其所者久，死而不亡[3]者寿。（三十三章）

【注释】

①强：刚强、果决。②强行：坚持不懈、持之以恒。③死而不亡：身虽死而道犹存。

【译文】

能认识别人的叫作智，能认识自己的叫作明。能战胜别人的叫作有力，能战胜自己的叫作刚强。知道满足的就感觉富有，坚持力行的就怀有志气，不迷失本性的就能长久，死而不被遗忘的就是长寿。

【开篇有益】

1. 词语积累：

强行

2. 读后有感：

在老子看来，知人、胜人十分重要，但是，自知、自胜、自强则更重要。一个人倘若能了解自己、战胜自己，知足常乐，关注心灵修养，才能实现天地之志，与世长存。生活中知人不易，自知更难。特别是在荣誉突然降临、美誉纷至沓来、名利出现在身边，金钱诱惑于眼前时，能够知人胜己，不失其所，活出自己的精彩，这才是做人的至高境界。

其政闷闷[①]，其民淳淳；其政察察[②]，其民缺缺[③]。祸兮，福之所倚；福兮，祸之所伏。孰知其极？其无正[④]也。正复为奇[⑤]，善复为妖。人之迷，其日固久。是以圣人方而不割，廉而不刿[⑥]（guì），直而不肆，光而不耀。（五十八章）

【注释】

①闷闷：昏昧、宽厚。②察察：严厉、苛刻。③缺缺：狡黠、抱怨、不满足。④正：标准、确定。⑤奇：邪，反常。⑥廉而不刿：有棱边而不割伤别人，比喻为人廉正宽厚。

【译文】

政治宽松，人民就淳朴。政治苛刻，人民就狡诈。灾害啊，幸福就在它身边；幸福啊，灾害就藏在里面。谁知它最后会怎么样？它没有定论。正常的可能变为反常，善良可能变为妖孽。人们的迷惑，由来已久。因此圣人方正却不孤傲，锋利却不伤人，坦直却不放肆，明澈却不刺眼。

【开篇有益】

1. 词语积累：

闷闷、察察、缺缺、奇、廉而不刿

2. 读后有感：

“闷闷”接近“无言”，即不对百姓所为指手画脚，过多限制。“闷闷”大致意思是难得糊涂，但不是真糊涂，而是在明了事物发展的根本规律后的大度和宽容。“祸兮福之所倚，福兮祸之所伏”是我们熟读成诵的名言；“塞翁失马”是早已耳熟能详的故事。它启示我们：面对纷繁复杂又充满变数的社会，受点挫折委屈不是坏事，当坏事变成好事的时候，我们的心灵一定会更加宁静淡泊，幸福感也一定会大大增强。

天下皆谓我[①]道大，似不肖。夫唯大，故似不肖。若肖，久矣其细也夫！我有三宝，持而保之：一曰慈，二曰俭，三曰不敢为天下先。慈故能勇；俭故能广[②]；不敢为天下先，故能成器长[③]。今舍慈且[④]勇；舍俭且广；舍后且先；死矣！夫慈，以战则胜，以守则固。天将救之，以慈卫之。（六十七章）

【注释】

①我：并非老子自称。②广：宽广，此指富裕。③器长：万物首领。④且：取、求。

【译文】

天下人都说我奉行的道伟大，不像任何具体事物的样子。正因为它伟大，所以才不像任何具体的事物。如果它像任何一个具体的事物，那么“道”也就显得很渺小了。我有三件法宝，执守而且保全它：第一件叫慈爱，第二件叫节俭，第三件叫不敢居于天下人的前面。有慈爱所以能勇武；有节俭所以能大方；不敢居于天下人之先，所以能成为万物的尊长。现在有人丢弃了慈爱而追求勇武；丢弃了节俭而追求大方；舍弃退让而求争先，结果是走向死亡。慈爱，用来征战就能够胜利，用来守卫就能巩固。天要援助谁，就用慈爱来保护他。

【开篇有益】

1. 词语积累：

器长、且

2，读后有感：

“慈”指对人对事都怀有慈爱、仁爱的态度，从而表现为一种博大从容的胸襟；“俭”指一种朴朴实实、简单节俭的生活作风；而“不敢为天下先”是否可以理解为凡事顺其自然，耐得住寂寞，不盲目武断，能审时度势的处世心态呢？老子的道也许很大，但是，假如老子之“道”能被这简单、鲜明的三种特性所涵盖，进而提炼出做人应具备这慈德、俭德和让德之美，并以此作为修身处世的三项基本原则，不也是人生的极大收获吗？

小国寡民。使有什伯[①]之器而不用；使民重死[②]而不远徙；虽有舟舆，无所乘之；虽有甲兵，无所陈[③]之。使人复结绳[④]而用之。至治之极。甘美食，美其服，安其居，乐其俗，邻国相望，鸡犬之声相闻，民至老死不相往来。（八十章）

【注释】

①什伯：多种多样。②重死：看重死亡，即不轻易冒着生命危险做事。③陈：陈列，此指布阵打仗。④结绳：文字产生以前，人们以结绳的办法记录事情，传递消息。

【译文】

国家小人民少。即使有各种器具也不使用；使人民看重死亡而不向远方迁移；虽有船车，也没有乘坐的必要；虽有武器装备，也没有打仗的必要。使人民再回复到结绳记事状态。吃得香甜，穿的美观，住的安逸，过得欢乐。邻国之间互相看得见，鸡鸣犬吠的声音互相听得着。而人民直到老死，都不互相往来。

【开篇有益】

1. 词语积累：

什伯、陈、结绳

2. 读后有感：

老子用理想的笔墨，描绘了园田社会生活的情景：国家很小，邻国相望、鸡犬之声相闻。没有欺骗和狡诈，民风淳朴敦厚，生活安定恬淡。人们用结绳的方式记事，不会攻心斗智，不必冒着生命危险远徙谋生。小国寡民，是一首静中有动的牧歌，展现了和平、人权、自由、平等的美好愿景，表达了老子想要建立一个人民安居乐业的理想社会的进步思想。

第三节 庄子与《庄子》

一、作者简介

庄子(约前369年—前286年),战国中期哲学家,庄氏,名周,字子休(一作子沐),汉族,蒙(今安徽蒙城,又说河南商丘、山东东明)人。是我国先秦(战国)时期伟大的思想家、哲学家、文学家。

庄子原系楚国公族,楚庄王后裔,后因乱迁至宋国,是道家学说的主要创始人。与道家始祖老子并称为“老庄”,他们的哲学思想体系,被思想学术界尊为“老庄哲学”,然文采更胜老子。代表作《庄子》被尊崇者演绎出多种版本,名篇有《逍遥游》《齐物论》等,庄子主张“天人合一”和“清静无为”。

庄子的想象力极为丰富,语言运用自如,灵活多变,能把一些微妙难言的哲理说得引人入胜。他的作品被人称之为“文学的哲学,哲学的文学”。据传,又尝隐居南华山,故唐玄宗天宝初,诏封庄周为南华真人,称其著书《庄子》为《南华真经》。

二、作品简介

《庄子》是体现道家思想的源头之一,是与重视现实主义的儒家思想相对立的最有代表性的先秦散文著作。它在老子“道法自然”的哲学思想基础上,界定设想人生的最高理想境界是清静无为与自由逍遥,而这种思想的文学特征,不是通过逻辑论证来阐明,而往往是蕴含在一个个奇幻玄虚、荒诞怪异的寓言故事里,其深邃的意蕴随着故事情节的发展而显现于读者面前。以文学写哲学,将哲学文学化,正是庄子寓言文学的不朽价值。

三、经典诵读

庄子钓于濮水

庄子钓于濮水,楚王使大夫二人往先焉,曰:“愿以境内[①]累矣。”庄子持竿不顾,曰:“吾闻楚有神龟,三千岁矣,王巾笥[②]而藏之庙堂之上。此龟者,宁其死为留骨而贵[③]乎?宁其生而曳尾于涂中[④]乎?”大夫曰:“宁生而曳尾涂中。”庄子曰:“往矣,吾将曳尾于涂中。”

【注释】

①境内:四境之内,指国内。②巾笥:以巾包裹,藏入箱筐。③贵:显示尊贵。④曳尾于涂中:在烂泥中摇着尾巴。

【译文】

庄子在濮水钓鱼，楚王派两位大夫前去请他做官，说："想将国内的事务劳累您啊！"庄子拿着鱼竿头也不回的说："我听说楚国有一只神龟，已死三千年了，国王用锦缎包好放在竹匣里珍藏在庙堂上。这只神龟，是宁愿死去留下骨头显示尊贵呢，还是情愿活着在烂泥里摇动尾巴呢？"大夫说："情愿活着在烂泥里摇动尾巴。"庄子说："请回吧！我要在烂泥里摇动尾巴。"

【开篇有益】

1. 词语积累：

累、贵、曳尾涂中

2. 读后有感：

这则拒绝权势媒聘、坚决不与昏庸者合作的故事，不知会令多少人汗颜。庄子追求本真，痛恨虚伪，把世俗的名利看作浮云，所以，他具有拒绝名利诱惑的惊人内力、超凡绝俗的智慧和清纯明净的精神世界。鲍鹏山在《庄子，在我们无路可走的时候》中这样评价庄子：在一个文化屈从权势的传统中，庄子是一棵孤独的树，是一棵孤独地在深夜看守心灵月亮的树。这棵孤月之下独守秋月寒江的树，创造了常人不可企及的高度……

匠石运斤①

庄子送葬，过惠子之墓，顾谓从者曰："郢人垩慢②其鼻端，若蝇翼，使匠石斫之。匠石运斤成风，听而斫之，尽垩而鼻不伤，郢人立不失容。宋元君闻之，召匠石曰：'尝试为寡人为之。'匠石曰：'臣则尝能斫之。虽然，臣之质③死久矣。'自夫子④之死也，吾无以为质矣！吾无与言之矣。"

【注释】

①匠石运斤：原指木匠石抡斧砍掉郑人鼻尖上的白灰而没有碰伤郑人的鼻子；后用以形容技艺精湛。石：人名；运斤：挥动斧头砍削。②垩：白石灰；慢：同"漫"，沾污。③质：借以施展技术的对象，引申为搭档，此指"郢人"④夫子：先生。尊称惠子。

【译文】

庄子送葬，经过惠子的墓地，回过头来对跟随的人说："郑地有个人把白灰泥涂抹在自己的鼻尖上，像蚊蝇的翅膀那样大小，让匠石用斧子砍削掉这一小白点。匠石挥动斧子呼呼作响，漫不经心地砍削白点，鼻尖的白泥完全除去而鼻子却没有一点受伤，郑地的人站在那里也若无其事不失常态。宋元君知道了这件事，召见匠石说：'你为我也这样试试。'匠石说：'我确实曾经能够削掉鼻尖上的小白点。虽然如此，但我可以搭档的伙伴已经死去很久了。'自惠子离开人世，我没有施技的搭档了！我没有可以与之论辩的人了！"

【开篇有益】

1. 词语积累：

要、慢、研、质

2. 成语典故：

匠石运斤：原指木匠石抡斧砍掉郢人鼻尖上的白灰而没有碰伤郢人的鼻子。后用以形容技艺精湛超群。

3. 读后有感：

郑人信赖匠石，才能让匠石削去自己鼻尖上的污渍，并且在利斧呼呼作响的挥动下面不改色心不跳。应该说：匠石卓越本领的淋漓发挥，得益于郑人的完全信任。由于现实生活的差距和学术观念的不同，庄子惠子二人常常在讨论问题时抬杠，但在情谊上，惠子却是庄子唯一的挚友。所以惠子死后，庄子再也找不到可以对谈的人了。这一往情深的追思追念，确是庄子真性情的真实表露。它告诫人们，人之相识，贵在相知；人之相知，贵在知心。尽管有些方面可能见解不同，但人与人相处，贵在以诚相托，以心相印；信赖，能产生力量，能创造奇迹。

图 3–3–1　庄子画像

鼓盆而歌

庄子妻死，惠子吊之，庄子则方箕踞鼓盆①而歌。惠子曰：“与人居，长子老身②，死不哭亦足矣，又鼓盆而歌，不亦甚乎！”庄子曰：“不然。是其始死也，我独何能无概③！然察其始而本无生；非徒无生也，而本无形④；非徒无形也，而本无气。杂乎芒芴⑤之间，变而有气，气变而有形，形变而有生。今又变而之死，是相与为春秋冬夏四时行也。人且偃然寝于巨室⑥，而我嗷嗷（áo）然随而哭之，自以为不通乎命，故止也。”

【注释】

①箕踞：盘腿而坐，其形如簸箕，是比较随便的坐式。鼓盆：敲击瓦盆作歌唱之拍节。②长子老身：孩子长大，身体老迈。③概：慨叹、哀伤。④无形：不曾有形体。⑤芒芴：同“恍惚”，形容不可捉摸。⑥偃然：安息的样子。巨室：比喻天地之间。

【译文】

庄子的妻子去世了，惠子前往吊唁，庄子正像簸箕一样坐着边敲打瓦击边唱歌。惠子说："你跟妻子生活了一辈子，生儿育女直至衰老而死，人死了不伤心哭泣也就算了，又敲着瓦击唱歌，不也太过分吗！"庄子说："不对。这人刚去世时，我怎能不感慨伤心呢！可仔细推究她原本就不曾出生，不只是不曾出生而且原本就不曾有形体；不只是不曾有形体，而且原本就不曾形成元气。夹杂在恍惚境域中，变化而有了元气，元气变化而有形体，形体变化而有生命，如今又变回死亡，这跟春夏秋冬四季运行一样。死去之人将安稳地寝卧在天地之间，我却呜呜地围着她哭，自认为这是不通晓天命的表现，所以停止了哭泣。"

【开篇有益】

1. 词语积累：

芒芴、偃然、噭噭然

2. 文化常识：

箕踞：两脚张开，两膝微曲地坐着，形状像箕。这是一种不拘礼节、傲慢不敬的坐法。比喻轻慢傲视对方的姿态。

3. 读后有感：

鼓盆而歌，表示对生死的乐观态度，也是用另类的方式表达对亡妻的悼念。庄子失去了相依为命的生活伴侣，他把内心的悲痛化作对生死的达观和对世俗礼制的蔑视，鼓盆笑对。庄子认为，生死犹如春秋四季不可避免，既然生死是必然转化的，那就要生有生的意义，死有死的价值。其实，死的意义是完全靠生的价值来界定的。不敬畏死，并不等同于随便活。与其战战兢兢地畏惧死亡，悲悲切切地哀怨生命，不如轰轰烈烈地活好一生。一如庄子，超越死亡，忘却生命，活的可贵、愉快而有内涵，有质量。

濠梁之辩

庄子与惠子游于濠梁之上。庄子曰："鲦鱼出游从容①，是鱼之乐也。"惠子曰："子非鱼，安知鱼之乐？"庄子曰："子非我，安知我不知鱼之乐？"惠子曰："我非子，固不知子矣；子固非鱼也，子之不知鱼之乐全矣！"庄子曰："请循②其本。子曰'汝安知鱼乐'云者，既已知吾知之而问我，我知之濠上也。"

【注释】

①从容：安闲自由。②循：回归、回到。

【译文】

庄子与惠子在濠水的桥上游玩。庄子说："鲦鱼在河水中游得多么悠闲自得，这是鱼的快乐啊。"惠施说："你不是鱼，怎么知道鱼的快乐呢？"庄子说："你不是我，怎么知道我不知道鱼的快乐呢？"惠施说："我不是你，固然不知道你；你本来就不是鱼，你不知道鱼的快乐是完全可以肯定的！"庄子说："请回到我们最初的话题上来。你说'你从哪儿知道鱼快乐'的话，说明你已经知道我知道鱼的快乐而在问我，我是在濠水的桥上知道的。"

【开篇有益】

1. 词语积累：

从容、是、固、全

2，成语典故：

濠梁之辩（鱼乐之辩）：指春秋战国时期的两名思想家庄子和惠子的一次辩论。这次辩论以河中的鱼是否快乐以及双方怎么知道鱼是否快乐为主题。

3. 读后有感：

惠施和庄子即是朋友又是论敌。两位辩论高手同游濠水桥梁之上，俯视鲦鱼自在畅游从而引起联想，展开一场人能否知鱼乐的辩论。两人以子之矛攻子之盾。惠施代表理性思考，是一种哲学认知；庄子偏重美学观赏，认为鲦鱼的从容快乐，其实是他愉悦心境的投射与反映，来自他的审美直觉。其实，生活不可太逻辑，多一些像“鲦鱼出游从容”这样审美的感受，以从容洒脱、自由快乐的心境发现身边的美，生活就一定会诗意许多。

惠子相梁

惠子相梁①，庄子往见之。或谓惠子曰：“庄子来，欲代子相。”于是惠子恐，搜于国中三日三夜。庄子往见之，曰：“南方有鸟，其名为鹓雏②（yuān chú），子知之乎？夫鹓雏发于南海，而飞于北海，非梧桐不止，非练实③不食，非醴泉不饮。于是鸱④（chī）得腐鼠，鹓雏过之，仰而视之曰：‘吓⑤！’今子欲以子之梁国而吓我邪？”

【注释】

①相梁：在梁国当宰相。②鹓雏：民间传说中凤凰一类的瑞鸟，用以比喻贤才或高贵的人。③练实：竹实，竹子结的子。④鸱：猫头鹰一类的鸟。喻指邪恶之人。⑤吓：模仿鹈发怒的声音，下文的“吓”用作动词。

【译文】

惠施在梁国当宰相，庄子前去看望他。有人告诉惠施说：“庄子到梁国来，想取代你做宰相。”于是惠施非常害怕，在国都搜捕三天三夜。庄子前去见他，说：“南方有一种鸟，它的名字叫鹓雏，你知道吗？从南海起飞飞到北海，不是梧桐树不栖息，不是竹子的果实不吃，不是甜美如醴的泉水不喝。在此时猫头鹰拾到一只腐臭的老鼠，鹓雏从它面前飞过，猫头鹰仰头看着发出‘吓’的怒斥声。现在你也想用你的梁国来吓我吧？”

【开篇有益】

1. 词语积累：

相、吓

2. 读后有感：

庄子把自己比作鹓雏，把惠子比作鸱，把功名利禄比作腐鼠，表明了自己的立场和志趣，讥讽了惠子醉心功名利禄、无端猜忌别人的阴暗心理。淡泊名利、清心寡欲的高洁庄子，相形于鸡肠小肚、利欲熏心的惠子，竟是如此的浑金璞玉、玉树临风。现实生活中常有以小人之心度君子之腹的人，一门心思算计别人，生怕别人超过自己，甚至信口雌黄、搬弄是非，其扭曲心态有如惠子。富润屋，德润身，在讲诚信、建和谐、重友善的今天，心胸开阔，处事大度，待人诚恳，工作踏实，才可能拥有生活的快乐和事业的阳光。

第四节　韩非子与《韩非子》

一、作者简介

韩非（约公元前280年—前233年），战国末期著名思想家、法家代表人物。尊称韩非子或韩子。韩王（战国末期韩国君主）之子，荀子的学生。

作为秦国的法家代表，备受秦王嬴政赏识，但遭到李斯等人的嫉妒，最终被下狱毒死。他被誉为得老子思想精髓最多的二人之一（另一人为庄周）。著有《韩非子》一书，共五十五篇，十万余字。在先秦诸子散文中独树一帜，呈现韩非子极为重视唯物主义与效益主义思想，积极倡导君主专制主义理论，目的是为专制君主提供富国强兵的霸道思想。

《史记》载：秦王见《孤愤》《五蠹》之书，曰："嗟乎，寡人得见此人与之游，死不恨矣！"可知当时秦王的重视。《韩非子》也是间接补遗史书对中国先秦时期史料不足的参考重要来源之一，著作中许多当代民间传说和寓言故事也成为成语典故的出处。

二、作品简介

《韩非子》是先秦法家的代表作，丰富的寓言故事使之成为先秦诸子寓言故事之集大成者，也成了这部说理散文著作的闪光点。一个个独立成篇、喜闻乐见的寓言故事，性格鲜明，细节丰富，语言生动，耐人寻味，集趣味性和哲理性于一体。凭着它思想性和艺术性的完美结合，巧妙地表达了作者对社会人生的理解与看法，也带给人们以深刻隽永的智慧启迪。细细读来，如饮美酒，久而弥醇。

三、经典诵读

一飞必冲天

楚庄王①莅政三年，无令发，无政为也。右司马②御座而与王隐曰："有鸟止南方之阜③，三年不翅，不飞不鸣，嘿④然无声，此为何名？"王曰："三年不翅，将以长羽翼；不飞不鸣，将以观民则。虽无飞，飞必冲天；虽无鸣，鸣必惊人。子释之。不谷⑤知之矣。"处半年，乃自听政。所废者十，所起者九，诛大臣五，举处士六，而邦大治。举兵诛齐，败之徐州，胜晋于河雍，合诸侯于宋，遂霸天下，庄王不为小害善。故有大名；不蚤⑥见示，故有大功。故曰："大器晚成，大音希声⑦。"

【注释】

①楚庄王：即荆庄王，春秋时期五霸之一。②右司马：掌管军政的官员。③阜：土丘。

④嘿：沉默。⑤不谷：即楚共王，字不谷。⑥蚤：通“早”。⑦大器晚成，大音希声：贵重的器物最后才能完成，惊世的乐章不轻易发出声响。

【译文】

楚庄王临政三年，没有发布命令，也没有执行什么政事。右司马侍候在旁而给楚庄王打了个谜语说：“有只鸟在南边土丘上栖息，三年不动翅膀，不飞不叫，沉默无声，这是什么名堂？”楚庄王说：“三年不动翅膀，将因此长成羽毛；不飞不叫，将因此观察民众的行为准则。虽然没有飞翔，一旦飞起来必然直冲云霄；虽然没有鸣叫，但叫起来必然惊动人世。先生你放心吧。我知道你的用意了。”就这样过了半年，庄王便亲自处理政事。废弃的法令有十条，兴起的事情有九件，惩处大臣五个，提拔读书人六名，而邦国治理得很好。又起兵征讨齐国，在徐州打败了它，在河雍战胜了晋国，在宋国联合了诸侯，于是称霸天下，庄王不去做小事而坏大事。所以有大的名声；不过早表现出自己的才能，因此有大的功劳。所以说：“大的器物最后才能完成；大的声音很难得听到。”

【开篇有益】

1. 词语积累：

右司马、阜、嘿、大器晚成，大音希声

2. 文化常识：

《韩非子》：

3. 读后有感：

齐威王是九年不飞不鸣，韬光养晦，之后一飞就冲上天空，冷静沉着，不骄傲，不受蒙蔽，严厉查处贪官污吏，把国家治理得井井有条，受到百姓们的夸赞，令肉食者叹服叫绝！我们要学习一飞冲天的齐威王，刻苦努力，坚持不懈，厚积薄发，不骄不躁，矢志不渝，唯有如此，方可功成名就，不负今生。

巧诈不如拙诚

乐羊为魏将以攻中山。其子在中山，中山之君烹其子而遗[①]之羹。乐羊坐于幕[②]下而啜[③]之，尽一杯。文侯谓堵师赞[④]曰：“乐羊以我故而食其子之肉。”答曰：“其子而食之，且谁不食？”乐羊罢中山，文侯赏其功而疑其心。

【注释】

①遗：赠送。②幕：军中的营帐。③啜：喝。④堵师赞：魏人，“堵师”是复姓。

【译文】

乐羊作为魏国的将领攻打中山国。当时他的儿子就在中山国内，中山国国君把他儿子煮成人肉羹送给他。乐羊就坐在军帐内端着肉羹喝了起来，一杯全喝完了。魏文侯对堵师赞说：“乐羊因为我的缘故吃了他儿子的肉。”堵师赞回答说：“连儿子的肉都吃了，还有谁的肉他不敢吃呢？”乐羊攻占中山国之后，魏文侯奖赏他的战功却怀疑他的心地。

孟孙猎得麑。使秦西巴持归，其母随而鸣，秦巴西见其哀，纵而与之。孟孙怒而逐秦西巴。居一年，召以为太子傅[①]。左右曰：“夫秦西巴有罪于君，今以为太子傅，何也？”孟孙曰：“夫

以一麑而不忍，又将能忍吾子乎？”故曰：巧诈不如拙诚[2]。乐羊以有功而见疑[3]，秦西巴以有罪而益信。由仁与不仁也。

【注释】

①太子傅：太子的老师。②拙诚：愚蒙而诚实。③见疑：被怀疑。

【译文】

鲁国国君孟孙打猎时活捉了一只小鹿。让秦西巴带回去，秦西巴发现这只小鹿的母亲跟在后面不停地哀号，秦西巴不忍心，就把小鹿放了。孟孙气得将秦西巴赶走了。过了一年后，又把他找回来当太子的老师。左右的人说：“秦西巴对您是有罪的，如今请他来做太子的老师，为什么呢？”孟孙说：“秦西巴对一只鹿都不忍心伤害，又怎么能忍心对太子不好呢？”所以说：巧作不如笨拙而诚实。乐羊因为有功却被魏王怀疑，秦西巴因为有罪却得到更多的信任。原因就在于仁与不仁的差别啊。

【开篇有益】

1. 词语积累：

遗、见疑

2. 文化常识：

太子傅：又称太傅，是“三公”之一，太子的老师。

3. 读后有感：

坚持“拙诚”而获得成功不是一日之功，习惯于“巧诈”攫取眼前利益更非一日之寒。善于诈术的人，即便一时可以欺瞒别人，久而久之再高明的骗术也会露出马脚。拙诚虽有失于灵活应变，短时间里可能会吃亏，却可以借此积攒人品，涵养操守。曾国藩曾以“钝拙”自居，用拙诚破机巧，养成了拙诚浑含的品行，练就了深谙世事却又不为世俗所扰的超然本领。“拙诚”不仅是修身之要、相处之道，更是立业之本、成事之基。

宋代苏洵曾言：“为一身谋则愚，而为天下谋则智”。为天下谋，实际上就是一种舍己为公的拙诚精神。以拙诚立身，以笃行谋事，方能干出一番实绩，亦无愧于内心。

申子辟舍

韩昭侯谓申子曰：“法度甚不易行也。”申子曰：“法者，见功而与赏，因能而受官。今君设法度而听左右之请，此所以难行也。”昭侯曰：“吾自今以来知行法[1]矣，寡人奚听矣。”一日，申子请仕其从兄官。昭侯曰：“非所学于子也。听子之谒[2]，败子之道乎，亡其用子之谒”申子辟舍[3]请罪。

【注释】

①行法：按法行事。②谒：请求。③辟舍：避开正寝，移居他室。辟：躲，躲避。

【译文】

韩昭侯对申不害说：“法度很不容易推行。”申不害说：“所谓法，就是验明功劳而给予赏赐，依据才能而授予官职。现在君主设立了法度却又听从近侍的请求，这是法度难以

推行的原因。”昭侯说：“我从今以后知道如何按法行事，知道听取什么意见了。”一天，申不害请求委任他的堂兄做官。昭侯说：“这不是我从你那儿学来的做法吗？要是听从你的请求，不就破坏了你的治国原则了吗？我没法采纳你的请求。”申不害于是就离开客舍前去请罪。

【开篇有益】

1. 词语积累：

行法、谒、辟舍

2. 读后有感：

申不害是战国时期法家著名的代表人物，尊称为申子。他曾与其他法家人物一样，主张按功劳大小赏赐升迁，无功劳虽有裙带、宗室关系，也不能任用提拔。如此富国强兵的简单措施，历史上真正实行的朝代却没有多少。就连倡导者申不害，也要出尔反尔了。

韩昭侯是战国时期变法图强的明君之一。他使用“以牙还牙”自相矛盾的反驳法来对付申不害徇私谋官的行为，以其人之道还治其人之身，取得了非常好的效果。今天，无论是政界还是商界，凭功论才赏赐升迁的方法，依然是国家发展、任人唯贤、杜绝腐败的合理举措。由于监督、制约的力度和制度不够，一些靠裙带、靠私人关系扶摇直上的现象还时有所见，所以以法度治国，任重而道远。

尘饭涂羹[①]

夫婴儿相与戏也，以尘为饭，以涂为羹，以木为胾[②]（zì）。然至日晚必归饷[③]者，尘饭涂羹可以戏而不可食也。夫称上古之传颂，辩而不悫（què）[④]，道先王仁义而不能正国者，此亦可以戏而不可以为治也。夫慕仁义而弱乱者，三晋[⑤]也；不慕而治强者，秦也；然而未帝者，治未毕也。

【注释】

①尘饭涂羹：尘做的饭，泥做的羹；比喻没有用处的东西；指儿童游戏，亦指以假当真。涂：泥。②胾：切成大块的肉。③饷：同晌，进餐。④辩：巧言。悫：实在。⑤三晋：三家分晋（赵、韩、魏三家瓜分了晋国的领地，受封为诸侯）。由于赵、魏、韩都孕育于晋国，所以对这一段历史统称“三晋”。

【译文】

那些小孩在一起做游戏时，用尘土当饭，用泥水当汤，用木头当肉。但到了晚上却一定要回家吃饭，因为泥土做的饭菜可以玩耍却不可以吃。那些盛赞上古的传说，动听却不真实；称道先王的仁义却不能使国家走上正路，这样的情形也只能用来游戏而不能用来治国。因追求仁义而使国家衰弱混乱的，韩、赵、魏就是例证；不追求仁义而把国家治理得强盛的，秦国就是例证。然而秦国至今没有称帝，是因为治理还不完善。

【开篇有益】

1，词语积累：

胾、饷、悫

2. 文化常识：

三晋：指中国的战国时期的魏、赵、韩三国的合称，作为地理名词指魏赵韩原晋国故地。

3. 读后有感：

尘饭涂羹是法家的重要思想。韩非认为在当时诸侯纷争的乱世，空讲仁义和先王之道是没有用的，应当停止空谈，干些实事。这种实干思想在今天依然有着积极意义，它是连接认识与实践的一座桥梁，也是我们国家新时期的发展理念。空谈误国，实干兴邦。只有求真务实、脚踏实地，才能实现美丽的“中国梦”。实干是一种态度，更是一种精神。饱经沧桑的中华民族之所以能走出苦难、走向辉煌，靠的也正是这样的一种信念。

箕郑示信

文公问箕郑曰：“救饿[①]奈何？”对曰：“信。”公曰：“安信？”曰：“信名[②]，信事[③]，信义[④]。信名，则群臣守职，善恶不逾，百事不怠。信事，则不失天时，百姓不逾。信义，则近亲劝勉而远者归之矣。”

【注释】

①救饿：救济饥荒。②名：号令。③事：职守，政事。④义：仪制，法度。

【译文】

晋文公问箕郑说：“怎样救济饥荒？”箕郑回答说：“守信用。”文公说：“怎样守信用呢？”箕郑说：“在名位、政事、道义上都要守信用。名位上守信用，群臣就会尽职尽责，好的坏的不会混杂，各种政事不会懈怠；政事上守信用，就不会错过天时季节，百姓不会三心二意；道义上守信用，亲近的人就会努力工作，疏远的人就会前来归顺了。”

【开篇有益】

1. 词语积累：

救饿、名、事、义

2. 文化常识

天时：①一般指自然运行的时序；②指天道运行的规律。

3. 读后有感：

箕郑劝谏晋文公要救济饥荒，把讲信义、重信誉、守信用提到治理国家、民心所向的高度，真可谓洞幽烛微，见识深远。国无信不兴，人无信不立。诚信不仅是治国之本，是中国古代社会关系的精神纽带，也是人际交往的最高原则。言出必践，既是人与人、人与社会之间相互关系的基础性道德规范，也是现实社会市场经济条件下的根本性行为规范。

诚信是一种令人崇敬的人格境界，是一种抱诚守真的人品修养，也是一种言行信果的道德行为。它要求人们真实无妄，诚实无欺，忠实于自己承担的义务。古人云：诚信于君为忠，诚信于父为孝，诚信于友为义，诚信于民为仁，诚信于交为智。一个讲诚信的人，一定会成为一个受人尊敬、功业有成的人！

第五节　墨子与《墨子》

《墨子》是战国百家中的墨家经典。墨子提倡兼爱、非攻、尚贤、尚同、天志、明鬼、非命、非乐、节葬、节用，对哲学、逻辑学，甚至对军事学、工程学、力学、几何学、光学等方面都有相当的研究和贡献，先秦的科学技术成就大都依赖《墨子》以传。现存《墨子》一书，由墨子自著和弟子记述墨子言论两部分组成，宋朝多散佚。至清代编《四库全书》时，仅存五十三篇。

兼爱[①]

圣人以治天下为事者也，必知乱之所自起，焉能治之；不知乱之所自起，则不能治。譬之如医之攻人之疾者然：必知疾之所自起，焉能攻之；不知疾之所自起，则弗能攻。治乱者何独不然？必知乱之所自起，焉能治之；不知乱之所自起，则弗能治。圣人以治天下为事者也，不可不察乱之所自起。

【注释】

①兼爱是墨家学派最有代表性的理论之一。所谓兼爱，其本质是要求人们爱人如己，彼此之间不要存在血缘与等级差别的观念。墨子认为，不相爱是当时社会混乱最大的原因，只有通过“兼相爱，交相利”才能达到社会安定的状态。这种理论具有反抗贵族等级观念的进步意义，但同时也带有强烈的理想色彩。

【译文】

圣人是以治理天下为职业的人，必须知道混乱从哪里产生，才能对它进行治理；如果不知道混乱从哪里产生，就不能进行治理。这就好像医生给人治病一样：必须知道疾病产生的根源，才能进行医治；如果不知道疾病产生的根源，就不能医治。治理混乱又何尝不是这样？必须知道混乱产生的根源，才能进行治理。如果不知道混乱产生的根源，就不能治理。圣人是以治理天下为职业的人，不可不考察混乱产生的根源。

当[①]察乱何自起？起不相爱。臣子之不孝君父，所谓乱也。子自爱，不爱父，故亏[②]父而自利；弟自爱，不爱兄，故亏兄而自利；臣自爱，不爱君，故亏君而自利，此所谓乱也。虽父之不慈子[③]，兄之不慈弟，君之不慈臣，此亦天下之所谓乱也。父自爱也，不爱子，故亏子而自利；兄自爱也，不爱弟，故亏弟而自利；君自爱也，不爱臣，故亏臣而自利。是何也？皆起不相爱。

【注释】

①当：读为“尝”。②亏：损害。③慈子：慈爱儿子。

【译文】

（我曾）试着考察混乱是从哪里产生的呢？起源于人与人之间不相爱。臣与子不孝敬君和父，就是所谓乱。儿子爱自己而不爱父亲，因而损害父亲以自利；弟弟爱自己而不爱兄长，因而损害兄长以自利；臣下爱自己而不爱君上，因而损害君上以自利，这就是所谓混乱。反过来，即使父亲不慈爱儿子，兄长不慈爱弟弟，君上不慈爱臣下，这也是天下的所谓混乱。父亲爱自己而不爱儿子，所以损害儿子以自利；兄长爱自己而不爱弟弟，所以损害弟弟以自利；君上爱自己而不爱臣下，所以损害臣下以自利。这是为什么呢？都是起于不相爱。

图 3-5-1 墨子画像

虽至天下之为盗贼者亦然：盗爱其室，不爱其异室[①]，故窃异室以利其室。贼爱其身，不爱人，故贼[②]人以利其身。此何也？皆起不相爱。虽至大夫之相乱家，诸侯之相攻国者亦然：大夫各爱其家，不爱异家，故乱异家以利其家。诸侯各爱其国，不爱异国，故攻异国以利其国。天下之乱物[③]，具此而已矣。察此何自起？皆起不相爱。

【注释】

①异室：别人的家。②贼：残害。③乱物：乱事。

【译文】

即使在天底下做盗贼的人，也是这样。盗贼只爱自己的家，不爱别人的家，所以盗窃别人的家以利自己的家；盗贼只爱自身，不爱别人，所以残害别人以利自己。这是什么原因呢？都起于不相爱。即使大夫相互侵扰家族，诸侯相互攻伐封国，也是这样。大夫各自爱他自己的家族，不爱别人的家族，所以侵扰别人的家族以利他自己的家族；诸侯各自爱他自己的国家，不爱别人的国家，所以攻伐别人的国家以利他自己的国家。天下的乱事，全部都具备在这里了。细察它从哪里产生呢？都起于不相爱。

若使天下兼相爱，爱人[①]若爱其身，犹有不孝者乎？视父兄与君若其身，恶[②]（wū）施不孝？犹有不慈者乎？视弟子与臣若其身，恶施不慈？故不孝不慈亡[③]有。犹有盗贼乎？故视人之室若其室，谁窃？视人身若其身，谁贼？故盗贼亡有。犹有大夫之相乱家，诸侯之相攻国者乎？视人家若其家，谁乱？视人国若其国，谁攻？故大夫之相乱家，诸侯之相

攻国者亡有。若使天下兼相爱，国与国不相攻，家与家不相乱，盗贼无有，君臣父子皆能孝慈，若此，则天下治。

【注释】

①爱人：爱护别人。②恶：何，怎么。③亡：通“无”。

【译文】

假若天下都能相亲相爱，爱别人就像爱自己，还能有不孝的吗？看待父亲、兄弟和君上像自己一样，怎么会做出不孝的事呢？还会有不慈爱的吗？看待弟弟、儿子与臣下像自己一样，怎么会做出不慈的事呢？所以不孝不慈都没有了。还有盗贼吗？看待别人的家像自己的家一样，谁会盗窃？看待别人就像自己一样，谁会害人？所以盗贼没有了。还有大夫相互侵扰家族，诸侯相互攻伐封国吗？看待别人的家族就像自己的家族，谁会侵犯？看待别人的封国就像自己的封国，谁会攻伐？所以大夫相互侵扰家族，诸侯相互攻伐封国，都没有了。假若天下的人都相亲相爱，国家与国家不相互攻伐，家族与家族不相互侵扰，盗贼没有了，君臣父子间都能孝敬慈爱，像这样，天下也就治理好了。

故圣人以治天下为事者，恶得不禁恶[①]而劝爱。故天下兼相爱则治[②]，交相恶则乱。故子墨子曰：“不可以不劝爱人者，此也。”

【注释】

①恶：仇恨。②治：治理好，太平。

【译文】

所以圣人既然是以治理天下为职业的人，怎么能不禁止相互仇恨而鼓励相爱呢？因此天下的人相亲相爱就会治理好，相互憎恶则会混乱。所以墨子说：“不能不鼓励爱别人，道理就在此。”

【开篇有益】

1. 词语积累：

兼爱、异室、乱物

2. 读后有感：

“兼爱”指的是不分亲疏，不分远近，不分等级，没有差别地爱所有的人。这是墨家学说的核心，讲究“爱无差等”。墨子的这种观点，实质上打破了宗法等级观念，可是一种最古老的“博爱”思想了。

墨子的“兼爱”主张，反对独知爱己的自私自利，否定亲疏有别的宗法观念。这种思想在今天对于我国现代社会主义公民道德建设来说仍然意义重大。人不可能孤立地存在于社会之中，总要与他人发生这样那样的联系，因此，应加强博爱教育，培养互帮互助的精神，驱除“只扫自家门前雪，莫管他人瓦上霜”的小我意识，这样才能使整个社会成为一个有爱、有温暖的大家庭。

非攻[1]（上）

“非攻”是墨子学说的重要范畴，是墨子军事思想的集中体现，同时也包含着丰富的政治、哲学、科学、文化、伦理思想。周朝进入春秋战国时期，战争频发，土地荒芜，饿殍遍野，民不聊生，广大人民群众渴望弥兵息战，休养生息。墨子体察到下层的民情，代表小生产者及广大百姓的利益，提出了“非攻”的主张。

今有一人，入人园圃，窃其桃李，众闻则非[2]之，上为政者得则罚之。此何也？以亏人自利也。至攘[3]人犬豕鸡豚者，其不义，又甚入人园圃窃桃李。是何故也？以亏人愈多，其不仁兹[4]甚，罪益厚。至入人栏厩、取人牛马者，其不仁义，又甚攘人犬豕鸡豚。此何故也？以其亏人愈多。苟亏人愈多，其不仁兹甚，罪益厚。至杀不辜[5]人也，扡[6]其衣裘、取戈剑者，其不义，又甚入人栏厩，取人牛马。此何故也？以其亏人愈多。苟亏人愈多，其不仁兹甚矣！罪益厚。当此天下之君子皆知而非之，谓之不义。今至大为攻国，则弗知非，从而誉之，谓之义。此可谓知义与不义之别乎？

【注释】

①非攻是墨家针对当时诸侯间的兼并战争而提出的反战理论。墨子认为战争是天下“巨害”，对胜败两国都有巨大损伤，既不合于“圣王之道”，也不合于“国家百姓之利”。在本篇中他对各种为攻战做辩护的言论逐一批驳，并将大国对小国的“攻”与有道对无道的“诛”区别开来。②非：指责。③攘：盗窃。④兹：更。⑤不辜：无辜。⑥“扡”同“拖”。

【译文】

假如有一个人，进入别人的园圃，偷窃他家的桃李，众人听说后就指责他，上边执政的人抓到后就处罚他。这是为什么呢？因为他损人利己。至于盗窃别人的鸡犬、牲畜，他的不义，又超过到别人的园圃里偷窃桃李。这是什么缘故呢？因为他损失自己人格更大，他的不仁更突出，罪过更深重。至于进入别人的牛栏马厩内偷取别人牛马的人，他的不仁不义，又比盗窃别人鸡犬、牲畜的人更甚。这是什么缘故呢？也是因为他损失自己人格更大。一旦损失自己人格更大，他的不仁也更突出，罪过也更深重。至于妄杀无辜之人，夺取他的皮衣戈剑，则这人的不义又甚于进入别人的牛栏马厩盗取别人牛马的。这是什么缘故呢？更是因为他损失自己人格更大。一旦损失自己人格更大，那么他的不仁也更突出，罪过也更深重。对此，天下的君子都知道指责他，称他为不义。现在至于大规模地攻伐别人的国家，却不知指责错误，反而跟着去赞誉他，称之为义。这能算是明白义与不义的区别吗？

杀一人，谓之不义，必有一死罪矣。若以此说往，杀十人，十重[1]不义，必有十死罪矣；杀百人，百重不义，必有百死罪矣。当此天下之君子皆知而非之，谓之不义。今至大为不义攻国，则弗知非，从而誉之，谓之义。情不知其不义也，故书其言以遗后世；若知其不义也，夫奚[2]说书其不义以遗后世哉？

【注释】

①十重：十倍。②奚：何，为什么。

【译文】

杀掉一个人，叫作不义，必定有一项死罪。假如按照这种说法类推，杀掉十个人，有十倍不义，则必然有十重死罪了；杀掉百个人，有百倍不义，则必然有百重死罪了。对这种（罪行），天下的君子都知道指责它，称它不义。现在至于攻伐别人的国家这种大为不义之事，却不知道指责其错误，反而跟着称赞它为义举。他们确实不懂得那是不义的，所以记载那些称赞攻国的话遗留给后代；倘若他们知道那是不义的，又有什么理由解释记载这些不义之事，用来遗留给后代呢？

今有人于此，少见黑曰黑，多见黑曰白，则以此人不知白黑之辩[①]矣；少尝苦曰苦，多尝苦曰甘，则必以此人为不知甘苦之辩矣。今小为非，则知而非之；大为非攻国[②]，则不知非，从而誉之，谓之义。此可谓知义与不义之辩乎？是以知天下之君子也，辩义与不义之乱也。

【注释】

①辩：区别。②攻国：攻击别国。

【译文】

假如在这里有一个人，看见少许黑色就说是黑的，看见很多黑色却说是白的，那么人们就会认为这个人不懂得白和黑的区别；少尝一点苦味就说是苦的，多尝些苦味却说是甜的，那么人们就会认为这个人不懂得苦和甜的区别。现在小范围内做错事，人们就都知道指责其错误；大范围内做错事攻打别国，却不知道指责其错误，反而跟着称赞他为义举。这可以算是懂得义与不义的区别吗？所以我知道天下的君子，把义与不义的区别弄得很混乱了。

【开篇有益】

1. 词语积累：

攘、兹、不辜、十重

2. 读后有感：

自古及今，不论什么形式的战争，受害最深的首先是人民群众，妇幼老弱一概难于幸免，攻伐之惨之烈可见一斑。战争对人民是没有利益可言的，墨子这位先贤深谙此理，所以坚决非之。墨子思想体系中的“非攻”理论，以“兼爱”为其理论基础，其核心是谴责并反对战争，说服诸侯们放弃侵略，有时候为了制止一场攻战，墨子甚至不惜冒着生命危险亲自说服攻战的诸侯，论述攻国、杀人之大罪与大不义，表达了墨子一种深刻的人道主义精神，体现了对他人生命的深切爱护和终极关怀。墨子和他的弟子们从爱护百姓的高度出发，极力反对攻伐之战，维护人间的和平生活；他们死不旋踵，赴汤蹈火，显示了墨子和墨家弟子崇高的人格力量。

贵义

子墨子曰："万事莫贵于义。今谓人曰：'予子冠履[①]，而断子之手足，子为之乎？'必不为。何故？则冠履不若手足之贵也。又曰：'予子天下，而杀子之身，子为之乎？'必不为。何故？则天下不若身之贵也。争一言以相杀，是贵义于其身也。故曰：万事莫贵于义也。"

【注释】

①冠履：帽子和鞋子。

【译文】

墨子说："万事没有比义更珍贵的了。假如现在对别人说：'给你帽子和鞋，但是要砍断你的手脚，你干这件事吗？'那人一定不干。为什么呢？因为帽、鞋不如手脚珍贵。又说：'给你天下，但要杀死你，你干这件事吗？'那人一定不干。为什么呢？因为天下比不上生命珍贵。因争辩一句话而互相残杀，是因为把正义看得比自身生命更为可贵啊。所以说：一切事物没有比正义更珍贵的。"

子墨子自鲁即[①]齐，过[②]故人，谓子墨子曰："今天下莫为义，子独自苦而为义，子不若已。"子墨子曰："今有人于此，有子十人，一人耕而九人处[③]，则耕者不可以不益急矣。何故？则食者众而耕者寡也。今天下莫为义，则子如[④]劝我者也，何故止我？"

【注释】

①即：到。②过：拜访。③处：闲着、闲居。④如：应当。

【译文】

墨子从鲁国到齐国，探望了老朋友，朋友对墨子说："现在天下没有人行义，你何必独自苦行为义，不如就此停止。"墨子说："现在这里有一人，他有十个儿子，但只有一个儿子耕种，其他九个都闲着，耕种的这一个不能不更加紧张啊。为什么呢？因为吃饭的人多而耕种的人少。现在天下没有人行义，你应该勉励我行义，为什么还制止我呢？"

【开篇有益】

1. 词语积累：

即、过、处、如

2. 读后有感：

儒家的义利观，和先秦儒家思想一样在华夏民族的历史天空流光溢彩。时至今日，美好的传统伦理道德仍旧与当今社会产生着共鸣，那些舍利取义者往往会赢得人们最崇高的致敬。"义"是正义，是有利于民族和国家的大义。当义与利发生冲突的时候，我们都应该义无反顾地舍利取义，甚至要做到舍生取义。

当然，取义不等于不讲利，那样，义就会失去物质基础；但是在物质利益问题上，应该树立一个正确的取舍标准，以义取利。当前，随着物质文明取得的令人瞩目的进步，道德领域也出现了唯利是图、见利忘义以及极端自私自利等现象，因此更需要加强"义"的观念，学习历史上志士仁人在民族危亡、国难当头之时，舍生取义，为维护国家和社会利益，不惜牺牲个人性命的精神，让这朵正义之花越开越绚烂！

用贤亲士

本篇以语录体形式记述了墨子的言论，主题为用贤亲士。墨子以贤君与昏君对待贤人的截然不同的态度为例，说明能否用贤亲士关系着国家的兴衰成败。指出：国君要做到用贤亲士，除了要有自任其难的爱士之心之外，还须具备宽容、体谅的态度，广泛采纳各色人才，让他们各抒己见，面折廷争，这才是可以王天下、保国家的兼王之道。

入①国而不存②其士，则亡国矣。见贤而不急，则缓③其君矣。非贤无急，非士无与虑国。缓贤忘士，而能以其国存者，未曾有也。

昔者文公出走而正④天下，桓公去国而霸诸侯，越王勾践遇吴王之丑⑤而尚摄中国之贤君。三子之能达名成功于天下也，皆于其国抑⑥而大丑也。太上⑦无败，其次败而有以成，此之谓用民。

【注释】

①入：治理。②存：容纳，体恤。③缓：怠慢。④正：为统一天下而战，此指天下统一。⑤丑：出丑，被羞辱。⑥抑：屈抑、排斥，不被待见。⑦太上：最上等。

【译文】

治国而不优待贤士，国家就会灭亡。见到贤士而不急于任用，他们就会怠慢君主。没有比用贤更急迫的了，若没有贤士，就没有人和自己谋划国事。怠慢遗弃贤士而能使国家长治久安的，还不曾有过。

从前，晋文公被迫逃亡在外，后为天下盟主；齐桓公被迫离开国家，后来称霸诸侯；越王勾践被吴王战败受辱，终成威慑中原诸国的贤君。这三君所以能成功扬名于天下，是因为他们都能忍辱负耻，以图复仇。最上的是不遭失败，其次是失败而有办法成功，这才叫善于使用士民。

吾闻之曰："非无安居也，我无安心也；非无足财也，我无足心也。"是故君子自难而易彼，众人自易而难彼。君子进不败其志，内①究其情；虽杂庸民，终无怨心。彼有自信者也。是故为其所难者，必得其所欲焉；未闻为其所欲，而免其所恶者也。

是故逼臣②伤君，谄下伤上。君必有弗弗③之臣，上必有詻詻④（è）之下，分议者延延⑤，而支苟者⑥詻詻。焉可以长生保国。

【注释】

①内：即"退"。②逼臣：宠臣、近臣。③弗：通"拂"。④詻詻：同"谔谔"，直言争辩貌。⑤延延：众多貌。⑥支苟者：反对苟同的人。

【译文】

我听说："我不是没有安定的住处，而是没有安定之心；不是没有丰足的财产，而是怀有不满之意。"所以君子严于律己、宽以待人，一般人则宽以律己、严以待人。君子仕进顺利时不改变其志向，不得志时也心情如常；即使杂处于庸众之中，也终究没有怨尤之心。他们是有自信的人。所以凡事从难处做起，就一定能达到自己的愿望；没有听说只做自己所想的事情，而能免于所厌恶之后果的。

所以近臣受宠会伤害国君，下属谄媚会伤害君上。国君必有直言进谏的诤臣，君上须有敢于争辩的属下，议论国事的人多，反对苟同的人争吵，才能长久地养民生保国家。

【开篇有益】

1. 词语积累：

人、存、缓、忘、正、諮諮、延延、支苟

2. 文化常识：

太上：意思是至高无上。

3. 读后有感：

墨子十分强调人才的重要性，《亲士》篇所探讨的就是亲近、重用贤士的问题。他认为一个国君治理国家，如果不关心国中贤才，国家就会陷入危亡境地。同时列举了贤才的优秀品质：他们往往被埋没于平庸民众之中，甚至会受到压制和侮辱；但他们严于律己，宽以待人，有充分的自信心。仕途顺利时他们不改奋进的初衷，锐意进取；仕途不顺时他们静下心来反思自己，绝不怨天尤人。

《亲士》所讲内容虽是针对一国之君要重视人才而言，但个中道理也启示着今天的人们：无论从事什么职业，做什么事情，都应做到“进不败其志”和“内究其情”。在身处顺境时，还要积极进取，勇于开拓，不改夙志；身陷逆境则躬身自省，探究失败之由。凡事充满信心，才能顽强进取，把事情做到成功。

第四章　传统家训文化

运用家书家训教诫家人、劝勉子弟，在我国已有三千多年的历史；端蒙养、重家教，历来是华夏文化的核心，更是中华民族历代传承的优良传统。以“整齐门内，提撕子孙”为目的的家训，尤其受到历代人们的重视，形成家训文化的一大特色，犹如一颗颗绚丽晶莹的明珠，映射着先人的修养风尚，德厚流光。励志、劝勤、勉学、诲诫、明德……细细读来，一章一节用心良苦，一字一句语重心长……

第一节　朱熹与《朱子家训》

一、作者简介

朱熹（1130年—1202年），南宋著名理学家、思想家、哲学家、诗人、教育家、文学家。祖籍徽州婺源（今属江西），出生于福建尤溪，侨寓建阳（今属福建南平）崇安。朱熹是宋代理学的集大成者，他继承了北宋程颢、程颐的理学，完成了客观唯心主义的体系。认为理是世界的本质，"理在先，气在后"，提出"去人欲，存天理"。朱熹学识渊博，对经学、史学、文学、乐律乃至自然科学都有研究。其词作语言秀正，风格俊朗，无浓艳或典故堆砌之病。朱熹既是我国历史上著名的思想家，又是一位著名的教育家。他一生热心于教育事业，孜孜不倦地授徒讲学，无论在教育思想或教育实践上，都取得了重大的成就。

二、作品简介

《朱子家训》又名《治家格言》,是以家庭道德为主的启蒙教材。《朱子家训》仅524字，精辟地阐明了修身治家之道，是一篇家教名著。其中，许多内容继承了中国传统文化的优秀特点，比如尊敬师长，勤俭持家，邻里和睦等，为历代儒客尊崇，在今天仍然有现实意义。书中有良田这几个字说明当时朱子住在郊区。如今朱子住的家已经拆了，郊区城镇化或郊区城市化，朱子家已经被高楼林立的建筑所取代，消失在历史的长河，但是朱子家训保留了下来。

三、经典诵读

黎明即起，洒扫庭除[①]，要内外整洁，既昏便息，关锁门户，必亲自检点。一粥一饭，当思来处不易；半丝半缕，恒念物力维艰。宜未雨而绸缪[②]，毋临渴而掘井。自奉必须俭约，宴客切勿流连。器具质而洁，瓦缶胜金玉；饮食约而精，园蔬愈珍馐。勿营华屋，勿谋良田。

三姑六婆，实淫盗之媒；婢美妾娇，非闺房之福。奴仆勿用俊美，妻妾切忌艳妆。

【注释】

①庭除：庭院。②未雨而绸缪：天还未下雨，就预先修补好屋舍门窗，比喻凡事预先做好准备。

【译文】

黎明就要起床，用水洒湿厅堂内外然后清扫，厅堂内外要整洁，黄昏之后要休息，关锁好的门户，一定要亲自查看。一顿粥或一顿饭，应当想着来之不易；半根丝或半条线，也要常念着这些物资产生的艰难。应该在没下雨的时候先把房子修补完善，不要到了口渴

的时候才来掘井。自己在生活上必须勤俭节约，聚会在一起一定不要流连忘返。餐具质朴而干净，虽是用泥土做的瓦器也比金玉制的好；食物节约而精美，虽是园里种的蔬菜也胜于山珍海味。不要营造华丽的房屋，不要谋求良好的田园。三姑六婆实在是荒淫和偷盗的媒介；美丽的婢女和娇艳的姬妾，不是家庭的幸福。家撞奴仆不可雇用英俊美貌的，妻妾应忌讳艳丽的妆饰。

祖宗虽远，祭祀不可不诚；子孙虽愚，经书不可不读。居身务期质朴，教子要有义方。勿贪意外之财，勿饮过量之酒。与肩挑贸易，毋占便宜；见穷苦亲邻，须加温恤。刻薄成家，理无久享；伦常乖舛[①]，立见消亡。兄弟叔侄，须分多润寡；长幼内外，宜法肃辞严。听妇言，乖骨肉，岂是丈夫；重资财，薄父母，不成人子。

【注释】

①乖舛：违背。

【译文】

祖宗虽然离我们久远，祭祀不能不虔诚；子孙即使愚笨，不能不读儒家的经典。立身处世务必节俭朴素，教育子女要有好的方法。不要贪图意外的财富，不要喝过量的酒。和挑扁担做小生意的小贩交易，不要占他们的便宜，看到穷苦的亲戚或邻居，要多加体恤安抚。对人刻薄而发家的，绝没有长久享受的道理。行事违背伦常的，很快就会消灭。兄弟叔侄之间需要富有的资助贫穷的；长幼内外，应该礼法整肃言辞庄重。听信妇人言论，使骨肉亲情背离，哪里是大丈夫所为。看重钱财，薄父母，不是为人子的行为。

图 4-1-1 朱熹画像

嫁女择佳婿，毋索重聘；娶媳求淑女，勿计厚奁[①]。见富贵而生谄谗容者，最可耻；遇贫穷而作骄态者，贱莫甚。居家戒争讼，讼则终凶；处世戒多言，言多必失。勿恃势力而凌逼孤寡，毋贪口腹而恣杀生禽。乖僻自是，悔误必多；颓惰自甘，家道难成。狎昵[②]恶少，久必受其累；屈[③]志老成，急则可相依。轻听发言，安知非人之谮诉[④]，当忍耐三思；因事相争，焉知非我之不是，须平心暗想。

【注释】

①厚奁：丰厚的嫁妆。②狎昵：与人亲近，态度不庄重。③屈：抑制自己，恭敬自谦。④谮诉：诬蔑人的坏话。

【译文】

嫁女儿要选择贤良夫婿，不要索取贵重聘礼；娶儿媳要寻求贤淑女子，不要计较丰厚嫁妆。见到富贵的人就做出巴结讨好样子的人，是最可耻的；遇到贫穷的人就做出骄傲态度的人，是最鄙贱的。居家过日子要戒除争斗诉讼，一旦讼告，那么结果都不吉祥。处世戒除多说话，话多必有过失。不要依仗势力来欺凌威逼孤儿寡妇，不要贪口腹之欲而任意宰杀牲畜。性格古怪自以为是，后悔失误肯定多；颓废懒惰自甘现状，家道难以成就。亲近品行恶劣的年轻人，日子久了必然会受牵累；恭敬自谦地与稳重老成的人交往，遇到急难就可以依靠他们。轻信他人的话，怎么知道不是他说人坏话呢，应当忍耐多思；因为事情互相争吵，怎么知道不是我的过错，需要平心静想。

施惠无念，受恩莫忘。凡事当留余地，得意不宜再往。人有喜庆，不可生妒忌心；人有祸患，不可生喜幸心。善欲人见，不是真善；恶恐人知，便是大恶。见色而起淫心，报在妻女；匿怨[①]而用暗箭，祸延子孙。家门和顺，虽饔飧[②]不济，亦有余欢；国课[③]早完，即囊橐（tuó）[④]无余，自得其乐。读书志在圣贤，非徒科第；为官心存君国，岂计身家。守分安命，顺时听天。为人若此，庶乎近焉。

【注释】

①匿怨：心怀怨恨而不显露。②飧：早晚饭。③国课：国家的赋税。④囊橐：口袋。

【译文】

对人施了恩惠，不要记在心里，受了他人的恩惠，一定不要忘记。什么事都应当留出余地；过于满意、顺利的事，不应该再做。他人有了喜庆的事情，不可生出妒忌之心；他人有了祸患，不可有幸灾乐祸之心。做好事想让他人看见，就不是真正的善。做坏事怕他人知道，就是大恶。见到美色而起淫心，报应会在妻子儿女身上；怀怨在心而暗中伤人，祸患延及子孙。家里和气平顺，即使三餐不继，也有快乐；早早地缴完赋税，即使口袋所剩无余，也自得其乐。读圣贤书，目的在学圣贤的行为，不只为了科举及第；做官，心里要有国君和国家，怎么能计较自己的家庭。谨守本分，安于命运，顺从时令听从天理。做人如果这样，就接近圣贤境界了。

【开篇有益】

1. 词语积累：

未雨绸缪、狎昵、屈、谮诉、匿怨、饔飧

2. 文化常识：

科第：这是汉代选拔、考核官吏的一种制度；科举考试。

3，读后有感：

《朱子家训》是一篇以家庭道德、家风传统教育为主的启蒙教材。沉潜内心，涵养美德，孝敬父母，尊敬师长，勤俭持家，和睦邻里……蕴含丰富，深意绵长的训导叮咛，竟是如此的亲切，如此的如父如兄。

《朱子家训》以骄句对偶的形式连句成篇，一气呵成，字字珠现，句句经典。熟读成诵，受益匪浅。审读之，可以平静心情；深味之，可以提升境界。一篇家训，句句训律自己、规范自己、鞭策自己的隽语箴言。

第二节　颜之推与《颜氏家训》

一、作者简介

颜之推(531年—约597年),字介,生于江陵(今湖北江陵),祖籍琅琊临沂(今山东临沂),中国古代文学家、教育家。

颜之推出身琅琊颜氏，年少时因不喜虚谈而自己研习《仪礼》《左传》，由于博览群书且为文辞情并茂而得到南朝梁湘东王萧绎赏识，十九岁便被任为国左常侍；后于侯景之乱中险遭杀害，得王则相救而幸免于难，乱平后奉命校书；在西魏攻陷江陵时被俘，遣送西魏，受李显庆赏识而得以到弘农掌管李远的书翰；得知陈霸先废梁敬帝而自立后留居北齐并再次出仕，历二十年，官至黄门侍郎；北齐灭后被北周征为御史上士，北周被取代后仕隋，于开皇年间被召为学士，后约于开皇十七年（597年）因病去世。

学术上，颜之推博学多识，一生著述甚丰，所著书大多已亡佚，今存《颜氏家训》和《还冤志》两书，《急就章注》《证俗音字》和《集灵记》有辑本。

二、作品简介

作为传统社会的典范教材，《颜氏家训》直开后世“家训”之先河。作者颜之推并无赫赫之功，也未列显官之位，却因一部《颜氏家训》而享世代敬仰，留千秋盛名，足见其深远影响。历代学者对《颜氏家训》推崇备至，认为“古今家训，以此为祖”；规勉子孙的告诫，也成为垂训后人、修养道德的家教圣则。

《颜氏家训》，中国文化史上的重要典籍，家庭教科书中的优秀教材。训导循循善诱，见解发人深省，思想深邃悠远，价值横穿古今。历经千年，反复刊刻，不佚不衰……

三、经典诵读

教子篇

人之爱子，罕亦能均[①]，自古及今，此弊多矣。贤俊[②]者自可赏爱，顽鲁者亦当矜怜[③]。有偏宠者，虽欲以厚之，更所以祸之。共叔之死，母实为之。赵王之戮，父实使之。刘表之倾宗覆族，袁绍之地裂兵亡，可为灵龟[④]明鉴也。

【注释】

①均：同样。此指一视同仁。②贤俊：才德出众。③矜怜：怜悯，同情。④灵龟：泛指用以占卜的大龟。

【译文】

人们喜爱自己的孩子，很少能做到一视同仁，从古到今，这类事情的弊端多了。才能出众的孩子自然值得赏识喜爱，顽劣愚钝的孩子也应该怜悯同情。有偏宠孩子的人，虽然想以自己的爱厚待他，却反而害了他。共叔段的死，实在是他母亲造成的。赵王如意的被杀，实在是他的父亲造成的。刘表宗族倾覆，袁绍兵败地失，这些事例都像灵龟、明镜一样可供借鉴啊。

慕贤篇

古人云："千载一圣，犹旦暮也；五百年一贤，犹比髆[①]（xián）也。"言圣贤之难得，疏阔如此。傥遭不世[②]明达君子，安可不攀附景仰之乎？吾生于乱世，长于戎马，流离播越[③]，闻见已多；所值名贤，未尝不心醉魂迷[④]向慕之也。人在年少，神情未定，所与款狎，熏渍陶染，言笑举动，无心于学，潜移暗化，自然似之；何况操履艺能[⑤]，较明易习者也？是以与善人居，如入芝兰之室[⑥]，久而自芳也；与恶人居，如入鲍鱼之肆[⑦]，久而自臭也。墨子悲于染丝，是之谓矣。君子必慎交游焉。孔子曰："无友不如己者。"颜、闵之徒，何可世得！但优于我，便足贵之。

【注释】

①比髆：肩挨着肩，言其多。比，紧靠。痛，肩膀。②不世：世上所少有。③流离播越：指流转迁徙。④心醉魂迷：从心里沉迷倾倒，形容钦佩、仰慕之深。⑤操履：操守德行。艺能：技能。⑥芝兰之室：比喻良好的环境，亦作"芷兰之室"。兰、芷，两种香草。⑦鲍鱼之肆：卖渍鱼的店铺，比喻小人集聚的地方。肆，店铺。

【译文】

古人说："一千年出一位圣人，就像从早到晚那样快了；五百年出一位贤人，就像肩碰肩一样密了。"这是说圣人贤人稀少难得，已经到这种地步了。假如遇上世间少有的明达君子，怎能不攀附景仰呢？我出生在乱世，在兵荒马乱中长大，颠沛流离，见闻已很多；遇上名流贤士，总是心醉魂迷地向往仰慕他们。人在年轻时，思想性情都没定型，和情投意合的朋友相处，受他们熏渍陶染，人家的举止言谈，虽然没有存心去学，但是潜移默化之中，自然跟他们相似；何况操守德行和本领技能，都是比较容易学的呢？因此，与善人相处，就像进入了满是芝草兰花的屋子，时间一长自己也变得芬芳起来；与恶人相处，就像进入了满是鲍鱼的店铺，时间一长自己也变得腥臭起来。墨子因看见人们染丝而感叹，说的就是这个意思。君子与人交往一定要慎重。孔子说："不要交结不如自己的朋友。"像颜回、闵损那样的贤人，我们一生都难遇到！只要是比我强的人，就足以让我敬重了。

勉学篇

夫学者所以求益耳。见人读数十卷书，便自高大，凌忽[①]长者，轻慢同列；人疾之如仇敌，恶之如鸱（chī）枭（xiāo）。如此以学自损，不如无学也。

古之学者为己，以补不足也；今之学者为人，但能说之[②]也。古之学者为人，行道以

利世也；今之学者为己，修身以求进也。夫学者犹种树也，春玩其华，秋登③其实；讲论文章，春华也，修身利行，秋实也。

人生小幼，精神专利④，长成以后，思虑散逸，固须早教，勿失机也。吾七岁时，诵《灵光殿赋》，至于今日，十年一理，犹不遗忘；二十之外，所诵经书，一月废置，便至荒芜矣。然人有坎壈（tǎn）⑤，失于盛年，犹当晚学，不可自弃。

孔子云："五十以学易，可以无大过矣。"魏武、袁遗，老而弥笃，此皆少学而至老不倦也。曾子七十乃学，名闻天下；荀卿五十，始来游学，犹为硕儒；公孙弘四十余，方读《春秋》，以此遂登丞相；朱云亦四十，始学易、论语；皇甫谧二十，始受孝经、论语：皆终成大儒，此并早迷而晚寤也。世人婚冠⑥未学，便称迟暮，因循面墙⑦，亦为愚耳。幼而学者，如日出之光，老而学者，如秉烛夜行，犹贤乎瞑目而无见者也。

【注释】

①凌忽：轻慢，欺侮。②说之：向他人炫耀夸说自己的才学。③登：同"得"摘取。④专利：专一而敏锐。⑤坎壈：困顿，坎坷。⑥婚冠：指行婚礼和冠礼的年龄，喻年少。冠礼：古代男子二十岁（天子、诸侯可提前至十二岁）举行的加冠之礼，表示成人，可以婚配。⑦因循：怠惰，闲散。面墙：面向墙什么也看不见，比喻不学而识见浅薄。

图 4-2-1 家风家训

【译文】

学习是用来求得长进的。可是我见到有人读了几十卷书便自高自大，欺侮长者，轻视同辈；（以至于）他人就像仇敌般怨恨他，像对恶鸟一样厌恶他。像这样用学习到的东西来损害自己，还不如不学习。

古代求学的人是为了充实自己，来弥补自身的不足；现在求学的人是为了给别人看，只是用学问向他人炫耀夸说自己的才学。古代求学的人是为了广利大众，推行实施自己的主张来造福社会；现在求学的人是为了自身利益，涵养德行来求得进身仕途。学习就像种树，春天赏玩它的花朵，秋天摘取它的果实；讲解评论文章，就好比赏玩春花，修养身心推行有利的主张，就好比秋天的果实。

人在幼小的时候，精神专一而敏锐，长大成人以后，思想容易四下流散，所以需要及早的教育，不可错失良机。我七岁的时候，诵读《灵光殿赋》，直到今天，隔十年温习一次，仍然没有遗忘。二十岁以后，所诵读的经书，一个月搁置不看，便到了荒废的地步。然而人总有困顿的时候，在壮年时失去了求学的机会，仍然应该在晚年学习，不可自暴自弃。

孔子说："五十岁时研习《易》，就可以没有大过错了。"魏武帝、袁遗，到年老时学习得更加专心，这些都是从小到老勤学不辍的例子。曾子七十岁时才开始学习，最后名闻天下；荀子五十岁才开始到齐国游学，仍然成为大学者；公孙弘四十多岁才开始读《春秋》，因此终于当了丞相；朱云也是四十岁开始学《易经》《论语》，皇甫谧二十岁开始学习《孝经》《论语》，他们最后都成了大学者。这些人都是早年沉迷而晚年醒悟的。一般人年少时未开始学习，就说太晚了，就这样疏懒闲散就像面向墙什么也看不见，也真是愚蠢。小时候就求学的人，就好像迎着日出的光芒行走，到老年才开始学习的人，就好像拿着火把在夜间行走，仍然比那些闭着眼睛什么都看不见的人要好。

【开篇有益】

1. 词语积累：

矜怜、流离播越、芝兰之室、鲍鱼之肆、凌忽、因循、因循

2. 文化常识：

冠礼：表示男子成年了，可以婚娶，并从此作为氏族的一个成年人，可以参加各项活动。

3. 读后有感：

从年幼时被溺爱放纵的悲剧，到年少成长期品性的陶冶、德行的养成，再到劝勉学习，励志读书的阐述，颜之推，把自己的学习经历和人生体验，通过优美的言辞、动人的故事和丰富的学问，寄予在鲜明的对比、贴切的比喻和白身经历体验的微言大义之中，对后世子孙既有推心置腹的切切训导，又有满怀厚望的浓浓关爱。学习要趁早，抓住少年读书的大好时机；仰慕贤才，让德才兼备的人濡染自己；勤奋学习，充实自己的精神世界，弥补完善道德品行的修养……这些做人的一般道理，至今读来，依然如坐春风，如沐春雨。

第三节 司马光与《训俭示康》

一、作者简介

司马光（1019年—1086年），字君实，号迂叟，陕州夏县涑水乡（今山西省夏县）人，世称涑水先生。北宋政治家、史学家、文学家，自称西晋安平献王司马孚之后代。

宋仁宗宝元元年(1038年),进士及第,累迁龙图阁直学士。宋神宗时,反对王安石变法,离开朝廷十五年，主持编纂了编年体通史《资治通鉴》。历仕仁宗、英宗、神宗、哲宗四朝，官至尚书左仆射兼门下侍郎。元祐元年（1086年）去世，追赠太师、温国公，谥号文正。名列“元祐党人”，配享宋哲宗庙廷，图形昭勋阁；从祀于孔庙，称“先儒司马子”；从祀历代帝王庙。

为人温良谦恭、刚正不阿；做事用功，刻苦勤奋。以“日力不足，继之以夜”自诩，堪称儒学教化下的典范。生平著作甚多,主要《温国文正司马公文集》《稽古录》《涑水记闻》《潜虚》等。

二、作品简介

《训俭示康》含义为“阐释节俭给康儿看”，是司马光写给儿子司马康并借以规诫子孙的一篇家训。在北宋时期人们竞相讲排场、比阔气，奢侈之风盛行之时，司马光那发扬俭朴家风，永不奢侈腐化的镌心告诫，显现着一位史学家的高瞻远瞩和远见卓识。

静心拜读着《训俭示康》，认真聆听着作为一国之相的父亲对康儿的谆谆教导：以俭素为荣，以奢靡为耻；以节俭涵养品德，以朴素砥砺性情……那份款款深情，那份殷殷诲谕，细细品来，在物欲泛滥、人心浮躁的今天，你是否会淡泊许多，宁静许多？

三、经典诵读

吾本寒家，世以清白[①]相承。吾性不喜华靡，自为乳儿，长者加以金银华美之服，辄羞赧弃去之。二十忝科名[②]，闻喜宴独不戴花。同年曰：“君赐不可违也。”乃簪一花。平生衣取蔽寒，食取充腹；亦不敢服垢弊以矫俗干名[③]，但顺吾性而已。众人皆以奢靡为荣，吾心独以俭素为美。人皆嗤吾固陋，吾不以为病。应之曰：“孔子称‘与其不逊也宁固。’又曰‘以约失之者鲜矣。’又曰‘士志于道，而耻恶衣恶食者，未足与议也。’古人以俭为美德，今人乃以俭相诟病。嘻，异哉！”

【注释】

①清白：清正廉洁的家风。②忝科名：名列进士的科名。忝，谦语，意思是自己名列在内，使同人有辱。③矫俗干名：故意用不同流俗的姿态猎取名誉。矫，违背。干，追求。

【译文】

我本来出生在贫寒的家庭，世世代代以清廉的家风相互承袭。我生性不喜欢豪华奢侈，从幼儿时起，长辈把饰有金银的华美衣服加在我身上，我总是害羞的扔掉它。二十岁中科举，闻喜宴上只有我不戴花。同年中举的人说："皇帝的恩赐不能违抗。"我才在头上插一枝花。我平生衣服只求抵御寒冷，食物只求吃饱，但也不敢故意穿脏破衣服以显示与众不同而求得好名声，只是顺从我的本性做事罢了。许多人把奢侈浪费当作光荣，我内心唯独把节俭朴素当作美德。人们都讥笑我固执鄙陋，我不把这当作缺点。回答他们说："孔子说：'与其骄傲，宁可孤陋。'又说：'因为节约而犯过失的很少。'又说：'读书人有志于探求真理却以穿得不好吃得不好为羞耻的，是不值得跟他谈论的。'古人把节俭作为美德，现在的人却因节俭相讥议，嘻，奇怪呀！"

图 4-3-1 勤俭节约

近岁风俗尤为侈靡，走卒类士服，农夫蹑丝履。吾记天圣中，先公为群牧判官，客至未尝不置酒，或三行、五行，多不过七行。酒酤于市，果止于梨、栗、枣、柿之类；肴止于脯、醢、菜羹，器用瓷、漆。当时士大夫家皆然，人不相非也。会数而礼勤，物薄而情厚。近日士大夫家，酒非内法[①]，果肴非远方珍异，食非多品，器皿非满案，不敢会宾友，常数月营聚[②]，然后敢发书。苟或不然，人争非之，以为鄙吝。故不随俗靡者，盖鲜矣。嗟乎！风俗颓弊如是，居位者虽不能禁，忍助之乎！

【注释】

①内法：内宫酿酒之法。②营聚：张罗、准备。

【译文】

近年来风气尤其奢侈浪费，当差的大都穿士人衣服，农民穿丝织品做的鞋。我记得天圣年间，我父亲任群牧司判官，客人来了未尝不备办酒席，有时斟三次，有时斟五次，最多不超过七次。酒是从市场上买的，水果只限于梨、板果、枣子、柿子之类，菜肴只限于干肉、肉酱、菜汤，餐具用瓷器、漆器。当时士大夫家里都这样，人们并不相互非议。聚

会次数多但礼意殷勤，食物简单但情谊深厚。近来士大夫家，酒如果不是按宫内酿酒的方法酿造，水果菜肴不是远方的珍品特产，食物不是多个品种，餐具不是摆满桌子，就不敢约会宾客好友，常常经过几个月的准备，然后才敢发信邀请。如果有人不这样做，人们就会非议他,认为他鄙陋吝啬。所以不跟着习俗随风倒的人就少了。唉！风气败坏成这个样子，有权势的人即使不能禁止，又怎能忍心助长这种风气呢？

又闻昔李文靖公为相，治居第于封丘门内，厅事前仅容旋马，或言其太隘。公笑曰："居第当传子孙，此为宰相厅事诚隘，为太祝奉礼厅事已宽矣。"参政鲁公为谏官，真宗遣使急召之，得于酒家，既入，问其所来，以实对。上曰："卿为清望官[①]，奈何饮于酒肆？"对曰："臣家贫，客至无器皿、肴、果，故就[②]酒家觞之。"上以无隐，益重之。张文节为相，自奉养如为河阳掌书记时，所亲或规之曰："公今受俸不少，而自奉若此。公虽自信清约，外人颇有公孙布被之讥。公宜少从众。"公叹曰："吾今日之俸，虽举家锦衣玉食[③]，何患不能？顾[④]人之常情，由俭入奢易，由奢入俭难。吾今日之俸岂能常有？身岂能常存？一旦异于今日，家人习奢已久，不能顿[⑤]俭，必致失所。岂若吾居位去位、身存身亡，常如一日乎？"呜呼！大贤之深谋远虑，岂庸人所及哉！

【注释】

①清望官：尊贵而有名望的官，特指中书省、尚书省和门下省的官及其谏官；因这些官职多由进士出身有名望的人担任，故称。②就：到。③锦衣玉食：穿高贵的服装，吃珍贵的食品。形容豪华奢侈的生活。④顾：但。⑤顿：马上。

【译文】

又听说从前李文靖公担任宰相时，在封丘门内修建住宅，厅堂前仅能容一匹马转身。有人说它太狭窄。李文靖公笑着说："住宅终传子孙，这里做宰相办公的厅堂确实狭窄，但作为太祝和奉礼的厅堂已经很宽敞了。"参政鲁公做谏官时，真宗派人紧急召见他，在酒店里找到他。入宫后，真宗问他从哪里来，他如实回答。皇上说："你担任清要显贵的谏官，为什么在酒馆里喝酒？"鲁公回答："臣家里贫寒，客人来了没有餐具、菜肴、水果，所以到酒馆请客人喝酒。"皇上因鲁公没有隐瞒，更加敬重他。张文节做宰相时，自己的生活享受与任河阳节度判官时一样，有亲近的人劝告他说："您现在领取的俸禄不少，可自己的生活却这样节俭，您虽然自信清廉节俭，很多外人却讥评您如同公孙弘盖布被子那样矫情作伪。您应该稍微随从众人的习惯。"张文节叹息说："我现在的俸禄，即使全家穿绸缎衣服吃珍贵食品，还担心做不到吗？而人之常情，由节俭进入奢侈容易，由奢侈进入节俭困难。我的高俸禄怎能一直拥有？我自身怎能一直活着？如果有一天与现在不一样了，家人习惯奢侈的生活时间已久，不能立刻节俭，定会导致无存身之地。哪如无论我做官还是罢官、活着还是死去，生活都像同一天呢？"唉！大贤者的深谋远虑，哪是平常人能比得上的啊！

御孙曰："俭，德之共也；侈，恶之大也。"共，同也；言有德者皆由俭来也。夫俭则寡欲，君子寡欲，则不役于物[①]，可以直道而行[②]；小人寡欲，则能谨身节用，远罪丰家。故曰："俭，

德之共也。”侈则多欲。君子多欲则贪慕富贵，枉道速祸[3]；小人多欲则多求妄用，败家丧身；是以居官必贿，居乡必盗。故曰：“侈，恶之大也。”

【注释】

①不役于物：正。直道，正路。不受外物的牵扯、制约。②直道而行：沿着直的道路走，比喻办事公。③速祸：招致祸患。速，招。

【译文】

御孙说：“节俭，是共同的品德；奢侈，是最大的恶行。”共，就是同，是说有德行的人都从节俭而来。节俭就贪欲少，有地位的人贪欲少就不被外物役使，可以走正道。没有地位的人贪欲少就能约束自己，节约用度，避免犯罪，丰裕家室。所以说：“节俭是美德的共同点。”奢侈就贪欲多，有地位的人贪欲多就会贪恋爱慕富贵，不走正道，招致祸患；没有地位的人贪欲多就会多方营求，随意浪费，败坏家庭，丧失生命；因此，做官的人奢侈必然贪污受贿，平民百姓奢侈必然盗窃钱财。所以说：“奢侈，是最大的恶行。”

【开篇有益】

1. 词语积累：

训、矫俗干名、不役于物、直道而行

2. 文化常识：

忝科名：

清望官：

3. 读后有感：

对待物质生活的态度，直接关系到事业的成败，司马光以其深邃的政治眼光，敏感地洞察到这个真理，因此，他以“成由俭，败由奢”的种种前鉴训诫自己的康儿，主张俭朴节约，反对奢侈腐化。耐心细致、深入浅出的教诲，时隔千年，依然通幽洞微，一理贯之。

当然，社会在进步，经济在发展，物质文明的程度也越来越高；崇尚节俭，并不意味着让生活在时光的隧道里逆转，排斥优越的物质生活。节俭应该是一种生活习惯，更是一种生活理念，一种生活方式，一种令人仰止的美德。

第五章　百善之先，道德品质

“孝悌”思想对于现代社会的意义非比寻常，它在当今社会中依然保持着恒久的存在价值。现在一直强调的“先学会做人，再做学问”与“弟子入则孝、出则悌，谨而信，泛爱众，而亲仁。行有余力，则以学文”有着异曲同工之妙。现代有这样一句话“无德无才者为废品，有德无才者为次品，无德有才者为危险品，有德有才者为精品”，这也充分说明了德行的重要性。

第一节 孔子与《孝经》

一、作者简介

孔子开创私人讲学之风，倡导仁义礼智信。有弟子三千，其中贤人七十二。曾带领部分弟子周游列国十四年，晚年修订六经（《诗》《书》《礼》《乐》《易》《春秋》）。

二、作品简介

《孝经》以孝为中心阐发儒家伦理思想。认为“孝”是“天之经也，地之义也，人之行也。”是诸德之本。国君用孝治理天下，臣民用孝立身理家。《孝经》首次将孝亲与忠君联系起来，认为忠是孝的发展扩大；若能“孝悌之至”则能“无所不通”。

三、经典诵读

纪孝行

子曰：“孝子之事亲也，居①则致其敬，养则致其乐，病则致其忧，丧则致其哀，祭则致其严，五者备矣，然后能事亲。事亲者，居上②不骄，为下不乱，在丑③不争。居上而骄则亡，为下而乱则刑，在丑而争则兵。三者不除，虽日用三牲④之养，犹为不孝也。”

【注释】

①居：日常家居。②居上：身居高位。③丑：同类、众人。④三牲：古人以牛羊豕（猪）为三牲。祭祀或享宴时三牲齐备叫太牢，只有牛羊叫少牢，太牢是最隆重的礼。

【译文】

孔子说：“孝子侍奉父母双亲，在日常家居时，要满怀恭敬之心；在饮食生活上，要保持和悦愉快的心情；父母生病时，要心怀忧虑加以照料；父母去世了，要竭尽悲哀之情去料理后事；对先人的祭祀，要严肃对待，礼法不乱。这五方面做得完备周到了，方可称得上对父母尽到了子女的责任。侍奉父母双亲，要身居高位而不骄傲蛮横，身居下层而不为非作乱，在民众中间不与人争斗。身居高位而骄傲自大者势必要遭到灭亡，在下层而为非作乱者免不了遭受刑法，在民众中争斗则会引起相互残杀。这骄、乱、争三项恶事不戒除，即便对父母天天用牛羊猪三牲的肉食尽心奉养，也还是不孝之人啊！”

图 5-1-1 孝顺老人

【开篇有益】

1，词语积累：

事、居、致、丑、除

2. 文化常识：

三牲：意思是用于祭祀的牛、羊、猪。

3，读后有感：

何谓“孝道”?《纪孝行》为我们做出了很好的诠释。现代孝道观应该是怎样的？答案因人而异，不尽相同，更没有硬性标准。身为儿女，起码能给予父母需要的温暖，让父母心情愉悦，安享晚年。如果非要标准的话，也只能是良心。真正的孝与不孝是体现在行动和关心的程度上，与经济条件无关。百善孝为先，孝是中华民族的传统美德，是为人的最基本情感。一个人受到的最大恩惠莫过于父母的无私付出和他们最甘心情愿的爱护，所以，感恩，尽孝，是一个人最起码的本性和品德。

第二节　戴圣与《礼记》

戴圣一生以学习儒家经典为主，与叔父戴德及庆普等人曾师从经学大师后苍，潜心钻研《礼》学，成就卓著，史称戴德为“大戴”，戴圣为“小戴”，二人合称为“大小戴”。“由是《礼》有大戴、小戴、庆氏之学”。

戴圣将战国到汉初孔子弟子及其二传、三传弟子等人所记的各种有关礼仪等论著，编撰成书，被称为《小戴记》或《小戴礼记》。该书原为解说《仪礼》的资料汇编，后经郑玄作注，摆脱从属于《仪礼》的地位而独立成书，其要言精义比起《仪礼》中的繁文缛节，更有利于维护封建统治。戴圣因此开创了“小戴学”。

汉代把孔子定的典籍称为“经”,弟子对“经”的解说是“传”或“记”,《礼记》因此得名，即对“礼”的解释，为西汉戴圣辑录秦汉以前汉族礼仪著作编纂而成。上至王室之制，下至民间之俗，无不涉及。全书用散文写成，有的用短小生动的故事阐明某一道理，有的气势磅礴、结构严谨，有的言简意赅、意味隽永，有的擅长心理描写和刻画，还有大量富有哲理的格言、警句，精辟而深刻。具有一定的文学价值。为十三经之一。

玉不琢不成器

玉不琢，不成器。人不学，不知道。是故古之王者，建国君[①]民，教学为先。《兑命》[②]曰：“念终[③]始典于学。”其此之谓乎！

【注释】

①君：统治。②《兑命》：《古文尚书》中的篇名，也作《说命》。③念终：始终想着。

【译文】

玉石不经过琢磨，就不能用来做器物。人不通过学习，就不懂得道理。因此，古代的君王建立国家，治理民众，都把教育当作首要的事情。《尚书·说命》中说：“自始至终想着学习。”大概就是说的这个意思吧。

【开篇有益】

1. 词语积累：

君、念终

2. 读后有感：

玉石之美、宝石之贵，并非天生，需要经过玉匠的“琢”和石匠的“磨”。《诗经》说“如琢如磨”，即美玉宝石也需经过琢磨才能洁白无瑕，才可宝贵。人亦如此。英国著名思想家、哲学家洛克曾说过，人的心灵天生像一张白纸，通过后来的积累学习，便在白纸上画出了各种图画。人不是天生就拥有学识，需要学习修炼才可成为有用之才。就像玉石需要琢磨

一样要经得起磨炼，只有付出汗水抓住机遇，才能获得成功，使空如白纸的人生绽放光彩！

虽有嘉肴

虽有嘉肴，弗食不知其旨①也；虽有至道②，弗学不知其善也。是故学然后知不足，教然后知困。知不足，然后能自反也③，知困④，然后能自强⑤也。故曰：教学相长⑥也。

【注释】

①旨：美味。②至道：指最好的学说、道德或制度。③自反：反回来要求自己。④困：困惑。⑤自强：自己不倦地钻研。⑥教学相长：教和学两方面互相影响和促进，都得到提高。

【译文】

尽管有味美可口的菜肴，不吃是不会知道它的美味的；尽管有高深完善的道理，不学习也不会了解它的好处。所以，通过学习才能知道自己的不足，通过教诲别人才能感到自己的困惑。知道自己学业的不足，才能反过来严格要求自己；感到困惑然后才能不倦的钻研。所以说，教与学是互相促进的。

【开篇有益】

1. 词语积累：

肴、旨、至道、教学相长

2. 读后有感：

这段文字用类比法引出要阐明的观点，指出教与学互相促进、相辅相成，即“教学相长”，说明实践出真知的道理及学习和实践的重要性。学习就像航船在浩瀚大海中寻找彼岸，是漫长而曲折的过程。航行中有很多诱惑和陷阱，要想成功登陆，需要不断探索、学无止境的精神。明代著名诗人于谦有诗云：“书卷多情似故人，晨昏忧乐每相亲。眼前直下三千字，胸次全无一点尘。”可谓对读书之妙、之趣的盛赞。不登高山，不知天之高；不临深溪，不知地之厚。只有认真读书，深入实践，才有可能达到知困、自强的境界。

大学之法

大学之法①：禁于未发之谓豫②；当其可③之谓时；不陵节而施之谓孙④；相观而善之谓摩⑤。此四者，教之所由兴也。发然后禁，则扞（hàn）格而不胜⑥；时过然后学，则勤苦而难成；杂施而不孙，则坏乱而不修⑦；独学而无友，则孤陋而寡闻；燕朋⑧逆其师，燕辟⑨废其学。此六者，教之所由废也。

【注释】

①大学的教学原则。大学：古代最高的学校。②豫：预防。③可：适当。④陵节：超越限度。孙：通“逊”，顺。⑤摩：切磋，互相研究。⑥扞格：抵触。胜：克服。⑦修：整治。⑧燕朋：交不正派朋友。燕：玩、戏。⑨燕辟：谈不正经的话。辟：通“僻”，邪僻。

【译文】

大学的教学原则与方法：在学生的错误没有发生时就加以防范叫作预防；在适当的时机学习叫作适时；不超越受教育者的才能和年龄而进行教育叫作合乎顺序；互相观察取长

补短叫作观摩。这四点，就是教学成功的原因。错误出现了再去禁止，学生就抵触而不易克服；错过学习时机后再去学习，尽管勤苦努力也较难成功；施教者杂乱无章地教育而不合乎顺序，就会陷入混乱而不好收拾；自己一个人苦学冥想不与友人讨论，就会学识浅薄见闻不广；与不正派的朋友来往必然会违逆老师教诲；从事不正经的交谈必然会荒废正课学业。这六点，是教学失败的原因。

【开篇有益】

1. 词语积累：

豫、陵、摩、修、燕

2. 读后有感：

教学要因材施教，取长补短，讲究方法。因为方法直接关系到教学的成败。无论目标怎么伟大，方法不对，也是难以实现的。而方法得当，就会收到事半功倍的效果。好似大禹治水，当时人们面对泛滥的洪水，根本无从招架，只能不断逃亡，而大禹却采用疏、引等治理方法，解救百姓于水患之中。大禹的成功，在于他找到了一种解决问题的最合适的方法，而不是只靠蛮力闭着眼睛向前闯。靠蛮力只能徒劳无获，运用正确的方法，事情才能圆满解决。而做事，不只是为了做成，做得漂亮才是真正的成功！

学者有四失

学者有四失，教者必知之。人之学也，或失则多，或失则寡，或失则易[①]，或失则止。此四者，心之莫同也。知其心，然后能救[②]其失也。教也者，长（zhǎng）善[③]而救其失者也。

【注释】

①易：看轻，把学习看得太容易（不肯深入思考）。②救：补救。③长善：发展优点。

【译文】

学生在学习上有四种过失，施教的人一定要了解。人们学习，有的失之于贪多，有的失之于求少，有的把学习看得太容易，有的失之于畏难而止。这四点，是学生的不同心理和才智引起的。了解了不同的心理特点，才能纠正他们的过失。教育的作用，就在于让学生发挥优点并克服缺点。

【开篇有益】

1. 词语积累：

学者、失、易、止、长善

2. 读后有感：

金无足赤，人无完人。每个人都有自己的优点和缺陷，就像尺有所短，寸有所长一样。教育者要善于了解学生的不同心态，然后对症下药，指导学生发挥其长处，补己之短处。失去了针对性，再好的教育方法也是无的之矢。所以，真正好的老师，首先应该是个好的心理学家。

晋献公之丧

晋献公之丧，秦穆公[①]使人吊公子重耳，且曰："寡人[②]闻之：亡国恒于斯，得国恒于斯。虽吾子俨然在忧服之中[③]，丧[④]亦不可久也，时亦不可失也，孺子其图之！"以告舅犯。舅犯曰："孺子其辞焉！丧人无宝，仁亲[⑤]以为宝。父死之谓何？又因以为利，而天下其孰能说之？孺子其辞焉！"公子重耳对客曰："君惠吊亡臣重耳，身丧父死，不得与于哭泣之哀，以为君忧。父死之谓何？或敢有他志，以辱君义？"稽颡[⑥]（sǎng）而不拜，哭而起，起而不私。子显以致命[⑦]于穆公，穆公曰："仁夫，公子重耳！夫稽颡而不拜，则未为后也，故不成拜。哭而起，则爱父也。起而不私，则远利也。"

【注释】

①秦穆公：春秋战国时秦国国君，春秋五霸之一。②寡人：此指使臣代国君讲话。③俨然：严肃貌。忧服：忧伤服丧。④丧：失位逃亡。⑤仁亲：以仁爱待亲人。⑥稽颡：古时居父母之丧时跪拜宾客的礼节。⑦子显：秦穆公派来吊唁的使者。致命：复命，汇报。

【译文】

晋献公死后，秦穆公派使者吊唁公子重耳，并且说："我听说，亡国常在这时，得到国家也常在这时。虽然你庄重地处在忧伤服丧期间，但失位流亡不宜太久，不可失去谋取君位的时机。希望你好好考虑！"重耳把这些话告诉了舅犯。舅犯说："你要拒绝他！流亡在外的人没什么宝贵之物，只有把用仁爱对待亲人当作宝物。父亲去世是怎样的事啊？利用这种机会图利，天下谁能为你辩解？你还是拒绝了吧！"公子重耳答复来使说："贵国国君仁惠地为我这个出亡之臣吊唁，父亲去世了，我出亡在外不能到灵位哭泣表达悲哀，使贵国国君为我担忧。父亲去世是怎样的事啊？我怎敢有别的念头，有辱于国君待我的恩义呢？"重耳跪下叩头并不拜谢，哭着站起来，起来后也不与宾客私下交谈。子显向秦穆公汇报了这些情况，穆公说："仁义呀，公子重耳！他叩头而不行拜礼，是不以继承君位者自居，所以不行拜礼。哭着起立，是表示敬爱父亲。起身后不与宾客私谈，是不贪求私利。"

【开篇有益】

1. 词语积累：

俨然、忧服、丧、仁亲

2. 读后有感：

面对权力诱惑而不动，流亡在外而不妄称国嗣，在我们的历史上恐怕只有春秋战国时代才有。在讲礼成风的春秋时代，不讲礼仪就不能归顺人心，就成不了王者。公子重耳之所以称雄一时，成为春秋五霸之一，与此有极大关系。做一个堂堂正正的君子，不搞阴谋诡计，凡事讲礼仪，讲名正言顺，是受人崇敬的。而耍手腕，搞小动作，则为人不齿。难怪孔子为维护礼的理想秩序，坚持非礼勿视，非礼勿听，非礼勿言，非礼勿动的道德规范。

赵文子与叔誉观乎九原

赵文子与叔誉观乎九原。文子曰“死者如可作①也，吾谁与归？”叔誉曰：“其阳处父乎？”文子曰：“行并植②于晋国，不没③其身，其知不足称也。”叔誉曰：“其舅犯乎？”文子曰：“见利不顾其君，其仁不足称也。我则随武子。利其君，不忘其身；谋其身，不遗其友。”晋人谓文子知人。文于其中退然④如不胜衣，其言呐呐然⑤如不出诸其口。所举于晋同管库之七十有余家。生不交⑥利，死不属⑦其子焉。

【注释】

①作：起。指复活。②并植：专横刚直。植：同“直”。③没：终。④中：身体。退然：柔弱的样子。⑤呐呐然：言语迟缓的样子。⑥交：谋求。⑦属：同“嘱”，托付。

【译文】

赵文子和叔誉一同巡视九原。赵文子说：“去世的人如果能复活，我跟随谁好呢？”叔誉说：“大概跟随阳处父吧？”赵文子说：“他在晋国专横刚直，不得善终，他的才智不值得称道。”叔誉说：“那跟随舅犯呢？”赵文子说：“他见到利益就不顾自己的国君，他的仁德不值得称道。我还是跟随武子吧。他能为国君谋利益，又能顾全自己的福利；即为自己打算，又不忘记朋友。”晋国人称赵文子很了解人。赵文子身体柔弱得像撑不起衣服，说话迟钝得像说不出口一样。他为晋国推荐了七十多个管理仓库的小官。这些人生前不贪求私利，临死也没有托请谁照顾自己的孩子。

【开篇有益】

1. 词语积累：

作、并、植、知、则、中、退然、属

2. 读后有感：

清廉，是古往今来从政为官者的最高境界。清者不浊也，清白高洁；廉者不贪也，寡欲清心。为官必将清廉放在首位。文子所监管库之士，生前不贪私利，死后不托私情；明代于谦衣无锦绣，食不兼味，俸禄用以救济贫穷，只求清风两袖朝天去，实为为官清廉的典范。孔子视富足为浮云，告诫人们见利思义。面对金钱贿赂，要“苟非吾之所有，虽一毫而莫取。”为官做人，要抵得住诱惑，经得起清贫才能把握为国之本，为政之根。

第三节 姬昌与《周易》

一、作者简介

周文王姬昌（公元前1152年—约前1056年），姬姓，名昌，岐周（今陕西岐山县）人。周朝奠基者，周太王之孙，季历之子，周武王之父。又称周侯、西伯、姬伯，周原甲骨文作周方伯。

原为商朝的诸侯，封西伯。能敬老慈少，礼贤下士。太颠、闳夭、散宜生、鬻子、辛甲大夫等人皆先后投奔。商纣暴虐，作炮烙之刑，醢九侯，脯鄂侯。他知而叹惜，被囚于羑里（今河南汤阴北）。经闳夭等人赂纣得释，献洛西之地，请纣废炮烙之刑。归周后，评断虞（今山西平陆北）、芮（今山西芮城）两国争讼，得诸侯拥护，于是伐犬戎、密须（今甘肃灵台西），灭崇国（今陕西户县东），建立丰邑（今陕西长安沣河西），并迁都于此，进而伐邘国（今河南焦作西），灭黎国（今山西长治西南），诸侯归者日众，《论语·泰伯》称其“三分天下有其二，以服事殷”。即位的第四十四年，文王受命、称王、改元。

周文王五十年（约前1056年），驾崩，享寿九十七岁，葬于毕原（西周王陵位于今陕西岐山县凤凰山南麓）。

天授元年（690年），武则天称帝，自称为姬昌后代，追尊周文王为始祖文皇帝。

二、作品简介

《周易》是我国最古老、最有权威，也最为著名的一部经典，是中国传统文化中自然哲学与人文实践的理论根源，是古代汉民族思想和智慧的结晶，被誉为“群经之首，大道之源”，是中华文明的DNA。本书以占筮为源头活水和外在形式，以其宏富的内容和精深的思想，传承不绝，历久弥新。有人说《周易》是占筮之书，是哲学著作，是历史文献，是政治百科，是道德规范，是人生指南……可见其涵盖内容之广，影响范围之大，不愧为众妙之门。

三、经典诵读

《象》①广曰：天行健②，君子以自强不息。地势坤③，君子以厚德载物。

【注释】

①《象》即《象传》，是《周易》中用来阐释卦象的文字。②行健：运行壮健。③坤：八卦之一，象征地，地的象征意义是顺。所以，“地势坤”是指大地谦卑柔顺。

【译文】

《象》说：天的运行刚健不已，君子要效法天的这一德行，积极向上，自强不息。大地谦卑柔顺，君子应当效法大地柔顺宽厚的德行来包容化育万物。

君子以成德为行，日可见之行也。潜之为言也，隐而未见，行而未成，是以君子弗用也。君子学以聚之，问以辩[①]之，宽以居之，仁以行之。《易》曰："见龙在田，利见大人[②]"，君德也。

【注释】

①辩：通"辨"，明辨。②大人：权势较大，德行较高的人。

【译文】

君子把修养自身德行作为行为目的，每天应该落实在行动上。"潜"的意义在于，隐伏而不显露，自身品行尚未养成，所以君子不能有所作为。君子用学习积累知识，用询问明辨是非，用宽厚存养德行，用仁爱办理事情。《易》说："龙出现在田野上，有利于有才德的人出来有所作为"，这是君子的美德。

图 5-3-1　厚德载物

君子进德修业，忠信，所以进德也。修辞立其诚，所以居业也。知至[①]至之，可与几[②]也。知终[③]终之，可与存义也。是故，居上位而不骄，在下位而不忧。故乾乾[④]，因其时而惕，虽危无咎矣。

【注释】

①知至：谓懂得事物将发展至某种程度。②几：事机、征兆。③知终：指知道事物发展的终极阶段。④乾乾：自强不息貌。

【译文】

君子致力于培育品德，增进学业。以忠信来培养品德，以修饰言辞来建立诚信，这是操持自己事业的立足点。知道事业可以发展就发展它，努力去捕捉一瞬即逝的时机；知道事业应该终止就终止它，从而保持行为的道义。因此，处于尊贵的地位而不骄傲，处于卑微的地位而不忧愁。所以君子勤奋努力，随时警惕慎行，即使处境危险也不会有灾祸。

天道[1]亏盈而益谦[2]，地道变盈而流谦，鬼神害盈而福谦，人道恶盈而好谦。谦，尊而光，卑而不可逾，君子之终也。

【注释】

①道：文中指规律。②盈、谦：指盈满的人和谦虚的人。（本文段为“一谦四益”成语的由来，指谦虚能使人得到很多益处。）

【译文】

天的规律是亏损盈满者，补益谦虚者；地的规律是变易盈满者，充实谦虚者；鬼神的规律是危害盈满者，施福谦虚者，人道的规律是憎恶盈满者，喜爱谦虚者。谦虚，尊者更光明盛大；卑者则难以超越，只有君子才能保持谦德至终啊！

《象》曰：地中生木，升[1]。君子以顺德[2]，积小以高大。

【注释】

①升：指升卦的卦象，在此有提升向上的意思。②顺德：顺从美德、符合道德。

【译文】

《象》说：树木从地下萌芽，是升卦的卦象。君子观此卦象而遵循德义，积累细小以成就尚大。

【开篇有益】

1. 词语积累：

知至至之、知终终之、乾乾、谦尊而光、一谦四益

2. 文化常识：

地势坤：大地的气势宽厚和顺，君子应增厚美德，容载万物。

3. 读后有感：

《周易》给人的最初印象或许就是算卦。在尚未掌握科学方法之前，作为一种依托手段，古人确实用它来占卜吉凶、预测未来、决策国家大事。尽管不完全科学，却成了中华文化之源。其实，《周易》不仅是一本卦书，还是一部哲学著作，字字句句充满对人生和世界的哲理思考。它教益人们正确的人生态度：知天、顺天、乐天，强调自然规律与社会规律的一致；凡事不能事事顺心，也不要颓废气馁，不放弃理想追求。它教益人们正确处理人际关系：为人处世要守正、诚信、中和，做事不走极端，知至至之，知终终之。自强不息、进修德业、天道亏盈、积小成大……这些养身心、处世事的基本原则，都让人受益匪浅。《周易》是一部博大精深的文化典籍，还是一把教人把握人生的金钥匙。

第四节　洪应明与《菜根谭》

一、作者简介

洪应明，字自诚，号还初道人，里居、生卒年及生平均不详，明代思想家、学者，约明神宗万历中前后在世。除著名的《菜根谭》外，还编著《仙佛奇踪》四卷。

《四库全书总目提要》称此书多记佛老两家故事。《仙佛奇踪》书序中介绍，他“幼慕纷华，晚栖禅寂”，说明他早年热衷于仕途功名，晚年则归隐山林，修道求仙。万历三十年（1602年）前后曾经居住在南京秦淮河一带，潜心著述。

二、作品简介

《菜根谭》即人生根本的哲理之谈。是明朝还初道人洪应明收集编著的一部论述修养、人生、处世、出世的语录体著作，揉合了儒家的中庸思想，道家的无为思想和释家的出世思想，结晶成万古不易的教人传世之道，是教谏人们陶冶情操、磨炼意志、奋发向上的奇珍宝训。其文字简练明隽，兼采雅俗。似语录，而有语录所没有的趣味；似随笔，而有随笔所不易及的整饰；似训诫，而有训诫所缺乏的亲切醒豁；加之雨余山色，夜静钟声，点染其间，阅之如品清霏有味；览之犹赏风月无边。菜根喻人生根本，“谭”通“谈”。

三、经典诵读

1. 欲做精金美玉①的人品，定从烈火中煅来；思立掀天揭地②的事功，须向薄冰上履③过。

【注释】

①精金美玉：精纯的金子，无瑕的玉石。比喻人品纯洁或物品精美。②掀天揭地：可以撼动天地。形容声势浩大，或巨大而彻底的变化。③履：践踏，这里是行走的意思。

【译文】

希望练就精金美玉般的品德操行，就必须经历烈火的锤炼锻造；希望建立惊天动地的丰功伟业，就必须保持如履薄冰的谨慎。

2. 一念错，便觉百行皆非，防之当如渡海浮囊，勿容一针之罅（xià）漏①；万善全，始得一生无愧，修之当如凌云宝树，须假众木以撑持②。

【注释】

①罅漏：裂缝和漏穴。②撑持：支撑扶持，支持。

【译文】

一念之差办错了事，就会感觉所有行为都有过失，想要防止这种错误的发生就应当像对渡海用的浮水气囊一样，不容许有一个针眼的缝隙漏洞；什么样的善事都做，才会觉得不愧对此生，修身就像高耸入云的参天大树，需要依靠众多树木的支撑扶持。

3. 能轻富贵，不能轻一轻富贵之心；能重名义，又复重一重名义之念。是事境之尘氛[①]未扫，而心境之芥蒂[②]未忘。此处拔除不净，恐石去而草复生矣。

【注释】

①尘氛：俗世气息，也指人间。②芥蒂：原指细小梗塞物，这里指积怨、不满或不快。

【译文】

能够轻视富贵，却放不下期望富贵的心思；能够重视名声道义，却又加重了对名声与道义的执念。这是事物的世俗之气没有扫除，而心中追求名利富贵的思想未被根除。这种根苗拔除不彻底，恐怕就像压在石下的野草一样，石头一旦移开，野草就会重生了。

4. 立业建功，事事要从实地着脚，若少[①]慕声闻[②]，便成伪果[③]；讲道修德，念念[④]要从虚处立基，若稍计功效，便落尘情。

【注释】

①少：稍微。②声闻：声誉，名望。③伪果：与“正果”相对，佛教认为正果即修行得道，比喻好的、正经的归宿。④念：想法，念头。

【译文】

实现理想、建立事业，凡事要从脚踏实地做起。哪怕有一点的贪慕虚荣，功业就会变成虚伪的成果；宣讲义理，休养道德，所思所想要从坚守超凡脱俗的内心奠基，一旦稍微计较成效与得失，必然落入俗套。

5. 心是一颗明珠。以物欲障蔽[①]之，犹明珠而混以泥沙，其洗涤犹易；以情识衬贴[②]之，犹明珠而饰以银黄[③]，其洗涤最难。故学者不患垢病，而患洁病之难治；不畏事障，而畏理障之难除。

【注释】

①障蔽：遮蔽，遮盖。②情识衬贴：用情感和知识去遮蔽、粉饰。情识：感觉与知识；衬贴：衬托，陪衬。③银黄：白银和黄金。

【译文】

人心是一颗明亮的珍珠。用物质欲望蒙蔽它，就像明珠混杂于泥土沙石之中，把它清洗干净还算容易；但如果用情感和知识去遮蔽、粉饰它，就像明珠用白银黄金装饰，将它清洗分辨就很困难了。所以凡是有大学问的人不会担忧自己的错误和缺点，而是担心这些错误和缺点难以改正；不会畏惧前进的道路上会遇到阻碍，而会担心阻碍难以清除。

6. 以积货财之心积学问，以求功名之念求道德，以爱妻子之心爱父母，以保爵位之策保国家，出此入彼，念虑只差毫末[①]，而超凡入圣[②]，人品且判星渊[③]矣。人胡猛然转念哉！

【注释】

①毫末：比喻极其细微。②超凡入圣：形容造诣达到登峰造极的地步。③星渊：即天渊，比喻差别大。

【译文】

用积聚财产的心思去积聚学问，用求取功名的心情去追求道德，用爱护妻子儿女的心意去敬爱父母，用保有官爵的心志去保卫国家，以待己之心待人，思虑意愿虽只是毫厘之差，却让人超脱凡俗进入圣界，人格品行也相差很远。人们为什么不猛然醒悟呢！

7. 苍蝇附骥[①]，捷则捷矣，难辞处后之羞；茑萝（niǎo luó）[②]依松，高则高矣，未免仰攀之耻。所以君子宁以风霜自挟[③]，毋为鱼鸟亲人[④]。

【注释】

①苍蝇附骥：蚊蝇叮附在千里马的尾巴上随马远行，可以很快地到达远方。比喻攀附权贵或依靠别人的声望而成名。②茑萝：草本植物，攀附着树木而生。③自挟：自恃，自己扶持自己。④亲人：亲近人，使人感到亲切可爱。

【译文】

苍蝇叮附在马尾巴上，奔跑速度迅捷了，却难以推脱跟在别人屁股后面的耻辱；茑萝攀附在松树上，高度提高了，却不能免除仰仗攀附的耻辱。所以有德行的人宁可在风霜雨雪中自我勉励，也不像家养的鱼和鸟一样向人献媚邀宠。

8. 酷烈[①]之祸，多起于玩忽[②]之人；盛满之功，常败于细微之事。故语云："人人道好，须防一人着恼；事事有功，须防一事不终。"

【注释】

①酷烈：猛烈，强烈。②玩忽：不认真对待，疏忽。

【译文】

惨烈的灾祸，大多是因为有玩忽职守的人；盛极圆满之功的大事，时常因为轻微的小事就前功尽弃。所以常言道："即使每个人都说好，也必须防备个别对此不满的人；即使每件事都能成功，也必须防备因某一件事而不得善终。"

9. 宇宙内事要力[①]担当，又要善摆脱。不担当，则无经世之事业；不摆脱，则无出世之襟期[②]。

【注释】

①力：尽力，竭力。②无出世之襟期：没有超脱世俗的襟怀。襟期：襟怀、志趣。

【译文】

世间的事要尽力承担负责，还要拿得起放得下。如果不能担当，就没有成就功业的才能；如果不能放下，就没有超脱世俗的襟怀。

10. 从静中观物动，向闲处看人忙，才得超尘脱俗的趣味；遇忙处会偷闲，处闹中能取静，便是安身立命的工夫。

【译文】

从静止中观看物体运动，在闲暇处观看别人忙碌，这才能得到超脱尘俗的趣味；在忙碌时挤出时间放松，身处闹市能够寻得安静，这就是为人处世修身立命的功夫。

11. 落落①者，难合亦难分；欣欣②者，易亲亦易散。是以君子宁以刚方③见惮，毋以媚悦取容④。

【注释】

①落落：即“落落寡合”，形容与人合不来。②欣欣：高兴的样子。③刚方：刚直方正。④媚悦：馅媚，讨好；取容：曲从讨好，取悦于人；讨好别人以求自己安身。

【译文】

性格孤傲的人，难以接近却也不会轻易分离；媚颜带笑的人，容易亲近却也容易离散背弃。因此有才德的人宁可用刚直方正表现得让人忌惮，也不愿露出媚颜来取悦他人。

12. 意气①与天下相期，如春风之鼓畅庶类②，不宜存半点隔阂③之形；肝胆与天下相照，似秋月之洞彻群品，不可作一毫暖昧④之状。

【注释】

①意气：意志气概。②鼓畅：鼓动并使畅达。庶类：一般的事物，万物，万类。和下文“群品”的意思相同。③隔阂：隔膜，不了解。④暖昧：不光明的，隐秘的。

【译文】

意志气概与所有人相投合，就像春天的和风激发万物，不应该存有半点阻碍隔阂；真心诚意与所有人相处，就像秋天的月光洞悉万物品格，不应该存有一丝一毫的隐瞒含糊。

13. 处世而欲人感恩，便为敛怨①之道；遇事而为人除害，即是导利之机。

【注释】

①敛怨：招惹怨恨。

【译文】

为人处世如果总是想着要他人感怀恩德，那么受到恩惠的人就会不堪重负，反而会有怨恨之心；遇到事情如果实实在在地为他人着想，帮助其消除祸患，排忧解难，这就是创造出引导发展的生机。

14. 持身如泰山九鼎凝然不动①，则愆尤②自少；应事③若流水落花悠然而逝，则趣味常多。

【注释】

①持身：立身，修身，坚守节操。九鼎：相传为夏禹时所铸，被夏商周三代奉为传国之宝。这里指分量重。凝然：坚定不动的样子。②愆尤：过失，罪过。③应事：处理事务。

【译文】

坚持自己的节操就该像泰山和九鼎一样，无论发生什么变故都岿然不动，过失和错误自然就会减少；待人接物就该像流水落花一样从容自然，那么感受到的意趣韵味就会增多。

15. 肝肠煦[1]若春风，虽囊乏一文，还怜茕独[2]（qióng dú）；气骨[3]清如秋水，纵家徒四壁[4]，终 傲[5]王公。

【注释】

①煦：温暖，和煦。②茕独：泛指没有亲属供养的人。茕，孤独，无兄弟；独，无子孙的老人。③气骨：气概，骨气。④家徒四壁：家里只有四面墙，形容十分清贫，一无所有。徒：只，仅仅。⑤傲：傲视。

【译文】

古道热肠的人像春风一样，虽然囊中没有一枚铜钱，还是会怜悯那些鳏寡茕独（guān guǎ）的人；一身正气的人气骨清朗像秋水一样，虽然家中穷困一无所有，也始终傲视王公贵族。

16. 杨修[1]之躯见[2]杀于曹操，以露己之长[3]也；韦诞[4]之墓见伐于钟繇[5]，以秘己之美也。故哲士[6]多匿采以韬光[7]，至人常逊美而公善。

【注释】

①杨修：字德祖，有才，曾任曹操主簿，后被曹操杀害。②见：表示被动，被。③露己之长：显露了自己的长处。④韦诞：字仲将，三国书法家、制墨家。⑤钟繇：字云，三国书法家。⑥哲士：贤明睿智的人。⑦韬光：即隐藏才能。

【译文】

杨修之所以被曹操杀死，是因为他过分炫耀自己的才华；韦诞之所以被钟繇挖坟掘墓，是因为他秘藏了珍宝。所以，贤哲的人大多韬光养晦，德行高尚的人常常谦逊和善、公正通达。

17. 物莫大于天地日月，而子美云："日月笼中鸟，乾坤水上萍[1]。"事莫大于揖逊征诛[2]，而康节[3]云："唐虞揖逊三杯酒，汤武征诛一局棋。"人能以此胸襟眼界吞吐六合[4]，上下千古，事来如沤[5]生大海，事去如影灭长空，自经纶万变而不动一尘矣。

【注释】

①日月笼中鸟，乾坤水上萍：相对于宇宙而言，日月不过就是笼中小鸟，天地就像水上浮萍，形容宇宙之大。语出杜甫诗《衡州送李大夫七丈勉赴广州》。②揖逊征诛：改朝换代，泛指非常重大的事情。揖逊：揖让，这里指帝王禅位；征诛：讨伐。③康节：即邵雍，溢康节，北宋哲学家，理学的代表人物之一，创立北宋象数先天之学。④六合：东南西北上下六方，泛指天下或整个宇宙。⑤沤：水中浮泡。

【译文】

世界上最大的是天地和日月，然而杜甫却说："太阳和月亮是笼中的小鸟，苍天大地是水上的浮萍。"人世间最大的事情就是改朝换代、禅让征讨，然而邵雍却说："唐虞禅让不过是三杯酒，汤武征讨天下只是一局棋。"人们若能够用这样的襟怀和眼界容纳天地四方，评议古今，世事来时就像海水中涌起的泡沫，世事去时就像泡沫破碎在空气中消失得无影无踪，自然就能规划瞬息万变的天下大事而内心却不为所动了。

18. 贫贱所难[①]，不难在砥节[②]，而难在用情；富贵所难，不难在推恩[③]，而难在好礼。

【注释】

①所难：难以做到的事。②砥节：磨炼气节。③推恩：广施恩惠。

【译文】

贫困卑贱之人的难处，不在于在贫困中保持节操、磨炼气节，而难在不懂得如何调度和表达自己的感情；富足尊贵之人的难处，不在于乐善好施，而难在富贵时也依然能够保持谦卑平和。

19. 芝草无根醴[①]无源，志士要当勇奋翼[②]；彩云易散琉璃脆[③]，达人当早回头。

【注释】

①醴：甜美的泉水。②奋翼：即奋翅，奋发。③彩云易散琉璃脆：美丽的彩霞容易消散，晶莹通透的琉璃容易破碎。形容美好的事物容易逝去。

【译文】

灵芝仙草没根，甘甜泉水无源，志向远大的人要勇敢地振奋羽翼奋发努力；美丽的彩霞容易飘散，晶莹的琉璃容易破碎，豁达明理的人不应沉溺在稍纵即逝的美景中，而应及早清醒。

20. 少壮者，事事当用意而意反轻，徒泛泛作水中凫[①]而已，何以振云霄之翮（hé）[②]？衰老者，事事宜忘情[③]而情反重，徒碌碌为辕下驹而已，何以脱缰锁之身？

【注释】

①凫：野鸭。②翮：泛指鸟的翅膀。③忘情：引申为不受感情上的牵挂。

【译文】

年轻力壮的人，每件事都应当踏踏实实地做，可偏有人不愿意吃苦费劲，只做表面功夫就像漂在水上的鸭子，怎么能振翅高飞呢？年老体衰的人，每件事都应当看淡，可偏有人被感情束缚不放手，只是像套着缰绳的老马终日忙碌，这怎么能得以解脱呢？

21. 帆只扬五分，船便安。水只注五分，器便稳。如韩信[①]以勇备震主被擒，陆机[②]以才名冠世见杀，霍光[③]败于权势逼君，石崇[④]死于财赋敌国，皆以十分取败者也。康节云：“饮酒莫教成酩酊[⑤]，赏花慎勿至离披[⑥]。”旨[⑦]哉言乎！

【注释】

①韩信：西汉开国功臣，著名的军事家。②陆机：西晋文学家，被誉为“太康之英”。③霍光：西汉名将霍去病同父异母的弟弟，曾权倾朝野。④石崇：西晋文学家。⑤康节：即邵雍，溢康节。酩酊：大醉的样子。⑥离披：散乱凋敝的样子。⑦旨：意思，意义。

【译文】

船帆只要扬起一半，船就能平稳地行进。水只要注入五分，装水的容器就能稳定。比如韩信因为有勇有谋让皇帝感到受威胁而最终被刘邦擒杀，陆机因为才华和名气冠绝当世而被杀害，霍光因为仰仗权势威逼君主而失败，石崇因为财富超越国家而惨死，这些都是人生达到了极致而导致毁灭的人。邵雍说："饮用美酒不要让人喝到酩酚大醉，欣赏鲜花要小心谨慎不要一直看到花朵凋零。"真是至理名言啊！

22. 附势者如寄生依木，木伐而寄生亦枯；窃利者如蝇虰[①]盗人，人死而蝇虰亦灭。始以势利害人，终以势利自毙。势利之为害也，如是夫！

【注释】

①蝇虰：寄生在人身上的寄生虫。

【译文】

依仗权势的人就像树里面的寄生虫，树被砍伐虫子也就死了；窃取他人利益的小人就像虫吸人血，被吸附的人死了虫子也就灭亡了。因为仰仗权势而加害他人，最终也会因为权势而害了自己。权势利益造成的危害，就像这样！

23. 鹤立鸡群[①]，可谓超然无侣矣。然进而观于大海之鹏，则眇然[②]自小。又进而求之九霄之凤，则巍乎莫及。所以至人[③]常若无若虚，而盛德[④]多不矜不伐[⑤]也。

【注释】

①鹤立鸡群：鹤站在鸡群里，比喻人的仪表或才能在一群人里很突出。②眇然：微小的样子。③至人：大智大贤的人。④盛德：品德高尚的人。⑤不矜不伐：不吹嘘、不夸耀。

【译文】

鹤站立在鸡群之中，可以说是超然出众、不可匹敌的。但是进一步和大海上的鹏鸟比较，就会觉得太渺小了。再进一步和九霄云外的凤凰比较，就更觉得不能比及了。所以大智大贤的人往往虚怀若谷，而品德高尚的人大多不会骄傲自满。

24. 大聪明的人，小事必朦胧[①]；大懵懂[②]的人，小事必伺察。盖伺察乃懵懂之根，而朦胧正聪明之窟也。

【注释】

①朦胧：模糊不清，这里指糊涂。②懵懂：糊涂，迷糊。

【译文】

真正聪明的人，在小事上必然比较糊涂；真正糊涂的人，在小事上必然会仔细观察。在小事上太过用心是在大事上糊涂的根源，对小事不太在意正是大聪明的根由。

25. 千载奇逢，无如好书良友；一生清福，只在碗茗炉烟[①]。蓬茅下诵诗读书，日日与圣贤晤语，谁云贫是病？樽垒边幕天席地[②]，时时共造化氤氲，孰谓非禅？兴来醉倒落花前，天地即为衾枕。机息坐忘盘石上，古今尽属蜉蝣。

【注释】

①炉烟：熏炉或香炉中的烟。②幕天席地：把天作幕，把地当席，即指露天。形容性情豁达。幕：帐子；席：席子。

【译文】

有千年难逢的机遇，不如有好书良友相伴；尽享一生的清闲幸福，只能在品茶赏烟之中。

在茅草小屋里诵诗读书，天天与圣人贤哲倾谈，谁能说贫寒是病？在野外幕天席地痛饮美酒，共享大自然的造化，谁能说醉酒不是禅意？兴趣来了醉倒酣卧在落花之下，以天为被以地为席。独坐巨石遗忘各种心机，看古往今来都像呼游小虫般短命而逝。

26. 谈纷华而厌者，或见纷华而喜；语淡泊而欣者，或处淡泊而厌。须扫除浓淡之见，灭却欣厌之情，才可以忘纷华而甘淡泊也。

【译文】

说起繁华富丽就生厌的人，或许看见了繁华富丽就喜欢；说起淡泊超脱就欣喜的人，或许置身于淡泊超脱就反恶。必须扫除浓烈或淡雅的偏见，消灭欣喜或反恶的情绪，这样才可以忘却繁华富丽而甘于淡泊超脱了。

27. 趋炎[①]虽暖，暖后更觉寒威[②]；食蔗能甘，甘余便生苦趣。何似养志[③]于清修而炎凉不涉，栖心于淡泊而甘苦俱忘，其自得为更多也。

【注释】

①趋炎：喜暖，奔向火焰。②寒威：严寒的威力。③何似：何不，何妨。养志：保摄志气，指培养、保持、磨炼不慕荣利的志向，多指隐居。

【译文】

靠近火焰虽然暖和，但暖和之后更加感觉寒气逼人；吃甘蔗能尝到甜味，但甜过之后就会感到别的食物更苦涩。为何不在清静修省中磨炼心志以避开人世之炎凉，在恬静淡泊中栖息身心以忘却甘甜苦涩，这样他的收获会更多。

28. 耳中常闻逆耳之言，心中常有拂心[①]之事，才是进德修行的砥石。若言言悦耳，事事快心，便把此生埋在鸩毒[②]中矣。

【注释】

①拂心：违逆其心意。②鸩毒：毒酒，毒害。中国古代最有名的毒药，成语“饮鸩止渴”便源自于此词。

【译文】

耳朵常听些不顺耳的话，心里常想些不如意的事，这才是修炼德行的磨刀石。若每句话都顺耳，每件事都称心，那就等于把自己的一生埋在剧毒之中了。

29. 藜口苋肠（xiàn）者[①]，多冰清玉洁[②]；衮（gǔn）衣玉食者[③]，甘婢膝奴颜。盖志以澹泊明[④]，而节以肥甘[⑤]丧也。

【注释】

①藜口苋肠者：指吃粗茶淡饭的人。求：即“灰菜”，嫩叶可食；苋：一种野菜。②冰清玉洁：像冰一样清纯，像玉一样洁白。比喻人的节操洁白无瑕。③衮衣玉食者：指讲究吃穿的人。衮：古代天子的礼服。④澹泊：恬淡寡欲，不慕名利。⑤肥甘：指美味食物。

【译文】

满足粗茶淡饭的人，操守大多像冰一般清，玉一样白；追求华服美食的人，大多甘愿卑躬屈膝。人的志气总在清心寡欲中显露，而人的节操常在追求物欲享受中丧失。

30. 忧勤[①]是美德，太苦则无以适性怡情[②]；淡泊是高风[③]，太枯[④]则无以济人利物。

【注释】

①忧勤：绞尽脑汁，竭尽体力去做事。②适性怡情：使心情愉快，精神爽朗。③高风：高尚的情操或高风亮节。④枯：已经丧失生机的树木，这里指不近人情。

【译文】

忧心勤劳、尽心做事是美德，但太过分了就会失去生活乐趣；把功名利禄看得很淡是高风亮节，但过分清心寡欲，对社会人生就少有贡献。

【开篇有益】

1. 词语积累：

芥蒂、情识、附骥、取容、鼓畅、载独、不矜不伐、鸠毒、忧勤

2. 成语典故：

如履薄冰：意思是像走在薄冰上一样，暗示有潜在的危险，比喻行事极为谨慎，存有戒心。

苍蝇附骥：是指依靠别人的声望而成名，出自《史记·伯夷列传》。

落落寡合：意思是形容跟别人合不来。出自明·名教中人《好逑传》。

防微杜渐：在错误或坏事刚露出苗头时就及时制止，不让它发展。

韬光养晦：比喻隐藏才能，不使外露。

鹤立鸡群：意思是指像鹤站在鸡群中一样。比喻一个人的仪表或才能在周围一群人里显得很突出。

幕天席地：把天做幕，把地当席，指露天。原形容性情豁达，现形容在野外工作的艰苦生活。

冰清玉洁：意思是指像冰那样清澈透明，像玉那样洁白无瑕。

3. 读后有感：

蔬菜，是生活中不可或缺、营养丰富的佐餐佳品。菜品或甘甜美味，或清香爽口，或辛辣苦涩，皆由根而生。所以种菜之重必养其根；而人生在世也必厚培其本。《菜根谭》以简短的语言，诫助人们应该怎样修身养性、如何为人处世。语淡味长，言简义丰。有如智者、挚友般的交谈，有如春风、醇酒般的劝阻，有如净士、正信般的警策。

今天，当现代化的喧嚣似乎湮没了古代风情，给人们带来与日俱增的焦虑浮躁时，《菜根谭》如一溪清泉，能涤去焦躁的尘灰，化解心中的积烦。如果在工作学习之余，沏一杯清茶，静心慢品《菜根谭》，就会明白如何培养道德情操和心理品质，如何与人相处，去面对酸甜苦辣的人生；进而修养与人为善、内心安适、刚毅坚忍、处世恬淡的健康人格。若能深入其中，领悟其理，菜根就会越嚼越香，心智也会越来越高。当我们重新拾起人间那些已被淡忘的真趣时，被物欲烧灼得晕头转向的头脑必然会清醒，从而心存一份纯洁，宁静如一，达观人生。

第六章　国学历史经典诵读

中国古代历史经典作品源远流长，群贤荟萃。流连在古人浩如烟海的作品和取之不尽的思想宝库中，代代名家里程碑似的排列在我们面前。有人说：读诗使人灵秀，读文使人聪慧，读史使人明智。让我们细读深味这些佳作精品，去感知文学大家深厚的文学底蕴，去领悟仁人志士精辟的至理名言。

第一节 司马迁与《史记》

一、作者简介

司马迁(公元前145年—约公元前87年),字子长,夏阳(今陕西韩城)人,一说龙门(今山西河津)人。西汉史学家、文学家、思想家，早年从董仲舒学《春秋》，从孔安国学《尚书》。《汉书·艺文志》著录有《司马迁赋》八篇;《隋书·经籍志》有《司马迁集》一卷。

其父司马谈为太史令，学问渊博，曾“学官于唐都，受易于杨何，习道论于黄子”，早年司马迁在故乡过着贫苦的生活，10岁开始读古书，学习十分认真刻苦，遇到疑难问题，总是反复思考,直到弄明白为止。20岁那年,司马迁从长安出发,到各地游历。后来回到长安,作了郎中。他几次同汉武帝出外巡游，到过很多地方。35岁那年，汉武帝派他出使云南、四川、贵州等地。他了解到那里的一些少数民族的风土人情。他父亲司马谈死后，元封三年（公元前108年），司马迁接替做了太史令。太初元年（公元前104年），与天文学家唐都等人共订“太初历”。同年，开始动手编《史记》。天汉二年（公元前99年），李陵出击匈奴，兵败投降，汉武帝大怒。司马迁为李陵辩护，得罪了汉武帝，获罪被捕，被判宫刑。

“人固有一死，或重于泰山，或轻于鸿毛，用之所趋异也。”(《报任安书》)

为了完成父亲遗愿，完成《史记》，留与后人，含垢忍辱忍受腐刑。公元前96年（太始元年）获赦出狱，做了中书令，掌握皇帝的文书机要。他发愤著书，全力写作《史记》，大约在他55岁那年终于完成了全书的撰写和修改工作。

二、作品简介

《史记》是西汉著名史学家司马迁撰写的一部纪传体史书，记载了上至上古传说中的黄帝时代，下至汉武帝年间共3000多年的历史。被列为“二十四史”之首，与后来的《汉书》《后汉书》《三国志》合称“前四史”。

《史记》“究天人之际,通古今之变,成一家之言”,以大量个人传记编纂成一部宏伟历史,人物来自社会各个阶层，从帝王到平民，有成功者，有失败者，有刚烈英雄，有无耻小人。形象众多、类型丰富、个性鲜明，共同组成了一条丰富多彩的人物画廊。司马迁首创纪传体编史方法，为后来历代“正史”所传承，对后世史学和文学的发展都产生了深远影响。被鲁迅誉为“史家之绝唱，无韵之《离骚》”。

三、经典诵读

孙膑传

孙武[1]既死，后百余岁有孙膑[2]。膑生阿（ē）、鄄（juàn）之间，膑亦孙武之后世子孙也。孙膑尝与庞涓俱学兵法。庞涓既事魏，得为惠王将军，而自以为能不及孙膑，乃阴使[3]召孙膑。膑至，庞涓恐其贤于己，疾[4]之，则以法刑断其两足而黥[5]（qíng）之，欲隐勿见[6]。齐使者如[7]梁，孙膑以[8]刑徒阴见，说齐使。齐使以为奇[9]，窃载[10]与之齐。齐将田忌善[11]而客待之。

【注释】

①孙武：春秋时著名的军事家，著有《孙子兵法》。②膑：古代一种刑罚，挖去膝盖骨。孙膑的名字不传于后世，因受过刖刑而被称之为“孙膑”。③阴使：暗地里、秘密派人。④疾：妒忌。⑤黥：古代一种刑罚，在人脸上刺字并涂墨，又称“墨刑”。⑥见：出现。这句是说，想使孙膑不能露面。⑦如：到……去。⑧以：以……的身份。⑨奇：指有特别的才能。⑩窃载：偷偷地载到车上。⑪善：认为有才能。

【译文】

孙武去世之后，过了一百多年又有孙膑。孙膑出生在阿、鄄之间，也是孙武的后世子孙。孙膑曾与庞涓一起学习兵法。庞涓为魏国做事因而当上魏惠王的将军，但自认才能不如孙膑，便暗地派人召见孙膑。孙膑到了魏国，庞涓唯恐孙膑超过自己，嫉妒他，就以刑罚砍去他的双脚并施以墨刑，想使他埋没于世不再出现。齐国的使臣来到大梁，孙膑以犯人的身份秘密地会见齐使，游说齐使。齐国使臣认为他是个难得的人才，就偷偷地用车把他载回齐国。齐国将军田忌不仅赏识他而且还像对待客人一样对待他。

图 6-1-1　司马迁画像

忌数与齐诸公子驰逐重射[①]。孙子见其马足[②]不甚相远，马有上、中、下辈[③]。于是孙子谓田忌曰："君弟重射，臣能令君胜。"[④]田忌信然之[⑤]，与王及诸公子逐射千金。及临质[⑥]，孙子曰："今以君之下驷与彼上驷[⑦]，取君上驷与彼中驷，取君中驷与彼下驷。"既驰三辈毕，而田忌一不胜而再胜[⑧]，卒得王千金。于是忌进[⑨]孙子于威王，威王问兵法，遂以为师。

【注释】

①诸公子：指诸侯的不继承君位的各个儿子。驰逐：驾马比赛。重射：下很大的赌注打赌。射：打赌。②马足：指马的足力。③辈：等级。④弟：但，只管。臣：古人对人讲话时的谦称，并非只对君才能称臣。⑤信然之：相信孙膑的话，认为孙膑的话对。⑥临质：指临比赛的时候。质：双方找人评定是非。这里指比赛。⑦驷：古代称同驾一车的四匹马为"驷"。与：对付。⑧再胜：胜两次。⑨进：推荐。

【译文】

田忌经常跟齐国贵族子弟赛马，下很大的赌注。孙膑发现他们的马脚力都差不多，可分为上、中、下三等。于是孙膑对田忌说："你尽管下大赌注，我能让你取胜。"田忌信以为然，与齐王和贵族子弟们比赛下了千金的赌注。到临场比赛，孙膑对田忌说："现在用您的下等马对付他们的上等马，用您的上等马对付他们的中等马，让您的中等马对付他们的下等马。"三次比赛完了，田忌败了一次，胜了两次，终于赢得了齐王千金赌注。于是田忌就把孙膑推荐给齐威王，威王向他请教兵法后，就把他当作老师。

其后魏伐赵，赵急，请救于齐。齐威王欲将孙膑，膑辞谢曰："刑余之人[①]不可。"于是乃以田忌为将，而孙子为师[②]，居辎车[③]中，坐为计谋。田忌欲引兵之赵，孙子曰："夫解杂乱纷纠者不控卷[④]，救斗（dòu）者不搏撠[⑤]（jī），批亢捣虚[⑥]，形格势禁[⑦]，则自为解耳。今梁[⑧]赵相攻，轻兵锐卒必竭于外，老弱罢[⑨]于内。君不若引兵疾走大梁，据其街路[⑩]，冲其方虚[⑪]，彼必释赵而自救。是我一举解赵之围而收弊于魏[⑫]也。"田忌从之。魏果去邯郸，与齐战于桂陵，大破梁军。

【注释】

①刑余之人：受过刑的人。②师：此指军师。③辎车：有帷的车。④杂乱纷纠：指乱丝。控：引，拉。卷：指卷起来的乱丝。⑤搏撠：犹言揪住，此指与打架的人互相揪住。⑥批亢捣虚：比喻抓住敌人的要害乘虚而入。批：用手击；亢：咽喉，比喻要害；捣：攻击；虚：空虚。⑦格：止。⑧梁：指魏国，后文"大梁"是魏国国都。⑨罢：通"疲"。⑩街路：要道。⑪方虚：正当空虚之处。⑫收弊于魏：对魏可以收到使它疲惫的效果。

【译文】

后来魏国攻打赵国，赵国形势危急，向齐国求救。齐威王打算任用孙膑为主将，孙膑辞谢说："受过酷刑的人，不能任主将。"于是就任命田忌做主将，孙膑做军师，坐在带篷帐的车里，暗中谋划。田忌想要率领救兵直奔赵国，孙膑说："想解开乱丝的人，不能紧握双拳生拉硬扯，解救斗殴的人，不能卷进去胡乱搏击，要扼住争斗者的要害，争斗者因形势限制，就不得不自行解开。如今魏赵两国相互攻打，魏国的精锐部队必定在国外精疲

力竭，老弱残兵在国内疲惫不堪。你不如率领军队火速向大梁挺进，占据它的交通要道，冲击它正当空虚的地方，魏国肯定会放弃赵国而回兵自救。这样，我们一举解救了赵国之围，而又可坐收魏国自行挫败的效果。”田忌听从了孙膑的意见。魏军果然离开邯郸回师，在桂陵地方交战，魏军被打得大败。

后十三岁，魏与赵攻韩，韩告急于齐。齐使田忌将而往，直走大梁。魏将庞涓闻之，去韩而归，齐军既已过而西矣。孙子谓田忌曰：“彼三晋之兵①素悍勇而轻齐，齐号为怯②，善战者因其势而利导之③。兵法，百里而趣利者蹶上将，五十里而趣利④者军半至。使齐军入魏地为十万灶，明日为五万灶，又明日为三万灶。”庞涓行三日，大喜，曰：“我固知齐军怯，入吾地三日，士卒亡者过半矣。”乃弃其步军，与其轻锐倍日并行⑤逐之。孙子度其行⑥，暮当至马陵。马陵道陕⑦，而旁多阻隘，可伏兵。乃斫大树白⑧而书之曰：“庞涓死于此树之下。”于是令齐军善射者万弩，夹道而伏，期曰：“暮见火举而俱发⑨。”庞涓果夜至斫木下，见白书，乃钻火烛之⑩。读其书未毕，齐军万弩俱发，魏军大乱相失。庞涓自知智穷兵败，乃自刭，曰：“遂成竖子之名！”齐因乘胜尽破其军，虏魏太子申以归。孙膑以此名显天下，世传其兵法。

【注释】

①三晋之兵：此指魏军。晋是春秋时一个强大的诸侯国，后被它的三家大夫瓜分，成了魏、赵、韩三国。②号为怯：被称为胆小的。③因其势：根据客观情势。利导之：顺着有利的方向加以引导。④趣利：跑去争利。趣：通“趋”。蹶：跌倒，喻挫折。⑤倍日兼行：两天的路程并作一天走。⑥度其行：估量其行程。⑦陕：“狭”的本字，狭窄。⑧斫大树白：把大树砍白，指把树皮砍掉。斫：砍。⑨发：箭射出去。⑩钻火：钻木取火，这里指取火。烛：照。

【译文】

十三年后，魏国和赵国联合攻打韩国，韩国向齐国告急。齐王派田忌率领军队前去救援，径直进军大梁。魏将庞涓听到这个消息，率师撤离韩国回魏，而齐军已经越过边界向西挺进了。孙膑对田忌说：“那魏军向来凶悍勇猛看不起齐兵，齐兵被称作胆小怯懦，善于指挥作战的将领就顺着这样的趋势而加以有利的引导。兵法上说，行军百里开外和敌人争利的有可能折损上将军，行军五十里开外和敌人争利的可能有一半士兵掉队。命令军队进入魏境先砌十万人做饭的灶，第二天砌五万人做饭的灶，第三天砌三万人做饭的灶。”庞涓行军三日，特别高兴地说：“我本来就知道齐军胆小怯懦，进入我国境才三天，开小差的士兵就超过半数了。”于是放弃了他的步兵，只和他的轻装精锐部队日夜兼程地追击齐军。孙膑估计他的行程，当晚可以赶到马陵。马陵道路狭窄，两旁又多是峻隘险阻，适合埋伏军队。孙膑就叫人砍去树皮露出白木，写上“庞涓死于此树之下。”于是命令一万名善于射箭的齐兵，隐伏在马陵道两边，约定说：“晚上看见火光亮起就万箭齐发。”庞涓果然当晚赶到砍去树皮的大树下，看见白木上写着字，就点火照亮查看，上边的字还没读完，齐军的伏兵就万箭齐发，魏军大乱，互不接应。庞涓自知无计可施败成定局，就拔剑自刎，临死说："倒成就了这小子的名声！"齐军就乘胜追击大破魏军，俘虏了魏国的太子申回国。孙膑因此名扬天下，后世流传着他的《兵法》。

【开篇有益】

1. 词语积累：

阴、如、窃、辈、再、蹶、度、斫

2. 文化常识：

三家分晋：晋国被韩、赵、魏三家瓜分的事件。

3. 读后有感：

战国时期，我国古代的军事科学发展到了一个新阶段，出现了不少杰出的军事家和系统的军事著作。司马迁在这篇传记中，对孙膑的事迹和才能做了生动的描写。先通过赛马这件小事显示孙膑的智慧，又通过"桂陵之役"和"马陵之战"两大著名战役，写孙膑卓越的军事思想，这是《史记》通过典型事件刻画人物典例。孙膑的兵法久已失传，是我国军事科学发展史上的一大憾事。

伯夷传

伯夷、叔齐，孤竹君之二子也。父欲立叔齐，及父卒，叔齐让伯夷。伯夷曰："父命也！"遂逃去。叔齐亦不肯立而逃之。国人立其中子[①]。于是伯夷、叔齐闻西伯昌善养老，盍往归焉。及至，西伯卒，武王载木主[②]，号为文王，东伐纣。伯夷、叔齐叩马[③]而谏曰："父死不葬，爰及干戈[④]，可谓孝乎？以臣弑[⑤]君，可谓仁乎？"左右欲兵之。太公曰："此义人也。"扶而去之。武王已平殷乱，天下宗周[⑥]，而伯夷、叔齐耻之，义不食周粟，隐于首阳山，采薇[⑦]而食之。及饿且死，作歌，其辞曰："登彼西山兮，采其薇矣。以暴易暴[⑧]兮，不知其非矣。神农、虞、夏忽焉没兮，我安适归矣？于（xū）嗟徂[⑨]（cú）兮，命之衰矣！"遂饿死于首阳山。由此观之，怨邪非邪？

【注释】

①中子：古代兄弟排行按伯仲叔季的次序，伯夷排行第一，叔齐排行第三。中子即次子。②木主：象征死者的木制牌位。③叩马：勒紧马缰绳。叩：拉住、牵住。④爰：于是就。干：盾；戈：戟。此处引申为战争。⑤弑：古代下杀上称为弑。如子女杀死父母，臣杀死君。⑥宗周：以周王室为宗主。⑦薇：野豌豆类植物，其叶与果可食。⑧暴：前一"暴"指暴臣，后一"暴"指暴君。易：换。⑨徂：通"殂"，死亡。

【译文】

伯夷、叔齐，是孤竹君的两个儿子。父亲想要立叔齐为国君，等到父亲死了，叔齐要把君位让给伯夷。伯夷说："这是父亲的遗命啊！"于是就逃走了。叔齐不肯继承君位也逃走了。国人只好拥立孤竹君的次子。这时伯夷、叔齐听说西伯昌能够很好地赡养老人，就想何不去投奔他呢！等到了那里，西伯昌已经死了，他的儿子武王在兵车上载着追尊西伯昌为文王的木制灵牌，向东方进兵讨伐殷纣。伯夷、叔齐勒住武王的马缰谏诤说："父亲死了不葬，就发动战争，能说是孝顺吗？作为臣子去杀害君主，能说是仁义吗？"武王身

边的随从要杀掉他们。太公吕尚说："这是有节义的人啊。"于是搀扶着他们离去。等到武王平定了商纣的暴乱，天下都归顺了周朝，可是伯夷、叔齐却认为这是耻辱的事情，他们坚持仁义不吃周朝的粮食，隐居在首阳山上，采摘野菜充饥。到了快要饿死的时候，作了一首歌，那歌词是："登上那西山啊，采摘那里的薇菜。以暴臣换暴君啊，竟不知道那是错误。神农、虞、夏的太平盛世转眼消失了，哪里才是我们的归宿？唉，只有死啊，命运是这样的不济！"于是饿死在首阳山。从这首诗看来，他们是怨恨还是不怨恨呢？

或曰："天道无亲[①]，常与善人。"若伯夷、叔齐，可谓善人者非邪？积仁洁行[②]如此而饿死！且七十子之徒，仲尼独荐颜渊为好学。然回也屡空[③]。糟糠[④]不厌，而卒蚤夭[⑤]。天之报施善人，其何如哉？盗跖[⑥]（zhí）日杀不辜，肝人之肉[⑦]，暴戾恣睢[⑧]，聚党数千人横行天下，竟以寿终。是遵何德哉？此其尤大彰明较著[⑨]者也。若至近世，操行不轨，专犯忌讳，而终身逸乐，富厚累世不绝。或择地而蹈之[⑩]，时然后出言，行不由径[⑪]，非公正不发愤，而遇祸灾者，不可胜数也。余甚惑焉，倘所谓天道，是邪非邪？

【注释】

①天道：指左右人类命运的天神意志。无亲：没有私心，没有亲疏、厚薄之分。②积仁洁行：积累仁德，使行为高洁。③空：空乏、穷困。④糟糠：借指粗劣的食物。糟：酿酒剩的陈渣。糠：粮食之皮。⑤卒蚤夭：终于早死。蚤：通"早"。夭：过早地死。相传颜渊二十九岁白发，三十二岁死去。⑥盗跖：当时对这位奴隶起义领袖的诬称。⑦肝人之肉：挖人肝脏当动物的肉吃。⑧恣睢：任意胡为。⑨彰明较著：形容非常明显，容易看清楚。彰、明、较、著，都是明显、显著的意思。⑩择地而蹈之：选好地方才肯迈步。蹈：踩、踏。⑪ 行不由径：不从小路行走，比喻光明正大。径：小路，引申为邪路。

【译文】

有人说："天道是没有偏私的，经常帮助好人。"像伯夷、叔齐应该说是好人呢，还是不该说是好人呢？他们如此地积累保持高洁仁德的品行，却最终饿死！再说孔子七十名得意的学生里，孔子只推重颜渊好学。然而颜渊总是穷困缠身，连粗劣的食物都吃不饱，终于过早地死去了。天道对好人的报偿又是怎样的呢？盗跖成天杀无辜的人，烤人的心肝当肉吃，凶残至极，聚集党徒几千人横行天下，竟然长寿而终。这是遵循的什么道德呢？这是极大而显著的事啊。至于说到近代，那些不走正路、专门违法犯禁的人，却能终生安逸享乐，过着富裕优厚的生活，世世代代都不断绝。而有的人选好地方才肯迈步，适宜的机会才肯说话，走路不敢经由小路，不是公正的事决不发愤去做，这样做却遭祸灾的人，数都数不过来。我深感困惑不解，倘若有所谓天道，那么这是天道呢，还是不是天道呢？

子曰："道不同，不相为谋[①]。"亦各从其志也。故曰："富贵如可求，虽执鞭之士[②]，吾亦为之。如不可求，从吾所好。""岁寒，然后知松柏之后凋[③]。"举世混浊，清士[④]乃见。岂以其重若彼，其轻若此哉？

【注释】

①道不同，不相为谋：指主张不同，彼此不相商议、合作。②执鞭之士：指给人执马鞭的人。③松柏之后凋：比喻经过严峻考验才能看出一个人的品质。④清士：高洁的人。

【译文】

孔子说："思想不一致的人，不能相互谋事。"也只有各人按着自己的意志行事。所以说："假如富贵是可以寻求得到的话，即使做个卑贱的赶车人，我也愿去做，如寻求不到，那还是依照自己的爱好去做。""到了严寒季节，然后才知道松柏是最后凋谢。"整个社会混乱污浊的时候，品行高洁的人才会显露出来。这难道不是因为有些人把富贵安乐看得那么重，才显得另一些人把富贵安乐看得那么轻吗？

【开篇有益】

1. 词语积累：

糟糠、恣睢、彰、蹈

2. 文化常识：

弑：臣杀死君主或子女杀死父母。

伯仲叔季：意思是兄弟排行的次序，伯是老大，仲是第二，叔是第三，季是最小的。

3. 读后有感：

伯夷、叔齐为了让国位而逃离孤竹国，完全出于诚心，发自诚意，绝无半点虚情假意。东汉史学家班昭推崇伯夷、叔齐推让的诚心，达到了异常高远的境界。宋明时期的政治家王守仁更把伯夷的诚提升到精纯的境界。伯夷作为圣人，虽与尧、舜、文王、孔子、禹、汤、武王才力大小不同，就像金子的分量有轻有重，但在纯乎天理上面却是相同的，就像金子的足色相同，都可以称为精金一样。伯夷、叔齐饿死首阳，他们的忠君爱国之行达到了极致。这种由忠君观念上升为爱恋故国、怀恋故土的爱国情怀，从孔子当时称颂至今，影响了三千年的中国历史，感召了众多忠君爱国人士。

淳于髡传

淳于髡（kūn）者，齐之赘婿[①]也。长不满七尺，滑稽多辩，数使诸侯，未尝屈辱。齐威王之时喜隐[②]，好为淫[③]乐长夜之饮，沉湎不治，委政卿大夫。百官荒乱，诸侯并侵，国且危亡，在于旦暮，左右莫敢谏。淳于髡说之以隐曰："国中有大鸟，止王之庭，三年不蜚[④]又不鸣，王知此鸟何也？"王曰："此鸟不飞则已，一飞冲天；不鸣则已，一鸣惊人。"于是乃朝诸县令长七十二人，赏一人，诛一人，奋兵而出。诸侯震惊，皆还齐侵地。威行三十六年。

【注释】

①赘婿：男子就婚于女家，旧时称为"赘婿"。赘：入赘。②喜隐：喜欢说隐语（谜语）。③淫：没有节制。④蜚：通"飞"。

【译文】

淳于髡是齐国的入赘女婿。身高不足七尺，语言流畅，能言善辩，屡次出使诸侯之国，

从没有受过屈辱。齐威王在位时喜欢隐喻，又好彻夜宴饮逸乐无度，陶醉于饮酒之中不理政事，把政事托付给卿大夫。文武百官荒淫放纵，诸侯各国一起来侵犯，齐国灭亡就在朝夕之间，齐王身边近臣都不敢进谏。淳于髡用隐语劝谏齐威王说："都城中有一只大鸟，落在了大王的庭院里，三年不飞也不叫，大王知道这鸟是怎么回事吗？"威王说："这鸟不飞则已，一飞就直冲云霄；不叫则已，一叫就使人震惊。"于是诏令全国七十二县的长官入朝议事，奖赏一人，诛杀一人，又发兵御敌，诸侯十分惊恐，都归还了侵占齐国的土地。齐国的声威竟维持了三十六年。

威王八年，楚大发兵加齐。齐王使淳于髡之赵请救兵，赍金百斤，车马十驷。淳于髡仰天大笑，冠缨索绝[①]。王曰："先生少之乎？"髡曰："何敢！"王曰："笑岂有说乎？"髡曰："今者臣从东方来，见道旁有禳（ráng）田[②]者，操一豚（tún）蹄，酒一盂，祝曰：'瓯窭[③]满篝，污邪[④]满车，五谷蕃熟，穰（ráng）穰[⑤]满家。'臣见其所持者狭而所欲者奢，故笑之。"于是齐威王乃益赍黄金千镒[⑥]，白璧十双，车马百驷。髡辞而行，至赵。赵王与之精兵十万，革车千乘。楚闻之，夜引兵而去。

【注释】

①冠缨索绝：将系帽子的带子都笑断了。索：尽、完。②禳田：古代祈求田神消除灾祸庄稼丰收的一种迷信活动。成语"豚蹄禳田"比喻与人少而望厚报。③瓯窭：高地上收获的谷物。瓯：狭小的高地。④污邪：低田里收获的庄稼。污：停顿不流的水，引申为地形低。⑤穰穰：众多的样子。⑥镒：古代的重量单位，二十两（一说二十四两）为一镒。

【译文】

齐威王八年，楚国派遣大军侵犯齐境。齐王派淳于髡到赵国去请救兵，让他携带礼品黄金百斤，驷马车十辆。淳于髡仰天大笑，将系帽的带子都笑断了。威王说："先生是嫌礼物太少吗？"淳于髡说："怎么敢嫌少呢？"齐王说："那你的笑中难道有什么说辞吗？"淳于髡说："今天我从东边来时，看见路旁有个祈祷田神的人，拿着一只猪蹄，一杯酒，祷告说：'高地上收获的谷物盛满篝笼，低田里收获的庄稼装满车辆，五谷茂盛丰熟，米粮堆积粮仓。'我看见他拿的祭品很少而所祈求的东西很多，所以笑他。"于是齐威王就把礼品增加到黄金千镒，白璧十双，驷马车百辆。淳于髡辞别动身，到了赵国。赵王拨给他十万精兵，一千辆裹有皮革的战车。楚国听到这个消息，连夜撤兵而去。

威王大说，置酒后宫，召髡赐之酒。问曰："先生能饮几何而醉？"对曰："臣饮一斗亦醉，一石亦醉。"威王曰："先生饮一斗而醉，恶能饮一石哉！其说可得闻乎？"髡曰："赐酒大王之前，执法在傍，御史在后，髡恐惧俯伏而饮，不过一斗径醉矣。若亲有严客，髡帣（juàn）韝（gōu）鞠跽[①]，侍酒于前，时赐余沥，奉觞上寿，数起，饮不过二斗径醉矣。若朋友交游，久不相见，卒然相睹，欢然道故，私情相语，饮可五六斗径醉矣。若乃州闾之会，男女杂坐，行酒稽留，六博投壶[②]，相引为曹[③]，握手无罚，目眙[④]不禁，前有堕珥，后有遗簪，髡窃乐此，饮可八斗而醉二三。日暮酒阑[⑤]，合尊促坐，男女同席，履舄[⑥]（xì）交错，杯盘狼藉，堂上烛灭，主人留髡而送客。罗襦襟解[⑦]，微闻香泽，当此之时，髡心最欢，能饮一石。

故曰酒极则乱，乐极则悲，万事尽然。言不可极，极之而衰。”以讽谏焉。齐王曰：“善。”乃罢长夜之饮，以髡为诸侯主客。

【注释】

①帣鞲鞠跽：卷起袖子，弓着身子。②六博投壶：古代酒桌上的游戏。③曹：对、双。④眙：直视，瞪着眼睛。⑤阑：残尽。⑥履：鞋。舄：古时最尊贵的厚底鞋，多为帝王大臣穿。⑦罗襦襟解：绫罗短袄的衣襟已经解开。襦：短衣、短袄。

【译文】

齐威王非常高兴，在后宫设置酒肴，召见淳于髡赐他喝酒。问他说：“先生喝多少酒才醉？”淳于髡回答说：“我喝一斗酒也能醉，喝一石酒也能醉。”威王说：“先生喝一斗就醉了，怎么能喝一石呢？能把这个道理讲给我听吗？”淳于髡说：“大王当面赐酒给我，执法官站在旁边，御史站在背后，我心惊胆战低头伏地地喝，喝不了一斗就醉了。如果父母有尊贵的客人来，我卷起袖子，弓着身子，奉酒敬客，客人不时赏我残酒，屡次举杯应酬，喝不到二斗也就醉了。如果朋友间交游，好久不见，突然相见，欢欢喜喜说起往事，互诉衷情，喝五六斗就醉了。至于乡里聚会，男女坐在一起，酒喝到一半停下来，玩起六博、投壶的游戏，呼朋唤友相邀成对，握手言欢不受处罚，眉目传情不遭禁止，面前有掉下的耳环，背后有丢失的发簪，我从内心喜欢这种场面，喝酒可达八斗才有两三分醉意。天色已晚，酒席将散，残余的酒并到一起，大家促膝而坐，男女同席，鞋子混杂，杯盘散乱，厅堂的蜡烛已经熄灭，主人单留住我而把其他客人送走。绫罗短袄的衣襟已经解开，略略闻到一阵香味，这时我心里最为高兴，能喝一石酒。所以说，酒喝得过多就容易出乱子，欢乐到极点就会发生悲剧，世上所有的事情都是如此。无论什么事情不可走向极端，到了极端就会衰败。”淳于髡以此委婉地劝说齐威王。齐威王说：“好。”于是，威王就停止了彻夜欢饮之事，并任用淳于髡做接待诸侯宾客的宾礼官。

【开篇有益】

1. 词语积累：

禳、穰穰、带、曹、眙、阑

2. 文化常识：

赘婿：就婚、定居于女家的男子。

一鸣惊人：比喻平时没有突出的表现，一下子做出惊人的成绩。

豚蹄禳田：比喻与人者少而望厚报。

3. 读后有感：

淳于髡以博学多才、善于论辩著称，是当时非常有影响的学者之一。对于齐国的振兴与强盛，做出了重要贡献。他劝谏齐威王的故事说明：既要有贤臣巧谏，还要有明君纳谏；不但要敢谏勇谏，还要善谏会谏，这样，才能收获劝谏的成功。

货殖列传序

老子曰："至治[①]之极，邻国相望，鸡狗之声相闻，民各甘其食，美其服，安其俗，乐其业，至老死不相往来。"必用此为务，挽近世涂民耳目[②]，则几无行矣。

【注释】

①至治：指安定昌盛、教化大行的政治局面或时世。②挽：同"晚"。涂：堵塞。

【译文】

老子说："古代太平之世达到极盛时期的时候，虽然邻国的百姓彼此望得见，鸡犬之声彼此听得见，但人们各自以为自家的食物最香甜，衣裳最漂亮，习俗最安适，职业最快乐。以至于老死也不相往来。"要是谁以此为目标，而在近代去堵塞老百姓的耳目，那就几乎是行不通的了。

太史公曰：夫神农以前，吾不知已[①]。至若《诗》《书》所述虞、夏以来，耳目欲极声色之好，口欲穷刍豢[②]之味，身安逸乐而心夸矜[③]势能之荣。使俗之渐民久矣，虽户说以眇[④]论，终不能化。故善者因之，其次利道[⑤]之，其次教诲之，其次整齐之，最下者与之争。

【注释】

①已：同"矣"。②刍豢：指牲畜的肉。用草饲养的叫"刍"，用粮食饲养的叫"豢"。③矜：夸耀。④眇：同"妙"。⑤道：同"导"。

【译文】

太史公说：神农以前的事，我已无从考知了。至于《诗经》《尚书》所记载的虞、夏以来的情况，还是可以考知的，人们的耳朵、眼睛要竭力享受声、色之乐，嘴里要吃尽各种美味，身体安于舒适快乐，而心里又羡慕夸耀有权势、有才干的光荣。这种风气浸染民心已经很久了，即使用高妙的理论挨家挨户去劝导，终究也不能使他们改变。所以，最好的做法是顺其自然，其次是因势利导，再其次是进行教育，再其次是制定规章，而最坏的做法是与民争利。

夫山西饶材、竹、旄[①]（máo）、玉石，山东多里、盐、漆、丝、声色，江南出楠、梓（zǐ）、姜、桂、金、锡、连[②]、丹沙[③]、犀、玳瑁[④]、珠玑[⑤]、齿、革，龙门、碣石北多马、牛、羊、旃[⑥]、裘、筋、角[⑦]，铜、铁则千里往往山出置。此其大较也。皆中国人民所喜好，谣俗被服饮食奉生送死之具也。故待农而食之，虞[⑧]而出之，工而成之，商而通之。此宁有政教发征期会哉？人各任其能，竭其力，以得所欲。故物贱之征贵，贵之征贱，各劝其业，乐其事，若水之趋下，日夜无休时，不召而自来，不求而民出之。岂非道之所符，而自然之验邪？

【注释】

①旄：旄牛，其尾有长毛，可供旗帜装饰之用。②连：同"链"，铅矿石。③丹沙：同"丹砂"，矿物名，俗称朱砂。④玳瑁：龟类，其甲为名贵的装饰品。⑤玑：不圆的珠子。⑥旃：同"毡"。⑦筋、角：兽筋，兽角，可用以制造弓弩。⑧虞：掌管山林川泽出产的官，此指开发山林川泽的人。

【译文】

太行山以西出产木材、竹子、族牛尾、玉石，太行山以东盛产鱼、盐、漆、丝、歌舞女色，江南出产楠树、梓树、生姜、桂皮、金、锡、铅、朱砂、犀角、玳瑁、珠玑、象牙、皮革，龙门、碣石以北盛产马、牛、羊、毡、裘、筋、角，至于铜、铁则分布在千里疆土上的山中出产，这是大概情形。这都是中原地区人民喜爱的必需品，通常用来做穿着、吃喝、养生送死的东西。所以说大家都靠农民耕种才有吃的，靠虞人开采山中资源，靠工人做成各种器具，靠商人贸易使货物流通。这难道还要有政治教令征求百姓按期集会来完成吗？人们各按其能力干自己的工作，尽自己的力量，来满足自己的欲望。因此东西贱是贵的征兆，东西贵是贱的征兆，这就刺激各行各业的人努力从事自己的职业，以自己的工作为乐趣，就如同水往低处流一样，昼夜不停，用不着召唤他们自己会送来，东西用不着寻求，人们自会生产。这难道不是合乎规律的，而自然就是如此的证明吗？

《周书》曰："农不出则乏其食，工不出则乏其事，商不出则三宝绝，虞不出则财匮少。"财匮少而山泽不辟①矣。此四者，民所衣食之原②也。原大则饶，原小则鲜。上则富国，下则富家。贫富之道，莫之夺予，而巧者有余，拙者不足。故太公望③封于营丘，地潟（xì）卤④，人民寡。于是太公劝其女功，极技巧，通里盐。则人物归之，繦至而辐凑⑤。故齐冠带衣履天下，海岱之闲敛袂而往朝焉。其后齐中衰，管子修之，设轻重九府。则桓公以霸，九合诸侯匡天下，而管氏亦有三归⑥，位在陪臣⑦，富于列国之君。是以齐富强至于威宣⑧也。

【注释】

①辟：开发。②原：同"源"。③太公望：姜尚，相传他姓姜，名尚（一名望），字子牙，其先人封在吕地，故又称吕尚。他佐武王伐纣。④潟卤：不生长谷物的盐碱地。⑤繦至：用襁褓背着孩子来。繦：通"襁"，婴儿的被子。辐凑：像车轮的辐条一样络绎不绝地归聚在一起。⑥三归：按常例应归公室所有的市租。⑦陪臣：诸侯之大夫对天子自称陪臣。⑧威宣：齐威王、齐宣王。

【译文】

《周书》上说："农民不生产，就缺乏粮食；工人不生产，就缺乏器物；商人不做买卖，吃、用、钱财这三宝就会断绝；虞人不开发山泽，资源就会短缺。"资源匮乏了，山泽就不能进一步开发。农、工、商、虞这四种人的生产，是人民衣食的来源。来源大就富足，来源小就贫困。来源大对上可以使国家富强，对下可以使家庭富裕。或贫或富，没有谁能剥夺或施予，但机敏的人总是财富有余，愚笨的人往往衣食不足。所以姜太公被封在营丘时，那里多是盆碱洼地，人烟稀少，于是姜太公鼓励妇女纺织刺绣，极力提倡工艺技巧，把鱼类、海盐贩运到其他地区，结果别国的人和财物纷纷流归于齐国，老百姓用襁褓背着孩子络绎不绝地归聚到那里，真如同车辐凑集于车毂似的。因而齐国产的冠带衣履行销天下，东海和泰山之间的各小国，都拱手敛袖恭恭敬敬地来齐国朝见。后来齐国中途衰弱，管仲又修订了太公的政策，设立了调节物价出纳货币的九府。齐桓公借此称霸，多次会合诸侯，使天下政治得到匡正，而管仲自己也收取市租，虽处陪臣之位，却比列国的君主还要富足。

因此，齐国的富强一直延续到齐威王、齐宣王时代。

故曰："仓廪[①]实而知礼节，衣食足而知荣辱。"礼生于有而废于无。故君子富，好行其德；小人富，以适其力。渊深而里生之，山深而兽往之，人富而仁义附焉。富者得执益彰，失执则客无所之，以而不乐。夷狄益甚。谚曰："千金之子，不死于市。"此非空言也。故曰："天下熙熙[②]，皆为利来；天下壤壤[③]，皆为利往。"夫千乘之王，万家之侯，百室之君，尚犹患贫，而况匹夫编户[④]之民乎！

【注释】

①廪：米仓。②熙熙：安乐的样子。③壤壤：同"攘攘"，形容纷乱。④编户：编入户口册。

【译文】

所以说："仓库充实老百姓才能懂得礼节，衣食丰足老百姓才能分辨荣辱。"礼仪产生于富有时而废弃于贫困时。所以君子富了，才肯施恩德；平民富了，才能调节自己的劳力。水深，鱼会聚集；山深，兽会奔去；人富了，仁义自然归附。富人得势，声名就更显著；一旦失势，就如同客居的人一样没有归宿，因而不快活。在夷狄外族，这种情况更厉害。俗话说："家有千金的人，不会死在市上。"这不是空话。所以说："天下的人乐融融，都是为财利而来；天下的人闹嚷嚷，都是为财利而往。"兵车千辆的国君，食邑万户的诸侯，食禄百户的大夫，尚且还都怕穷，更何况普通的平民百姓呢！

【开篇有益】

1. 词语积累：

矜、玳瑁、潟卤、辐凑、三归、廪

2. 文化常识：

刍豢：指牛羊猪狗等牲畜，泛指肉类食品。

陪臣：负责内务及保安事务的大臣，与"重臣(文臣、武臣)"相对。

熙熙攘攘：形容人来人往，非常热闹拥挤。

3. 读后有感：

从今天的眼光来看待司马迁在《史记·货殖列传》里表达的经济思想，无论如何赞誉也不为过。作为一个历史学家，司马迁还具有那么清晰的经济自由的思想，他关于经济活动以及商人的看法对当下中国也是有极大借鉴意义的。在政府和民间经济的关系上，像"故善者因之，其次利导之，其次教诲之，其次整齐之，最下者与之争"这样的观点在时下中国听来也有振聋发聩之感。司马迁的这个经济自由的思想影响了历代中国人，并且还会继续影响下去。他的民本的思想以及对商人求利平和开放的心态，已经构成了中国传统思想很重要的一部分。

孔子世家赞[①]

太史公[②]曰：《诗》有之："高山仰止，景行行止[③]。"虽不能至，然心乡[④]往之。余读孔氏书，想见其为人。适[⑤]鲁，观仲尼庙堂车服礼器，诸生以时习礼其家，余祗（zhī）回[⑥]留之不能去云。天下君王至于贤人众矣，当时则荣，没则已焉。孔子布衣，传十余世，学者宗之。

自天子王侯，中国言《六艺》者折中⑦于夫子，可谓至圣矣！

【注释】

①本文是《史记·孔子世家》的赞，是作者对孔子的评论。《史记》一百三十篇，每篇最后都以“太史公曰”的形式对所记历史人物或事件加以评论，一般称为赞。赞，文体名。②太史公：司马迁以官名自称。③高山仰止，景行行止：高山，喻高尚德行。仰：仰慕、向往。止：语助词。景行：大路，指行为正大光明，常喻以崇高品行之意。后以“高山景行”比喻崇高的德行。④乡：通“向”。⑤适：往。⑥祗回：相当于“低回”。流连，盘桓。祗，恭敬。⑦折中：调和取证。

【译文】

太史公说：《诗经》有这样的话：“巍峨的高山令人仰望，宽阔的大路让人行走。”我虽然不能到达那里，然而内心一直向往它。我读孔子的书，心里总想象着他的为人。到了鲁国，观看孔子宗庙里陈列的车辆服装礼乐器物，许多儒生按时到他家里演习礼仪，我徘徊留恋舍不得离开。天下的君王以及贤人是很多的，生前都荣耀一时，死后也就完了。孔子是一个平民，传世十几代，读书的人都尊崇他。从天子王侯到全国研究《六经》的人，都以孔子的学说作为准则，孔子可以说是道德学问最高尚的人了！

【开篇有益】

1. 词语积累：

景行、适、折中

2. 文化常识：

六艺：指的是礼、乐、射、御、书、数六种技能。

布衣：指平民百姓的最普通的廉价衣服。

3. 读后有感：

《孔子世家赞》是《史记·孔子世家》的结束语。孔子原本不是王侯将相，但司马迁却把他列入“世家”。他不是完全按照官本位来处理历史人物，他把孔子当作古代的圣人来看待，这说明司马迁颇具远见与卓识。在写作手段方面，此文为虚实结合。开篇引用《诗经》的话，抒发作者的感慨，乃是凭虚而起，中间部分叙写在孔子故居的所见与感受，结尾部分用“可谓至圣矣”来作结论，令人信服。

第二节　班固与《汉书》

一、作者简介

班固（32 年—92 年），字孟坚，扶风安陵（今陕西咸阳）人，东汉著名史学家、文学家。班固出身儒学世家，其父班彪、伯父班嗣，皆为当时著名学者。在父祖的熏陶下，班固九岁即能属文，诵诗赋，十六岁入太学，博览群书，于儒家经典及历史无不精通。

建武三十年（54 年），班彪过世，班固从京城洛阳迁回老家居住，开始在班彪《史记后传》的基础上，撰写《汉书》，前后历时二十余年，于建初中基本修成。汉和帝永元元年（89 年），大将军窦宪率军北伐匈奴，班固随军出征，任中护军，行中郎将，参议军机大事，大败北单于后撰下著名的《封燕然山铭》。后窦宪因擅权被杀，班固受株连，死于狱中，时年六十一岁。

班固一生著述颇丰。作为史学家，《汉书》是继《史记》之后中国古代又一部重要史书，“前四史”之一；作为辞赋家，班固是“汉赋四大家”之一，《两都赋》开创了京都赋的范例，列入《文选》第一篇；同时，班固还是经学理论家，他编辑撰成的《白虎通义》，集当时经学之大成，使谶纬（chèn wěi）神学理论化、法典化。

二、作品简介

《汉书》，又称《前汉书》，由我国东汉时期的历史学家班固编撰，是中国第一部纪传体断代史，“二十四史”之一。《汉书》开创了“包举一代”的断代史体例。《汉书》以史家之笔，记录西汉一代的历史，对汉代统治集团的昏庸残暴，对上层社会的炎凉冷暖，对社会危机和民生疾苦，对有功于社会的仁人志士，均有比较客观真实地反映，寄寓着作者的爱憎和批判。从传记文学来看，《汉书》写出了不少出色的人物传记，虽然只是具体地描写事实、人物的言行，却也常常能够显示出人物的精神面貌。《汉书》在语言上详赡严密，工整凝练，倾向排偶，又喜用古字，重视藻饰，崇尚典雅。

三、经典诵读

张骞传

张骞，汉中人也。建元中为郎。时匈奴降者言匈奴破月氏[①]王，以其头为饮器，月氏遁而怨匈奴，无与共击之。汉方欲事灭胡，闻此言，欲通使，道必更[②]匈奴中，乃募能使者。

骞以郎应募，使月氏。与堂邑氏奴甘父俱出陇西。径[3]匈奴，匈奴得之，传[4]（zhuàn）诣单于。单于曰："月氏在吾北，汉何以得往使？吾欲使越，汉肯听我乎？"留骞十余岁，予妻，有子，然骞持汉节[5]不失。

【注释】

①月氏：原住敦煌、祁连山一代，汉文帝时被匈奴老上单于击败西走，到达今阿姆河流域建立王朝，称大月氏。②更：经过。③径：途径，取道。④传：转送到，移送到。⑤汉节：汉朝使臣的出使凭证，用竹做竿，饰以羽或毛。

【译文】

张骞是汉中人。建元年间被任命为郎官。那时匈奴投降过来的人说匈奴攻破月氏王，并且用月氏王的头颅做酒器，月氏因此逃避而且怨恨匈奴，就是苦于没有人和他们一起打击匈奴。汉王朝正想从事消灭匈奴的战争，听说此言，就想派人出使月氏，可匈奴国又是必经之路，于是就招募能够出使的人。张骞以郎官的身份应募，出使月氏。与堂邑氏的甘父一起离开陇西。途经匈奴，被匈奴人截获，送到单于那里。单于说："月氏在我的北边，汉朝人怎么能往那儿出使呢？我想派人出使南越，汉朝肯任凭我们的人经过吗？"扣留张骞十多年，给他娶妻生子，然而张骞仍持汉节不失使者身份。

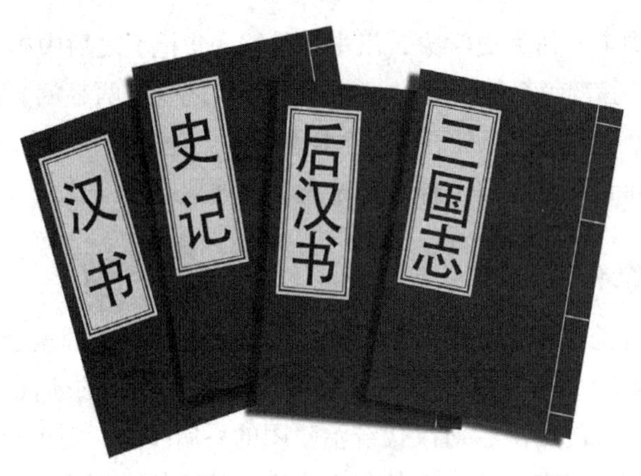

图 6-2-1　四大史书

居匈奴西，骞因与其属亡乡月氏，西走数十日，至大宛（yuān）。大宛闻汉之饶[1]财，欲通不得，见骞，喜，问欲何之。骞曰："为汉使月氏，而为匈奴所闭道，今亡，唯王使人道送我。诚得至，反汉，汉之赂遗[2]王财物，不可胜言。"大宛以为然，遣骞，为发译道[3]，抵康居[4]。康居传致大月氏。大月氏王已为胡所杀，立其夫人为王。既臣大夏而君之，地肥饶，少寇[5]，志安乐，又自以远远汉，殊无[6]报胡之心。骞从月氏至大夏，竟不能得月氏要领。留岁余，还。并南山，欲从羌中[7]归，复为匈奴所得。留岁余，单于死，国内乱，骞与胡妻及堂邑父俱亡归汉。拜骞太中大夫，堂邑父为奉使君。

【注释】

①饶：富裕、多。②赂遗：赠送或行贿的财物。③发译道：派遣翻译和向导。④康居：古代中亚国名。⑤寇：侵扰。⑥殊无：全没有。⑦羌中：我国古代西部羌族居住的地方。

【译文】

因居住在匈奴西部，张骞趁机带领他的部属一起向月氏逃亡，往西跑了几十天，到了大宛。大宛听说汉朝财物丰富，想和汉朝交往找不到机会，见到张骞非常高兴，问他要到哪里去。张骞说："替汉朝出使月氏，而被匈奴封锁道路不让通行，现在逃亡到贵国，希望大王能派人带路，送我们去。果真能够到达月氏，我们返回汉朝后，汉朝送给大王的财物，一定多得不可尽言。"大宛认为可以，就送他们去，并为他们派遣了翻译和向导，送到康居。康居用传车将他们送到大月氏。原来的大月氏王已被匈奴所杀，立了他的夫人为王。大月氏已经使大夏臣服并统治着它，那里土地肥沃，出产丰富，没有侵扰，心境悠闲安乐，又自认为距离汉朝遥远而不想亲近汉朝，全然没有向匈奴报仇的意思。张骞从大月氏到大夏，始终得不得大月氏王明确的表示。逗留一年多后，只得返程。沿着南山，想从羌人居住的地方回到汉朝，又被匈奴截获。扣留一年多，碰巧单于去世了，匈奴国内混乱，张骞便带着他匈奴籍的妻子以及堂邑甘父一起逃回到了汉朝。朝廷授予他太中大夫官职，堂邑甘父也当上了奉使君。

骞为人强力，宽大信人[①]，蛮夷爱之。堂邑父，胡人，善射，穷急[②]，射禽兽给[③]食。初，骞行时百余人，去十三岁，唯二人得还。

骞身所至者，大宛、大月氏、大夏、康居，而传闻其旁大国五六，具[④]为天子言其地形所有。语皆在《西域传》。

【注释】

①信人：对人有信用。②穷急：穷困，急迫。③给：供给。④具：全。

【译文】

张骞这个人性格坚强而有毅力，度量宽大，对人讲信用，匈奴人很喜爱他。堂邑甘父是匈奴人，善于射箭，处境窘迫的时候就射捕野兽来供给食用。当初，张骞出发时有一百多人，离汉十三年，只有他们二人得以回还。

张骞亲身到过的地方有大宛、大月氏、大夏、康居等国，并且听说了这些国家邻近的五六个大国的情况。他向皇帝禀告了这些地方的地形和物产。张骞所说的话都记载在《西域传》中。

骞曰："臣在大夏时，见邛（qióng）竹杖、蜀布，问安得此，大夏国人曰：'吾贾人往市之身毒国[①]。身毒国在大夏东南可数千里。其俗土著，与大夏同，而卑湿暑热，其民乘象以战。其国临大水焉。'以骞度[②]之，大夏去汉万二千里，居西南。今身毒又居大夏东南数千里，有蜀物，此其去蜀不远矣。今使大夏，从羌中，险，羌人恶之；少北，则为匈奴所得；从蜀，宜径[③]，又无寇。"天子既闻大宛及大夏、安息之属皆大国，多奇物，土著，颇与中国同俗，而兵弱，贵[④]汉财物；其北则大月氏、康居之属，兵强，可以赂遗设利朝也。

诚得而以义属之，则广地万里，重九译，致殊俗⑤，威德遍于四海。天子欣欣以骞言为然。乃令因蜀、犍为发间使⑥，四道并出：出駹（máng），出莋（zuó），出徙、邛，出僰（bò），皆各行一二千里。其北方闭氐、筰，南方闭巂、昆明。昆明之属无君长，善寇盗，辄杀略汉使，终莫得通。然闻其西可千余里，有乘象国，名滇越，而蜀贾间出物者或至焉，于是汉以求大夏道始通滇国。初，汉欲通西南夷，费多，罢之。及骞言可以通大夏，乃复事西南夷。

【注释】

①身毒国：印度的古译名。②度：忖度。③径：径直，道路直而近。④贵：看重。⑤致殊俗：使不同习俗的人到来。致：招引，使到来。⑥发间使：秘密使者。

【译文】

张骞说："我在大夏时，见到邛崃山出产的竹杖和蜀地出产的布，我问他们是从哪里得到这些东西的，大夏人说：'我们的商人去身毒国买来的。身毒国在大夏东南大约几千里的地方。他们的习俗是定土而居，和大夏一样，但地势低湿暑热，他们的百姓骑着大象作战。他们的国土靠近恒河呢。以我推测地理方位看，大夏离汉朝一万二千里，在西南边。现在身毒又在大夏东南几千里，有蜀地的东西，这表明身毒离蜀地不远了。现在出使大夏，要经过羌人的居住地，路不好走，羌人讨厌我们；稍微往北，就会被匈奴抓获；从蜀地去，该会是直路，又没有干扰。"皇帝知道了大宛及大夏、安息等国都是大国，有很多珍奇宝物，又是定土而居，和汉朝的习俗大致相同，而且兵力弱小，看重汉朝财物；他们的北面就是大月氏、康居等国，兵力强大，可以用赠送财物、施之以利的办法让他们朝拜汉朝。果真能够施用恩谊使他们归附汉朝的话，就可以扩展很多领土，一直到达要经过多次翻译才能听懂话的远方，招来不同习俗的人，在四海之内遍布威望和恩德。皇帝非常高兴，认为张骞说很对。于是命令由蜀郡、犍为郡派出秘密使者，四条路线一同出发：从冉駹，从莋都，从徙和邛都，从僰，各路都走了一两千里。往北路去的使者被氐、莋阻拦住了，南去的使者又被巂、昆明阻拦住了。昆明的少数民族没有君王，喜欢抢劫偷盗，总是杀害和抢劫汉朝使者，始终没有人能通过。但听说昆明的西边大约一千多里路有一个骑象的国家，名叫滇越，而蜀郡商贾私自贩运货物的有人到过那里，于是汉朝由于探求通往大夏的道路才和滇越国有了往来。当初，汉朝想和西南各民族往来，但麻烦很多，就停止了。直到张骞说可以由此通往大夏，才又开始从事和西南各民族建立关系。

骞以校尉从大将军击匈奴，知水草处，军得以不乏，乃封骞为博望侯①。是岁，元朔六年也。后二年，骞为卫尉，与李广俱出右北平击匈奴。匈奴围李将军，军失亡多，而骞后期，当斩，赎为庶人。是岁骠骑将军②破匈奴西边，杀数万人，至祁连山。其秋，浑邪③王率众降汉，而金城、河西并南山至盐泽，空，无匈奴。匈奴时有候④者到，而希矣。后二年，汉击走单于于幕⑤北。

【注释】

①博望侯：张骞的封爵。②骠骑将军：汉代将军名号，位仅次于大将军，这里指霍去病。

③浑邪：汉朝时匈奴西部的部落名。④候：斥候，侦查的人。⑤幕：通“漠”。

【译文】

张骞以校尉的身份随从大将军卫青攻打匈奴，他知道水源和有牧草的地方，军队能够因此减少困乏，于是朝廷封张骞为博望侯。这一年是元朔六年。又过了两年，张骞担任卫尉，与李广一起从右北平出发攻打匈奴。匈奴围住了李将军，军队损失逃亡的很多，张骞由于晚于约定的日期到达，判处斩头，他用爵位赎免死罪，成为普通平民。这一年，骠骑将军攻破匈奴西部，杀敌几万人，一直打到了祁连山。这年的秋天，浑邪王率领部下投降了汉朝，因而金城、黄河以西沿着南山直到盐泽一带无人居住，没有匈奴侵扰。匈奴常有侦察人员到这一带来，然而人数很少了。又过了两年，汉朝把单于打跑到漠北去了。

天子数问骞大夏之属。骞既失侯，因曰：“臣居匈奴中，闻乌孙[①]王号昆莫。昆莫父难兜靡本与大月氏俱在祁连、敦煌间，小国也。大月氏攻杀难兜靡，夺其地，人民亡走匈奴。子昆莫新生，傅父布就翕（xī）侯[②]抱亡，置草中。为求食，还，见狼乳之[③]，又乌衔肉翔[④]其旁，以为神。遂持归匈奴，单于爱养之。及壮，以其父民众与昆莫，使将兵，数有功。日寸，月氏已为匈奴所破，西击塞王。塞王南走远徙，月氏居其地。昆莫既健，自请单于报父怨，遂西攻破大月氏。大月氏复西走，徙大夏地。昆莫略其众，因留居，兵稍强。会单于死，不肯复朝事匈奴。匈奴遣兵击之，不胜，益以为神而远之。今单于新困于汉，而昆莫地空。蛮夷恋故地，又贪汉物。诚以此时厚赂乌孙，招以东居故地，汉遣公主为夫人，结昆弟[⑤]，其势宜听。则是断匈奴右臂也。既连乌孙，自其西大夏之属皆可招来而为外臣。”天子以为然，拜骞为中郎将，将三百人，马各二匹，牛羊以万数，赍金币帛直数千巨万，多持节副使，道可，便遣之旁国。骞既至乌孙，致赐谕指，未能得其决。语在《西域传》。骞即分遣副使使大宛、康居、月氏、大夏。乌孙发译道送骞，与乌孙使数十人，马数十匹，报谢，因令窥汉，知其广大。

【注释】

①乌孙：少数民族名。②傅父：负责教育和奉养王子的人。布就翕侯：傅父的官号。③乳之：给他吃奶。④乌衔肉翔：乌鸦衔着肉回旋地飞。⑤昆弟：兄和弟，此指结为兄弟。

【译文】

皇帝多次问张骞大夏等国的情况。张骞已失去爵位，就回答说：“我住在匈奴时，听说乌孙王叫昆莫。昆莫的父亲难兜靡本来与大月氏都在祁连和敦煌之间，是个小国。大月氏攻击并杀了难兜靡，夺取了他的土地，乌孙百姓逃亡到匈奴。当时他儿子昆莫刚刚出生，傅父布就翕侯抱着昆莫逃跑，把他藏在草丛里。傅父给昆莫去寻找吃的，回来时看见狼在给他奶吃，还有乌鸦叼着肉在他旁边飞翔，以为他有神助。于是带着他归附了匈奴。单于很喜爱他就收养了他。等他长大后，把他父亲原来的百姓交给他，叫他带兵，结果屡建功劳。当时，大月氏已被匈奴所攻破，大月氏便往西攻打塞王。塞王向南逃跑迁徙到很远的地方去了，大月氏就占据了塞王原来的地方。昆莫成人后，自己向单于请求报杀父之仇，使出兵西边攻破大月氏。大月氏再往西逃跑，迁徙到大夏的地方。昆莫夺得了大月氏百姓，就留居在大月氏领土上，兵力渐渐强大。这时正碰上单于去世了，他不肯再朝拜侍奉匈奴。匈奴派军队攻打他，不能取胜，更认为他有神助而远远地避开他。现在单于刚被我们所困，而且乌孙故地又是空着的。乌孙这个民族的人留恋故乡，又贪图汉朝的物产。如果在这时把大量财物赠给乌孙，用他们在东边居住过的老地方来招引他们，汉朝还可派遣公主给昆莫作夫人，与他结为兄弟，以这样的情势看，乌孙该会听从我们。那么这就好像截断了匈奴的右臂。联合乌孙之后，在乌孙以西的大夏等国就都可以招来成为我们境外的臣民。”皇帝认为他的话有道理，授予他中郎将官职，率领三百人，每人两匹马，牛羊数以万计，带的金银、礼品价值几千万，还带了许多持节副使，如果道路可以通行，就派遣这些副使到附近的国家去。张骞到乌孙国以后，把汉帝的赏赐送给乌孙王并传达了汉帝旨意，但没得到乌孙王确定的回复。这些话都记载在《西域传》中。张骞及时分遣副使出使大宛、康居、大月氏、大夏等国。乌孙王派遣翻译和向导送张骞回汉朝，同时还派了乌孙使者几十人，马几十匹，来答谢汉帝，乘机让他们窥伺汉朝，了解到汉朝地域广大。

骞还，拜为大行①。岁余，骞卒。后岁余，其所遣副使通大夏之属者皆颇与其人俱来，于是西北国始通于汉矣。然骞凿空②，诸后使往者皆称博望侯，以为质③于外国，外国由是信之。其后，乌孙竟与汉结婚。

【注释】

①大行：即大行令，九卿之一，负责掌管国内各兄弟民族事务和接待外宾。②凿空：凿开通道，指张骞开了通西域的道路。③为质：取信。质：诚信。

【译文】

张骞回来后，朝廷授予他大行令官职。过了一年多，张骞去世。又过了一年多，他所派遣出使大夏等国的副使几乎都和所出使之国的使者一起来汉。从这时起西北各国开始与汉朝相来往了。因张骞开辟了通往西域的道路，后来许多使者出使国外也都称作博望侯，以此来取信于外国，外国人也因此信任他们。这以后，乌孙王最终还是与汉朝通婚了。

【开篇有益】

1. 词语积累：

更、寇、殊、信、穷、具、度、质

2. 文化常识：

月氏：“月氏”是古代游牧民族。

骠骑将军：汉武帝元狩二年 (前 121 年) 始置，以霍去病为之，金印紫绶，位同三公。东汉各代沿置后，有时加 ' 大 '，可称 " 骠骑大将军 "。骠骑将军为二品或从一品，一般低于大将军，(西汉霍去病任骠骑将军，俸禄与大将军等)。

3. 读后有感：

漫漫黄沙，悠悠驼铃，望着那曲折蜿蜒、通向天边的丝绸古道，眼前似乎出现跋涉西行的人马。古代杰出的外交家张骞两次出使西域，冒着飞沙走石，尝尽严寒酷暑，经过被俘囚禁长达十多年的艰辛坎坷，终于开通了丝绸之路，使大汉和西域两地的文化物质得以

传播交流。从此，汉朝和西域结为一家，互通往来，为中国的强盛做出了巨大贡献。张骞通西域，不仅对后来形成的“丝绸之路”起到了开创作用，还发展了我国和中亚、西亚等许多国家的友好关系，促进了东西方经济文化的交流。这说明在两千多年以前，中国人民就为世界人民的团结合作作出了积极的贡献。

终军传

终军，字子云，济南人也。年十八，选为博士[①]弟子。太守甚奇之[②]，与交结，军揖[③]太守而去。至长安上书言事，武帝异其文，拜军为渴者给事中[④]。初，军从济南步行入关，关吏予繻[⑤]。军曰：“以此何为？”吏曰：“为复传[⑥]，还当以合符。”军曰：“大丈夫西游，终不复传还。”弃繻而去。

【注释】

①博士：古代学官名。②奇之：认为他是奇才。奇：形容词的意动用法。③揖：作揖。④给事中：官职名。⑤繻：用作通行的帛。⑥传：凭证。

【译文】

终军，字子云，是济南人。他十八岁时，就被选为博士弟子。太守认为他是奇才，就与他结交，终军给太守行了拱手礼节后就离开了。到长安上书谈国家大事，汉武帝认为他的文章与众不同，任命他为谒者给事中。当初，终军从济南步行进函谷关，守关官吏给他一块布帛。终军说：“拿这东西有什么用？”那个官吏说：“这是返回的凭证，回来时应该拿它合符。”终军说：“大丈夫到国都游历，决不返回。”丢下布帛就走了。

徐偃使行风俗，偃矫制[①]，使胶东、鲁国鼓铸盐铁。御史大夫张汤劾[②]偃矫制大害，法至死。偃以为大夫出疆，有可以安社稷，存万民，专之可也。有诏下军问状，军诘[③]偃曰：“古者诸侯国异俗分，百里不通，时有聘会之事，安危之势，呼吸成变，故有不受辞造命专己之宜；今天下为一，万里同风。偃巡封城之中，称以出疆，何也？且盐铁，郡有余藏，国家不足以为利害，而以安社稷存万民为辞，何也？偃直矫作威福，以从民望，干[④]名采誉，此明圣所必加诛也。”偃穷诎[⑤]（qū）。当发使匈奴，军自请曰：“军无横草[⑥]之功，得列宿卫[⑦]，食禄五年。边境时有风尘之警，臣宜被坚执锐，当矢石，启前行。驽下不习金革之事，今闻将遣匈奴使者，臣愿尽精厉气，奉佐明使，画吉凶于单于之前。臣年少材下，孤于外官，不足以亢一方之任，窃不胜愤懑。”上奇军对，擢为谏议大夫。

【注释】

①矫制：假托、假传帝王的命令。②劾：揭发罪状。③诘：责问，追问。④干：求取。⑤诎：言语钝拙。⑥横草：使草倒下。⑦宿卫：宫中侍卫。

【译文】

徐偃被派出巡视风俗民情，他假托皇帝的命令，让胶东、鲁国一带熬盐炼铁。御史大夫张汤弹劾徐偃假托皇帝的命令危害极大，依法应判死罪。徐偃认为大夫出京都公干，有关国家安定、万民生存的事情，可以独断专行。皇帝下诏终军审问，终军责问徐偃：“古时候诸侯各国情民情不同，百里之间不通消息，时常有访问会盟的事情，国家安危，瞬息万变，所以可以不受君命而独断行事；现在天下统一，到处一样。你在国家疆域中巡视，说是出国，这是为什么？况且，盐铁，那些郡都有积蓄，国家也不靠熬盐炼铁得到好处，你却拿使国家安定、万民生存为借口，这是为什么？你竟然假托皇帝的命令作威作福，来迎合百姓的心意，求取个人的名誉，对这样的作为皇帝一定加以惩罚的。”徐偃理屈词穷。当委派使者前往匈奴时，终军主动请示说：“我没有驰骋疆场的功劳，却担任宫中侍卫，白吃了五年俸禄。边境时常有警报，我应该穿坚甲拿利器，冒流箭、飞石，冲锋在前。我不熟悉军事，今天听说要派遣赴匈奴的使者，我愿意振作精神全力以赴，辅佐使者，在单于面前讲明是非利害。我年轻低能，不熟悉位臣之积，不足以胜任使者之职，我心中对自己有难以承受的郁闷怨恨。”皇帝觉得他的话很不一般，就升为谏议大夫。

南越与汉和亲。乃遣军使南越，说其王，欲令入朝，比内诸候。军自请曰:“愿受长缨[①]，必羁南越王而致之阙[②]下。”军遂往说越王，越王听许，请举国内属。越相吕嘉不欺内属，发兵攻杀其王及汉使者，皆死。军死时年二十余，故世谓之“终童”。

【注释】

①缨：驾车时套在马颈上的绳子。②阙：皇宫前面两边的楼台，中间空缺为道路。

【译文】

南越与汉朝和亲，皇帝就派终军出使南越，说服南越王，想让他来朝拜，作汉朝诸侯国。终军主动请求说：“我希望得到一根长绳，一定捆住南越王带他到朝廷。”于是终军前往游说南越王，南越王听信了终军，答应举国附属汉朝。南越宰相吕嘉不愿归顺，便发兵攻击南越王及汉朝使者，他们都被杀害。终军死时年仅二十多岁，所以世人称他为“终童”。

【开篇有益】

1. 词语积累：

奇、娇、劾、诘、干、阙

2. 文化常识：

请缨：意思是指请求给他一根长缨，比喻主动请求担当重任。

3. 读后有感：

王勃在《滕王阁序》说:“勃，三尺微命，一介书生。无路请缨，等终军之弱冠；有何投笔，慕宗悫之长风。”请缨，请求皇帝赐给长缨，后来用“请缨”指投军报国。

终军一生中最重要的外交活动是为国请缨，出使南越。从此，“请缨”便成为为国勇担重任的代用语，直至今天仍然沿用，说明终军请缨报国精神的深远影响。

第三节　范晔与《后汉书》

一、作者简介

范晔（398年—445年），南朝宋史学家，字蔚宗，顺阳（今河南南阳淅川县）人。官至左卫将军，太子詹事。宋文帝元嘉九年（432年），范晔因为“左迁宣城太守，不得志，乃删众家《后汉书》为一家之作”，开始撰写《后汉书》，至元嘉二十二年（445年）以谋反罪被杀，写成了十纪，八十列传。原计划作的十志，未及完成。今本《后汉书》中的八志三十卷，是南朝梁刘昭从司马彪的《续汉书》中抽出来补进去的。

二、作品简介

《后汉书》是一部记载东汉历史的纪传体史书，由我国南朝宋时期的历史学家范晔编撰。《后汉书》最显著的是观点鲜明，褒贬一语见的。作者不为那些无所作为的大官僚立传，而为许多“操行俱绝”的“一介之夫”写传，充分地表明了他爱憎分明的态度。《后汉书》以犀利的笔锋评判是非，表彰刚正，贬斥奸恶而嘲笑昏庸，更是一大优点。

三、经典诵读

班彪传

班彪字叔皮，扶风安陵人也。彪性沈重好古。年二十馀，更始①败，三辅大乱。时隗（wěi）嚣拥众天水，彪乃避难从之。嚣问彪曰：“往者周亡，战国并争，天下分裂，数世然后定。意者从横之事复起于今乎？将承运②迭兴，在于一人也？愿生试论之。”对曰：“周之废兴，与汉殊异。昔周爵五等，诸侯从政，本根既微，枝叶强大，故其末流有从横之事，势数然③也。汉承秦制，改立郡县，主有专已之威，臣无百年之柄④。至于成帝，假借外家，哀、平短祚⑤，国嗣三绝，故王氏擅朝，因窃号位。危自上起，伤不及下，是以即真⑥之后，天下莫不引领⑦而叹。十余年间，中外搔扰，远近俱发，假号云合，咸称刘氏，不谋同辞。方今雄桀⑧带州域者，皆无七国世业之资，而百姓沤吟，思仰汉德，已可知矣。”嚣曰：“生言周、汉之势可也；至于但见愚人习识刘氏姓号之故，而谓汉家复兴，疏矣。昔秦失其鹿，刘季逐而羁之，时人复知汉乎？”

【注释】

①更始：汉更始帝刘玄的年号。②承运：承受天命。③数然：必然。④柄：树柄、权利。⑤短祚：在位年限短。祚：通“阼”，封建帝王登阼阶以主持祭祀，以“阼”指帝位。⑥即真：

由摄政或监国而正式就帝位。⑦引领：伸长脖子。⑧雄桀：英雄豪杰。

【译文】

班彪，字叔皮，扶风安陵人。班彪性格沉重喜好古代文化。二十多岁时，正值更始败逃，京城附近大乱。当时隗嚣带领众人在天水起事，班彪跟着他避难。隗嚣问班彪："从前周朝灭亡，战国纷争，天下分裂，经过几代才得安定。是合纵连横的事又将出现在今天呢，还是承受天命，在某一人身上呢？望先生谈谈看法。"班彪答道："周朝的废兴与汉朝不同。从前周朝分爵位五等，诸侯各自为政，正像一棵大树，本根很弱小枝叶很茂盛，所以到后来出现合纵连横的事，是形势促使它那样。汉朝继承秦朝制度，改立郡县制，国君有专制的权威，臣下无百年的权柄。到了成帝，假借外戚势力，哀帝、平帝在位时间很短，三帝无子，所以王莽篡位，窃取国位年号。危险来自上边，伤害不及下面，所以王莽真正篡位后，天下人没有不伸着脖子叹息的。十多年间，中外发生搔扰，远近都在行动，各自打着刘氏的旗号会合响应，不谋而合众口一词。现在英雄豪杰统治各州县的，都没有像七国传统的资本，可百姓却同声赞颂，想念汉朝的恩德，发展趋势已可想而知了。"隗嚣道："先生分析周朝与汉朝的形势是对的；至于只看到愚蠢百姓习惯刘氏姓号的缘故，而说汉家一定复兴，就不见得了。从前秦朝失去天下好比一只鹿逃走了，刘邦追鹿到手，当时人有谁知道汉朝呢？"

彪既疾[①]嚣言，又伤时方艰，乃著《王命论》，以为汉德承尧，有灵命之符[②]，王者兴祚，非诈力所致，欲以感之，而嚣终不寤[③]，遂避地河西。河西大将军窦融以为从事，深敬待之，接以师友之道。彪乃为融画策事汉，总[④]西河以拒隗嚣。

【注释】

①疾：痛恨。②符：符命，祥瑞的征兆。③寤：醒悟。④总：总领，带领。

【译文】

班彪一方面痛恨隗嚣的狂言，一方面又感叹时局艰难，于是著一篇《王命论》，认为汉德是继承唐尧，有灵验的王符作证，王者登上宝座，不是凭欺诈能成功，想用这来感动隗嚣，可是隗嚣始终不觉悟，于是避走河西。河西大将军窦融用他作从事，十分恭敬地待他，用师友之道接待。班彪就替窦融出谋划策，敬事汉朝，总领西河一带来抗拒隗嚣。

及融征还京师，光武问曰："所上章奏，谁与参[①]之？"融对曰："皆从事班彪所为。"帝雅[②]闻彪才，因召入见，举司隶茂才，拜徐令，以病免。后数应三公之命，辄去。

彪既才高而好述作，遂专心史籍之间。武帝时，司马迁著《史记》，自太初以后，阙[③]而不录，后好事者颇或缀集时事，然多鄙俗[④]，不足以踵[⑤]（zhǒng）继其书。彪乃继采前史遗事，傍贯[⑥]异闻，作后传数十篇，因斟酌[⑦]前史而讥正[⑧]得失。

【注释】

①参：参谋。②雅：向来，平素。③阙：通"缺"。④鄙俗：文笔浅薄、粗俗。⑤踵：延继，继承。⑥傍贯：从旁贯穿。⑦斟酌：凭借、参照。⑧讥正：指责、纠正。

【译文】

后来窦融奉诏回京师，光武帝问道："你所上奏章，是谁和你参谋？"窦融答道："都是我的从事班彪做的。"皇帝向来听说班彪很有才干，于是召见班彪，举他作司隶茂才，叫他作徐州令，因病没有就位。后来几次应三公的命令，就去了。

班彪既有高才又好写作，于是专心在史籍方面下功夫。武帝时，司马迁著了《史记》，从太初年间以后，缺了没写，后来有些好事者把当时的事迹连缀起来，但是文笔鄙俗，不配为《史记》的后续之作。班彪于是继续采集前朝历史遗事，还从旁贯穿一些异闻，写下后传数十篇，参照前面的历史而评论得失。

【开篇有益】

1. 词语积累：

柄、引、雄桀、疾、雅、踵、讥

2. 文化常识：

阼：大堂前东面的台阶，主人迎接宾客的地方。

三班父子：班彪、班固、班昭。

3. 读后有感：

班彪出身于汉代显贵和儒学之家，受家学（家族世代相传之学）影响很大。班彪专心于史学，尤好汉代史。史学观点虽与司马迁有所不同，但他称赞司马迁"善述序理，辩而不华，质而不野，文质相称"。他的历史思想和史学思想，对班固和《汉书》的编撰有着直接而深刻地影响。

第四节 孙星衍与《尚书》

一、作者简介

自汉初以来,有今文、古文两种不同的传本。《汉书·艺文志》说:"《尚书》原有100篇,孔子编纂并为之作序。"秦始皇统一中国后,颁布《焚书令》,秦代的焚书给《尚书》的流传带来毁灭性打击,原有的《尚书》抄本几乎全部被焚毁。汉代重新重视儒学,由秦博士伏生口授、用汉代通行文字隶书写的《尚书》,共28篇,人们称之为《今文尚书》。西汉时期,相传鲁恭王在拆除孔子故宅一段墙壁时,发现了另一部《尚书》,是用先秦六国时的字体书写的,人们称之为《古文尚书》。《古文尚书》经过孔子后人孔安国的整理,篇目比今文《尚书》多16篇。

西晋永嘉年间战乱中,今、古文《尚书》全都散失了。东晋初年,豫章内史梅赜给朝廷献上了一部《尚书》,包括《今文尚书》33篇(梅赜从原先的28篇中析出5篇),伪《古文尚书》25篇。

清人孙星衍作《尚书今古文注疏》,广泛汲取前人考订成果,将篇目重新厘定为29卷,大抵恢复了汉代《尚书》传本的面貌。《尚书》所记基本是誓、命、训、诰一类的言辞。

二、作品简介

《尚书》,最早被称为《书》,到了汉代才叫作《尚书》,意思是"上古之书"。汉代以后成为儒家重要经典之一,所以又叫作《书经》。所记历史,上起传说中的尧虞舜时代,下至春秋中期。基本内容是古代帝王的文告和君臣的谈话记录。作为我国最早的政事史料汇编,《尚书》记载了许多虞、夏、商、周的重要史实,真实反映了这一历史时期的天文、地理、哲学思想、教育、刑法和典章制度等,对后世产生过重要影响,是了解古代社会的珍贵史料。

三、经典诵读

明德慎罚①

王曰:"呜呼!封,汝念哉!今民将在祗遹(yù)乃文考②,绍闻衣德言③。往敷求于殷先哲王用保民。汝丕远惟商耇(gǒu)成人④,宅心知训⑤。别⑥求闻由古先哲王用康保民,弘于天,若德裕⑦乃身,不废在⑧王命。"

【注释】

①本文是一篇训诫辞，周公训诫康叔上任后要吸取历史教训，明德慎罚，治理好百姓。②在：观察。祗遹：恭敬遵循。考：父。③绍闻衣德言：继其旧闻，依其德言。④丕：大。惟：思。耇成人：年老贤德之人，指殷商遗民。⑤宅心知训：用心了解怎样使百姓顺服；宅心：用心；训：顺服。⑥别：另外。⑦德裕：恩德。⑧废：停止。在：完成。

【译文】

王说："啊！封！你要好好考虑！现在臣民都在看你是否恭敬地遵循你父亲文王的传统，依据他的遗训来治理国家。你去殷地要遍求殷代圣明先王用来保养百姓的方法，你还要深长思考殷商长者的教导，用心了解怎样才能使百姓顺服。另外，你还要探求古时圣明帝王用安宁保有百姓的遗训。心要比天还宽宏，你要用和顺的美德指导自己，不停地去完成王命！"

图 6-4-1　礼贤下士

王曰："呜呼！封，敬明乃罚[①]。人有小罪，非眚（shěng），乃惟终自作不典[③]，式尔[④]，有厥罪小[⑤]，乃不可不杀。乃有大罪，非终，乃惟眚灾[⑥]，适尔[⑦]，既道极厥辜，时乃不可杀。"

王曰："呜呼！封，有叙时[⑧]，乃大明服[⑨]，惟民其敕懋[⑩]（mào）和。若有疾，惟民其毕弃咎。若保赤子[⑪]，惟民其康。

【注释】

①敬明：恭谨、严明。②眚：过失。③不典：不合法。④式尔：因此。⑤有：虽然。⑥眚灾：由过失造成灾祸。⑦适尔：偶尔；道：指法律。极：穷尽。辜：罪。⑧有：能。叙：顺从。时：这样。⑨明服：顺服。⑩敕：告诫；懋：勉励。⑪赤子：小孩。

【译文】

王说："啊！封，刑罚要谨慎严明。一个人犯了小罪，并不是过失，但他经常干违法的事，因此，即使他的罪过小，却不能不杀。一个人犯了大罪，但不是一贯如此，只是因过失造成灾祸，是偶然犯罪，按法律最多是适当处罚，不应把他杀掉。"

王说："啊！封，你若能照这样去做，就会使臣民顺服，臣民就会互相告诫劝勉，和顺相处。要像医治病人一样，尽力让臣民抛弃自己的过错。像保护孩子一样保护臣民，使他们健康安宁。"

【开篇有益】

1. 词语积累

考、适尔、辜、勃、愈

2. 读后有感：

“慎罚”，指在使用刑罚时一定要慎重。施用刑罚不能光看罪行，还要看动机，重罚故意犯罪且不思悔改者，适当处罚过失犯罪且愿意悔改者；惩罚罪犯像治病救人，执政者爱民如子，让臣民知错改错。周公的这些观点很有现代意味，推行“德政”，辅之以法律手段。明德慎罚，不仅使周公获得了开明君主的美名，在当今仍不失为治国良方。

汤誓

王曰：“格①尔众庶，悉听朕言。非台（yí）小子②，民敢行称③乱！有夏多罪，天命殛④（jí）之。今尔有众，汝曰：‘我后不恤我众，舍我穑事，而割正⑤夏？’予惟闻汝众言，夏氏有罪，予畏上帝，不敢不正。今汝其曰：‘夏罪其如台？⑥’夏王率遏⑦众力，率割⑧夏邑。有众率怠弗协，曰：‘时日曷丧⑨’？予及汝皆亡。’夏德若兹，今联必往。”

“尔尚辅予一人，致天之罚，予其大赉（lài）⑩汝！尔无不信，朕不食言。尔不从誓言，予则孥（nú）戮⑪汝，罔有攸赦⑫。”

【注释】

①格：来。②台：我；小子：谦称自己。③称：举，发动。④殛：诛杀。⑤正：征，征讨。⑥如台：如何。⑦遏：竭，尽力。⑧割：剥削。⑨时日曷丧：表示誓不与其共存，形容痛恨到极点。时：这个；曰：指夏桀；曷：何时。⑩赉：赏赐。⑪孥戮：做奴隶或杀戮。⑫攸：所。

【译文】

王说：“来吧大家，都听我说。不是我小子敢于贸然发难！实在是因为夏王犯了许多罪行，上天命令我去讨伐他。现在你们大家会问：‘我们的国君不体恤我们，为何让我们放弃种庄稼的事，却去征讨夏王？’我听到了你们这样说，实在是夏某有罪，我敬畏上帝，不敢不去征讨。现在你们要问：‘夏桀的罪行到底怎样呢？’夏桀耗尽了民力，剥削夏国人民。民众大多怠慢不恭不予合作，并说：‘这个太阳什么时候才能消失？我们宁可和你一起灭亡。’夏桀的德行败坏到这种程度，现在我一定要去讨伐他。”

“你们只要辅佐我一人，行使上天对夏桀的惩罚，我将大大的赏赐你们！你们不要不相信，我绝不会不守信用。如果你们不听我的誓言，我就让你们去当奴隶，没有谁会有所赦免。”

【开篇有益】

1. 词语积累：

殛、如台、赉、孥戮、罔

2. 成语典故：

时日曷丧：意思是表示誓不与其共存，形容痛恨到极点。

3. 读后有感：

夏桀，以残暴著称，并由此导致夏王朝覆灭。他狂妄地将自己比为太阳光照万里，却忘记了太阳最耀眼的时候，也预示着即将西下，辉煌难再。从古至今，世上从没有永不落的太阳，而只有新的太阳冉冉升起。夏桀的残暴最终激起天怒人怨，众叛亲离。夏王朝的所谓太阳也从此永远陨落。

慷慨激昂最容易激起听众共鸣，善于演说的讲演者也最善于揣摩听众心理。商汤可谓出色的演说家，“时日易丧，予及汝皆亡”的巨大感染力和穿透力，唱响了这一千古名句。既表达了对夏桀痛恨到极点的心情和诅咒，也表示了誓不与暴君共存，宁愿与之同归于尽的满腔义愤。商汤用出色的演说赢得了民众的支持，最终取得了成功。

西伯戡黎①

西伯既戡（kān）黎，祖伊恐，奔告于王。曰：“天子！天既讫②我殷命。格人元龟③，罔敢知吉。非先王不相我后人，惟王淫戏用自绝。故天弃我，不有康食④。不虞天性⑤，不迪率典⑥。今我民罔弗欲丧，曰：‘天曷不降威？’大命不挚⑦，今王其如台？”王曰：“呜呼！我生不有命在天？”祖伊反曰：“呜呼！乃罪多，参在上⑧，乃能责⑨命于天。殷之即丧，指乃功，不无戮于尔邦！”

【注释】

①西伯：指周文王。戡：用武力平定叛乱。黎是殷王朝的属国。②讫：终止。③格人：能知天地吉凶的人。元龟：大龟，用于占卜。④康食：安居饮食。⑤虞：度，猜测。⑥迪：遵循。率典：常法。⑦挚：至，到来。⑧参：到。上：上天。⑨责：祈求。

【译文】

周文王战胜黎国之后，祖伊非常恐慌，急忙跑来告诉殷纣王。祖伊说：“天子啊，上天要断绝我殷商的国运了。善知天命的人用大龟来占卜，觉察不到一点吉兆。这不是先王不帮助我们这些后人，而是因为大王淫荡嬉戏自绝于上天。因此上天抛弃我们，不让我们安居饮食。大王不测度天性，不遵循常法，现在我们的臣民没有谁不希望殷国灭亡，说：‘上天为什么还不降下威罚呢？’天命不再属于我们了，大王现在打算怎么办呢？”纣王说：“啊！我的命运难道不是早就由上天决定了吗？”祖伊反问道：“啊！您的过错太多，上天已有所知，难道还能祈求上天的福佑吗？殷商行将灭亡，想想你做过得事就知道，您的国家能不被周国消灭吗！”

【开篇有益】

1. 词语积累：

讫、相、虞、迪、率典

2. 读后有感：

殷纣王是历史上有名的暴君。即位后在名臣贤相的劝谏下也曾励精图治，光先王振国邦。当时政治也还清明，四海也还宾服。后来渐生骄横逸乐之情，刚愎自用、不听谏言，百姓怨望，诸侯离心。西伯攻到黎国，祖伊焦急地告诉纣王国运危险时，纣王竟说“我生不有命在天？”古人说，天作孽犹可违；自作孽不可活。最终，纣王残酷搜刮民脂民膏用来建造供自己淫乐的鹿台，恰好成了他的葬身之处。可谓咎由自取，罪有应得。

甘暂[①]

大战于甘，乃召六卿[②]。王曰：“嗟！六事[③]之人，予誓告汝：有扈氏威侮[④]五行，怠弃三正[⑤]。天用剿绝其命，今予惟恭行[⑥]天之罚。“左不攻于左[⑦]，汝不恭命；右不攻于右，汝不恭命；御[⑧]非其马之正，汝不恭命。用命，赏于祖[⑨]；弗用命，戮于社。予则孥戮汝。”

【注释】

①甘誓是一篇战争动员令。甘：地名。誓：古时出征前告诫将士的言辞。②六卿：六军将领，古时天子拥有六军。③六事：六军将士。④威侮：轻慢。⑤三正：指历法。⑥恭行：奉行。⑦左：战车左边。古时战车共载三人，分左中右，左边的人射箭，中间的人驾车，右边的人用矛刺杀。攻：善。⑧御：驾车的人。⑨赏于祖：古时天子亲征，随军带着祖庙和社神的神主。在祖庙神主之前赏赐，在社神神主前惩罚，表示不敢自己专行。

【译文】

在甘地即将进行一场大战，夏启于是召集了六军将领。王说：“啊！六军将士们，我要向你们宣告：有扈氏轻视金木水火土这五行，怠慢抛弃了历法。上天因此要断绝他们的国运，现在我只有奉行天意惩罚他们。“战车左边的兵士不善于用箭射杀敌人，你们就是不奉行我的命令；战车右边的兵士不善于用矛刺杀敌人，你们也是不奉行我的命令；中间驾车的兵士不懂得驾车的技术，你们也是不奉行我的命令。服从命令的人，我在先祖的神位前行赏；不服从命令的人，我在社神的神位前惩罚。把你们降为奴隶或者杀掉。”

【开篇有益】

1. 词语积累：

威侮、恭行、御、六卿、六事、祭戮

2，读后有感：

假借天意发布王命是现存夏朝法的主要形式。传说启继承禹的王位，引起其他氏族的不满。有扈氏起兵对抗，启率军与其大战于甘。这是夏启发布的战争动员令，既有权威性又有感召力，还可以证明出征打仗的意义，简洁而震撼人心。演讲词、动员令，要想有号召力，不一定是空洞无物的口号和滔滔不绝的豪言壮语，而应该和夏启一样，干脆果断，直来直去，表明意图，摆足征服人心的理由，让将士们明白战斗的意义，这样会有更好的效果。

第五节　左丘明与《左传》

一、作者简介

左丘明（约前502年—约前422年），春秋末期鲁国都君庄（今山东省肥城市）人，姓丘，名明，因其父任左史官，故称左丘明（关于左丘明的姓名，长期以来由于先秦及汉代文献对左传作者左丘明的记载非常有限，历代学者就左丘明氏字名情况问题争论不休、众说纷纭。一说复姓左丘，名明；一说单姓左，名丘明，但史载，左丘明乃姜子牙后裔，嫡系裔孙丘（邱氏较为可靠，旁系左氏有待商酌）。春秋末期史学家、文学家、思想家、散文家、军事家。与孔子同时或者比孔子年龄略长些。

左丘明知识渊博，品德高尚，孔子言与其同"耻"。曰："巧言、令色、足恭，左丘明耻之，丘亦耻之；匿怨而友其人，左丘明耻之，丘亦耻之。"太史司马迁称其为"鲁之君子"。

二、作品简介

《左传》原名《左氏春秋》，到东汉班固时才改称《春秋左氏传》，汉朝时又名《春秋左氏》《春秋内传》《左氏》，汉朝以后才多称《左传》。相传为鲁国史官左丘明所著，大约成书于战国初期。全书六十卷，记载了自鲁隐公元年至鲁悼公十四年间春秋霸主递嬗的历史，保存了许多当时社会文化、自然科学等方面的珍贵史料，在史学上占有极其重要的地位。

《左传》语言精练，文辞优美。对战争的记叙尤其令人称道，善于通过侧面描写烘托战场氛围，不闻刀剑之声，却如亲历沙场，扣人心弦。并且，人物成为《左传》的主角，将历史从神的阴影下解放出来。遥想当年周王室衰微，诸侯崛起，齐桓晋文争霸，楚庄王也要问鼎中原，礼崩乐坏，同时又在外交场合吟诗作乐，说古论今，也足见古人风致。

三、经典诵读

伯州犁问囚

楚子、秦人侵吴，及雩（yú）娄，闻吴有备而还。遂侵郑。五月，至于城麇（jūn）。郑皇颉（jié）戍之，出，与楚师战，败。穿封戌①囚皇颉，公子围与之争之②，正于伯州犁。伯州犁曰："请问于囚。"乃立囚。伯州犁曰："所争，君子也，其何不知？"上其手③，曰："夫子为王子围，寡君之贵介④弟也。"下其手⑤，曰："此子为穿封戌，方城外之县尹也。谁获子？"囚曰：颉遇王子。弱⑥焉。"戌怒，抽戈逐王子围，弗及。楚师以皇颉归。

【注释】

①穿封戌：人名；穿封（yuān fāng）：复姓。②正：评定是非。③上其手：高举他的手指向公子围。④贵介：敬辞，指兄弟。⑤下其手：下垂他的手指向穿封戌。⑥弱：战败。

【译文】

楚康王和秦国人侵袭吴国，到了零娄，听说吴国有了防备就退了回去。于是又去侵袭郑国。五月，到了城麇。郑国的皇颉驻守在城麇，出城与楚军交战，吃了败仗。穿封戌俘虏了皇颉，公子围和他争夺这个俘虏，于是请伯州犁评判是非。伯州犁说："让我问问这个俘虏吧。"于是就叫俘虏站着。伯州犁问道："我们争夺的，是您这位君子，难道还有什么不明白的？"伯州犁高举着手说："这一位是王子围，是我们国君尊贵的弟弟。"又下垂着手说："这一位是穿封戌，是方城外的县官。是谁俘虏了您？"俘虏说："我遇上王子，被打败了。"穿封戌听后大怒，拔出兵器追王子围，没有追上。楚国军队把皇颉带了回去。

【开篇有益】

1. 词语积累：

正、立、上下其手、弱

2. 文化常识：

贵介：尊贵有贵介公子，搢绅处士，闻吾风声，议其所以。

穿封：单一渊源：源于芈姓，出自春秋时期楚国大夫穿封戌，属于以先祖名号为氏。

3. 读后有感：

楚国出兵侵略郑国，前线将领穿封戌冲锋陷阵，搴旗斩将，郑军大败，主将皇颉也被穿封戌擒获。可战事结束后公子围竟然冒领俘获皇颉的战功。两人把官司打到伯州犁那里。败将皇颉对伯州犁上下其手的用意心领神会，为保全性命谎称被王子围所俘。伯州犁如愿以偿，把生擒皇颉之功判给了王子围。这种是非颠倒的结局不难想见：战俘皇颉安然脱险，王子围被加封晋爵，伯州犁得提拔重用。而真正的功臣穿封戌则有可能被罢黜贬谪吧！成语"上下其手"便出自这个故事，比喻暗中勾结，随意玩弄手段，串通作弊。

郑伯克段于鄢[①]

初，郑武公娶于申，曰武姜[②]，生庄公及共（gōng）叔段[③]。庄公寤（wù）生[④]，惊姜氏，故名曰寤生，遂恶之。爱共叔段，欲立之。亟[⑤]（qì）请于武公，公弗许。

【注释】

①郑伯：指郑庄公。郑属伯爵，所以称郑伯。克：战胜。郡：郑地名。②武姜：郑武公之妻，"姜"是她娘家的姓，"武"是她丈夫武公的谥号。③共叔段：郑庄公的弟弟，名段。在兄弟之中年岁小，因此称"叔段"。叔：排行在末的兄弟。④寤生：难产的一种，胎儿的脚先生出来。寤，通"啎"，逆，倒着。⑤亟：屡次。

【译文】

从前，郑武公娶了申国国君的女儿为妻，名叫武姜，她生下庄公和共叔段。庄公出生时难产，武姜受到惊吓，因此给他取名叫"寤生"，从此就厌恶他。武姜偏爱共叔段，想

立共叔段为世子，多次向武公请求，武公都不答应她。

及庄公即位，为之请制[①]。公曰："制，岩邑[②]也，虢（guó）叔死焉。佗（tā）邑唯命[③]。"请京[④]，使居之，谓之京城大叔[⑤]。祭（zhài）仲曰："都城过百雉[⑥]，国之害也。先王之制：大都不过参国[⑦]之一，中五之一，小九之一。今京不度[⑧]，非制也，君将不堪[⑨]。"公曰："姜氏欲之，焉辟害？"对曰："姜氏何厌之有！不如早为之所，无使滋蔓，蔓难图也。蔓草犹不可除，况君之宠弟乎！"公曰："多行不义必自毙，子姑待之。"

【注释】

①制：地名。②岩邑：险要城镇。③佗：同"他"，另外的。唯命：唯命是从，只听您的命令。④京：地名。⑤大叔：同"太叔"。⑥雉：古代城墙长三丈、高一丈为"一雉"。⑦国：国都。⑧不度：不合制度。⑨不堪：受不了、控制不住。

【译文】

庄公即位时，武姜替共叔段请求分封到制邑去。庄公说："制邑是险要之地，从前虢叔就死在那里。其他城邑，我都听从您的命令。"武姜便请求封给他京邑，让他住在那，称他为京城太叔。祭仲说："分封的都城如果城墙超过三百丈长，会成为国家的祸害。先王制度规定，国内的最大城邑不能超过国都的三分之一，中等的不得超过五分之一，小的不能超过九分之一。现在京邑的城墙不合法度，不符合法制，您将会不能控制。"庄公说："姜氏想要这样，我如何躲开这种祸害呢？"祭仲回答说："姜氏有什么可以满足的！不如及早处置，别让祸根滋长蔓延，一旦滋长蔓延就难办了。蔓延开来的野草还很难铲除干净，何况是您那受宠爱的弟弟呢？"庄公说："多做不义的事情必定会自取灭亡，你姑且等待。"

既而大叔命西鄙北鄙贰[①]于己。公子吕[②]曰："国不堪贰，君将若之何？欲与大叔，臣请事之；若弗与，则请除之。无生民心。"公曰："无庸[③]，将自及。"大叔又收贰以为己邑，至于廪（lǐn）延。子封曰："可矣，厚[④]将得众。"公曰："不义不暱[⑤]，厚将崩。"

【注释】

①贰：从属两国。②公子吕：郑武公之弟，字子封，帮助郑庄公消灭了共叔段。③无庸：不用。④厚：土地扩大。⑤暱：亲近。

【译文】

不久太叔段把原来属于郑国西北两边的边邑暗中归自己控制。公子吕说："一个国家受不了两个国君统治，现在您打算怎么办？您如果打算把郑国交给太叔，那我请求去侍奉他；如果不给，那就请除掉他。不要使百姓们产生疑虑。"庄公说："不用管他，他自己会遭受灾祸的。"太叔又把两处地方归为自己统辖，一直扩展到廪延。子封说："可以行动了！土地扩大了他将得到更多老百姓的拥护。"庄公说："对君主不义，对兄长不亲，土地虽然扩大了也终将崩溃。"

大叔完聚[①]，缮甲兵，具卒乘[②]，将袭郑。夫人将启之。公闻其期，曰："可矣！"命子封帅车二百乘以伐京。京叛大叔段，段入于焉，公伐诸鄢。五月辛丑[③]，大叔出奔共。

【注释】

①完聚：修葺城郭，聚集粮食。②乘：四马一车为一乘。③辛丑：天干地支纪年法。

【译文】

共叔段修整城郭聚集民众，修缮盔甲兵器，准备步兵和战车，将要袭击郑国都。武姜准备为共叔段打开城门。庄公知道了共叔段袭郑的日期，说："可以出击了！"于是命令子封率领二百辆战车去讨伐京邑。京邑的人民背叛共叔段，共叔段逃到部城。庄公又追到部城讨伐他。五月辛丑日，共叔段逃到共国。

遂寘（zhì）[①]姜氏于城颍，而誓之曰："不及黄泉，无相见也。"既而悔之。颍考叔为颍谷封人[②]，闻之，有献于公。公赐之食，食舍肉。公问之，对曰："小人有母，皆尝小六之食矣，未尝君之羹，请以遗之。"公曰："尔有母遗，繄[③]（yī）我独无！"颍考叔曰："敢问何谓也？"公语之故，且告之悔。对曰："君何患焉？若阙地及泉，隧[④]而相见，其谁曰不然？"公从之。公入而赋："大隧之中，其乐也融融！"姜出而赋："大隧之外，其乐也泄泄[⑤]（yì）。"遂为母子如初。君子曰："颍考叔，纯孝也，爱其母，施及庄公。《诗》曰：'孝子不匮诊，永锡[⑥]尔类。'其是之谓乎？"

【注释】

①寘：通"置"，安置。②封人：古官名。春秋时各诸侯国都设封人，典守封疆，掌管筑城。③繄：文言助词，惟。④隧：走进隧道。⑤泄泄：舒畅快乐的样子。⑥锡：通"赐"。

【译文】

庄公就把武姜安置在城颍，并发誓说："不到黄泉不再见面！"不久庄公后悔了。颍考叔是颍谷管理疆界的官吏，听到这件事，特意献贡品给郑庄公。庄公赐他饭食，颍考叔吃饭时把肉留下来。庄公问他为什么这样。颍考叔答道："小人有个母亲，我吃的东西她都吃过，却从未吃过君王赐的肉羹，请让我送给她吃。"庄公说："你有母亲可以孝敬，唯独我没有！"颍考叔说："请问您为何这么说？"庄公告诉他原因，还有他后悔的心情。颍考叔答道："您有什么忧虑的？假如掘地挖出泉水，在隧道里见面，谁能说这不是黄泉相见。庄公按他的话做了。庄公走进随道见武姜并赋诗道："大隧之中相见，多么和睦快乐！"武姜走出隧道赋诗说："大隧之外相见，多么舒畅快乐！"于是姜氏和庄公母子和乐如初。君子说："颍考叔，是真正的孝子，他孝顺自己的母亲，并把这种孝心推广到庄公身上。《诗经·既醉》篇说：'孝顺的子孙层出不穷，上天会永远恩赐福社给这些人。'大概说的就是颍考这样的孝子吧？"

【开篇有益】

一词语积累：

唯命、锥、不堪、无庸、寘、锡

2. 文化常识：

辛丑：辛丑为干支之一，顺序为第 38 个。

封人：《周礼》地官司徒的属官，掌守帝王社坛及京畿的疆界。

3. 读后有感：

孝敬父母，自古至今都是中华民族的传统美德，在我国五千年的悠久历史长河中，一直有许许多多孝敬父母的典范让人们津津乐道。颍考叔是位真正的孝子，他不仅孝顺自己的母亲，而且推己及人。正所谓：老吾老以及人之老。姜氏偏心溺爱共叔段，以至与庄公母子结仇。而颍考叔的母子情深，深深地诱发了庄公对母爱的渴望，感化了他那颗早已铁石般的心。母子最终冰释前嫌，其乐融融。百善孝为先。乌鸦尚有反哺之情，而我们有时却忘了，忘了时间的残酷，忘了人生的短暂，忘了世上还有永远无法报答的恩情，忘了生养我们的父母或许已经时日不多。“子欲养而亲不待”的遗憾每天都在上演，希望我们永远都不要做其中的那一个。

子产不毁乡校

郑人游于乡校①，以论执政②。然明谓子产③曰：“毁乡校，何如？”子产曰；“何为？夫人朝夕退而游焉，以议执政之善否。其所善者，吾则行之；其所恶者，吾则改之，是吾师也，若之何毁之？我闻忠善以损④怨，不闻作威以防怨。岂不遽止⑤？然犹防川⑥也：大决所犯，伤人必多，吾不克救也；不如小决使道⑦，不如吾闻而药之也。”然明曰：“蔑也，今而后知吾子之信可事也⑧。小人实不才⑨。若果行此，其郑国实赖之，岂唯二三臣？”仲尼闻是语也，曰：“以是观之，人谓子产不仁，吾不信也。”

【注释】

①乡校：古时乡间的公共场所，既是学校又是乡人聚会议事的地方。②执政：掌管政事的人。③然明：郑国大夫，名蔑。子产：春秋时著名政治家，曾在郑国执政。④忠善：尽力做善事。损：减少。⑤遽：很快，迅速。⑥防川：堵塞河流。⑦道：同“导”，疏通，引导。⑧子：古时尊称别人。可事：可以成事。⑨小人：对自己的谦称。不才：没有才能。

【译文】

郑国人到乡校休闲聚会，议论执政者措施的好坏。然明对子产说：“把乡校毁了，怎么样？”子产说：“为什么毁掉？人们早晚干完活儿回来到这里聚一下，借此议论施政措施的好坏。他们喜欢的，我们就推行；他们讨厌的，我们就改正。这是我们的老师。为什么要毁掉它呢？我听说尽力做好事用来减少怨恨，没听说过摆出威风来防止怨恨的。难道不能很快制止这些怨恨吗？然而那样做就像堵塞河流一样；河水大决口造成的损害，伤害的人必然多，我是不能挽救的；不如开个小口导流，不如我们听取这些议论后把它当作治病的良药。”然明说：“我啊，从现在起才知道您确实是可以成大事的。小人确实没有才能。果真这样做，恐怕郑国就确实有了依靠，岂止是有利于我们这几位臣子！”孔子听到了这番话后说：“照这些话看来，人们说子产不施行仁政，我是不相信的。”

【开篇有益】

1. 词语积累：

执政、忠善、遽、道、小人

2. 文化常识：

乡校：西周春秋时设在乡的学校，也是国人议论政治的地方。

3. 读后有感：

百姓议论政事，是很自然的事情，因为他们是国家政策实施的亲身体验者。统治者可以用高压手段迫使百姓保持沉默，却无法使人们不在心里估价，无法左右人心的向背。所以，沉默并不意味着顺从；相反，沉默中往往蕴含着极其可怕的力量。“防民之口，甚于防川”。子产不毁乡校，展现了一位开明政治家治国平天下的胸怀和风度。因为历来开明的统治者，从不妄想左右民心，而是开张圣听，广开言路。在悠悠中华五千载的足迹中，我们不难发现，每一段辉煌的历史，都毫无例外地闪现着一个盛世明君的身影，像汉高祖刘邦、唐太宗李世民……他们顺应民心，还言论一片自由的天空，成就一代盛世。他们统治着不同的时代，可他们却印证了同一个道理：得民心者得天下。

展喜犒齐师

夏，齐孝公伐我北鄙。公使展喜犒师，使受命于展禽[①]。齐侯未人竟，展喜从之，曰：“寡君闻君亲举玉趾[②]气将辱于敝邑，使下臣犒执事[③]”齐侯曰：“鲁人恐乎？”对曰：“小人恐矣，君子则否。”齐侯曰：“室如县磬[④]，野无青草，何恃而不恐？”对曰：“恃先王之命。昔周公、大公股肱[⑤]周室，夹辅成王。成王劳之，而赐之盟，曰：‘世世子孙无相害也！’载在盟府[⑥]，大师职[⑦]之。桓公是以纠合诸侯，而谋其不协，弥缝其阙，而匡救其灾，昭旧职也。及君即位，诸侯之望曰：‘其率桓[⑧]之功！’敝邑用是不敢保聚[⑨]，曰：‘岂其嗣世九年，而弃命废职？其若先君何？君必不然。’恃此而不恐。”齐侯乃还。

【注释】

①受命：请教。②玉趾：表示礼节的套话，意思是贵足、亲劳大驾。③执事：左右办事的官员，对对方的敬称。④县：同“悬”。磬：石制打击乐器。⑤大公：太公，齐国始祖姜尚，又称姜太公。股肱：大腿和手臂，这里指“辅佐”。⑥载：盟约也叫载书，简称载。盟府：古代掌管保存盟约文书的官府。⑦大师：太师，当为太史，主管盟誓的官。职：掌管。⑧率：遵循。桓：指齐桓公。⑨保聚：保城聚众。

【译文】

夏天，齐孝公攻打我国北部边境。鲁僖公派遣展喜迎上前去犒劳齐军，让他事先向展禽请教。齐孝公还没进入鲁国国境，展喜就出境跟着齐孝公说：“我们国君听说您亲劳大驾，将要屈尊光临敝国，特派臣下来犒劳您的侍从。”齐孝公说：“鲁国人害怕吗？”展喜回答说：“平民百姓害怕，君子大人不害怕。”齐孝公说：“百姓家中空空荡荡像挂起来的磬，田野里光秃秃地连青草都没有，你们凭什么不害怕？”展喜回答说：“凭借先王的命令。从前周公和姜太公辅佐周王室，在左右协助成王。成王慰劳他们，还赐给他们盟约，说：世世代代的子孙都不要互相残害！’这盟约保存在盟府里，由太史掌管着。齐桓公因此集合诸侯，商讨解决他们的纠纷，弥补他们的过失，救助他们的灾难，这是发扬光大姜太公的旧职。等您当上国君，诸侯们都盼望着说：‘他会继承桓公的功业！’我们国家因此不敢保城聚众，

人们会说：‘难道他继承桓公之位才九年，就丢弃使命放弃职责吗？他怎么对先君交代呢？君王一定不会这样做的。’凭借这一点就不害怕。”于是齐孝公就领兵回国了。

【开篇有益】

1. 词语积累：

受命、职、率、保聚

2. 文化常识：

执事：旧时官员出行或民间婚丧使用的仪仗。

盟府：古代掌管保存盟约文书的官府。

3. 读后有感：

面对大兵压境的危难，鲁国的政治家并没有惊慌失措、义愤填膺，而是想出了一个即使在今天看来也依然妙绝的高招——犒赏入侵敌军，施以令敌手无言以对的外交辞令，真是让人拍案叫绝。所谓大义凛然、英雄本色，也只有在这样的时刻才会显现出来。战场上的浴血奋战、刀光剑影是一回事，谈判桌上的唇枪舌剑、巧妙应对又是一回事，可见并非只有真刀真枪地厮杀才算英雄。与敌手抗衡，就应当软硬兼备，既要有在外交场合周旋的智慧和技巧，也要有军事的、国力的、民众的实力做后盾，才能立于不败之地。

图 6-5-1　古代学习方式

祁奚举贤

祁奚请老①，晋侯问嗣②焉。称解狐③，其仇也。将立之而卒。又问焉。对曰：“午也④可。”于是羊舌职⑤死矣，晋侯曰：“孰可以代之？”对曰：“赤也可⑥。”于是使祁午为中军尉，羊舌赤佐之。君子谓祁奚于是能举善矣。称其仇，不为谄；立其子，不为比⑦；举其偏，不为党⑧。《尚书》曰：“无偏无党，王道荡荡⑨。”其祁奚之谓矣。解狐得举，祁午得位，伯华得官；建一官而三物成，能举善也。夫为善，故能举其类。《诗》云：“惟其有之，是以似之。”祁奚有焉。

【注释】

①祁奚：晋国大臣，曾任晋国中军尉。请老：告老，请求退休。②嗣：指接替职位的人。③称：推举。④午：祁午，祁奚的儿子。⑤羊舌职：晋国大臣。⑥赤：羊舌赤，羊舌职的儿子。⑦比：偏袒、偏爱。⑧偏：副职、下属。党：勾结。⑨荡荡：指公正无私。

【译文】

祁奚请求退休，晋悼公问谁能接替他的职务。祁奚推举他的仇人解狐。晋悼公要立解狐为中军尉，解狐却死了。晋悼公又问他，祁奚回答："祁午可以。"此时羊舌职死了，晋悼公问祁奚："谁可以接替羊舌职的职位？"祁奚回答："羊舌赤可以。"于是晋悼公让祁午做中军尉，羊舌赤辅佐他。君子认为祁奚在这事上能推举贤人。推荐他的仇人，不是谄媚；推立他儿子，不是偏袒；推举他的下属，不是勾结。《尚书》说："没有偏袒不结党，王道政治坦荡荡。"这话大概就是说祁奚这样的人。解狐得到推举，祁午得到职位，羊舌赤得到官职；立一个中军尉而三件好事都成全了，是由于他能推举贤人。是贤人，所以能推举跟自己一样的人。《诗经》说："只因为他有仁德，才能推举像他一样的人。"祁奚有这样的美德。

【开篇有益】

1. 词语积累：

称、比、偏、党、荡荡

2. 文化常识：

请老：官吏请求退休养老。

3. 读后有感：

外举不避仇敌，内举不回亲戚；没有偏袒，不结私党，王道政治，坦坦荡荡。祁奚在告老之时，所举荐之人竟是自己的仇人、儿子和下属。能有如此坦荡的胸怀，做到唯才是举的人，古往今来都是少数，今天也更加急需。苏轼"一蓑烟雨任平生"，坦荡似风拂起芬芳；沈从文徜徉边城凤凰，坦荡如雨莹珠散落。而狭隘之人患得患失，必忧虑缠身，猥琐唯诺。坦荡忘私是一种境界。成语"大公无私"就来自这个故事。

鱄设诸刺吴王僚

吴子欲因楚丧而伐之[①]，使公子掩余、公子烛庸帅师围潜[②]，使延州来季子聘于上国[③]，遂聘于晋，以观诸侯。吴公子光曰："此时也，弗可失也。"告设诸曰："上国有言曰：'不索，何获？'我，王嗣也，吾欲求之。事若克，季子虽至，不吾废也。"鱄设诸曰："王可弑也。母老，子弱，是无如我何？"光曰："我，尔身也。"夏四月，光伏甲于堀室而享王[④]。王使甲坐于道，及其门。门、阶、户、席，皆王亲也，夹之以铍[⑤]（pí）。羞[⑥]者献体改服于门外，坐行而入。执铍者夹承之，及体，以相授也。光伪足疾，人于堀室。设诸置剑于鱼中以进，抽剑刺王，铍交于胸，遂弑王。阖庐[⑦]以其子为卿。

【注释】

①吴子：吴王僚。②掩余、烛庸：王僚的同母兄弟。③延州来季子：即吴公子季札。聘：访问。上国：指中原各国。④伏甲：埋伏兵甲。崛室：地下室。享：宴请。⑤铍：剑。⑥羞：通"馐"，进献美食。献体：脱光衣服。坐行：以膝着地而行。⑦阖庐：即公子光。

【译文】

吴王僚想乘楚国有丧事的机会去攻打它，他派公子掩余、烛庸率领军队包围潜邑，又派季札去访问中原各国，接着又去晋国访问，来观察各诸侯态度。吴国的公子光说："这是时机，不要错过。"他告诉鱄设诸说："中原各国曾说过：'不去索取，怎么能得到？'我是王位继承人，我想得到王位。如果事情成功，即使季札来了，也不能废除我。"鱄设诸说："王僚是可以杀掉的。但我母亲老了，儿子还年幼，我该怎么办才好呢？"公子光说："我就是你自己啊。"夏天四月份，公子光在地下室里埋伏下武士宴请吴王僚。吴王僚派武士坐在路两旁，一直到大门口。门口、台阶、里门和座席上，全是吴王僚的亲兵，拿着剑在吴王两旁护卫。进献食物的人在门外脱光衣服改穿别的服装，再跪着膝行进去。拿剑的人在两边用剑夹着进献食物的人，剑尖挨着献食人的身体，然后把食物递给端的人送上去。公子光假装脚有病，进入地下室。鱄设诸把短剑放进鱼肚子里端进来，他抽出剑刺杀吴王僚，吴王亲兵的剑同时交叉刺进鱄设诸的胸中，于是刺杀了吴王僚。阖庐封鱄设诸的儿子做了卿。

【开篇有益】

1. 词语积累：

王嗣、身、享、羞者

2. 读后有感：

这是一个惊心动魄的故事，让人不由想到《荆轲刺秦王》。只是鱄设诸比荆轲运气好，从产生弑君念头到刺杀成功，干净利落，出人意料。历史发展并非是直线的，也并非每个历史转折都是必然的。各种偶然因素，可能会改变历史进程，甚至会产生深远影响。人生亦是如此，充满了偶然，决定胜负的往往在一刹那之间，在一些小细节之上。成大业若烹小鲜，做大事必重细节。我们需要雄韬伟略的战略家，更需要精益求精的执行者。

第六节　左丘明与《国语》

一、作者简介

左丘明(约公元前502年—约公元前422年)。东周春秋末期鲁国人。春秋末期史学家、文学家、思想家、散文家、军事家。曾任鲁国史官，为解析《春秋》而作《左传》(又称《左氏春秋》)，又作《国语》，作《国语》时已双目失明，两书记录了不少西周、春秋的重要史事，保存了具有很高价值的原始资料。由于史料详实，文笔生动，引起了古今中外学者的爱好和研讨。被誉为“文宗史圣”“经臣史祖”，孔子、司马迁均尊左丘明为“君子”。历代帝王多有敕封：唐封经师；宋封瑕丘伯和中都伯；明封先儒和先贤。

二、作品简介

《国语》是我国最早的国别体史书，记录了周朝王室和鲁国、齐国、晋国、郑国、楚国、吴国、越国等诸侯国的历史，包括各国贵族间朝聘、宴飨、讽谏、辩说、应对之辞以及部分历史事件与传说。《国语》在思想上强调以民为主的“重民”思想，批判时君之政，重视国君修德。在语言上平实无华，简洁委婉，擅长外交辞令，篇章饶有风趣。人物描写虽以记言为主，记事为辅，但书中记述的近百人物，有些形象相当生动、鲜明。

三、经典诵读

齐桓公求管仲

桓公自莒反于齐[②]，使鲍叔为宰，辞曰：“臣，君之庸臣也，君加惠于臣，使不冻馁，则是君之赐也。若必治国家者，则非臣之所能也；若必治国家者，则其管夷吾乎。臣之所不若夷吾者五：宽惠柔民[③]，弗若也；治国家不失其柄[④]，弗若也；忠信可结于百姓，弗若也；制礼义可法于四方，弗若也；执枹（fú）鼓[⑤]立于军门，使百姓皆加勇焉，弗若也。”桓公曰：“夫管夷吾射寡人中钩，是以滨[⑥]于死。”鲍叔对曰：“夫为其君动也；君若宥[⑦]（yòu）而反之，夫犹是也。”桓公曰：“若何？”鲍子对曰：“请诸鲁。”桓公曰：“施伯，鲁君之谋臣也，夫知吾将用之，必不予我矣，若之何？”鲍子对曰：“使人请诸鲁，曰：‘寡君有不令之臣在君之国，欲以戮之于群臣，故请之。’则予我矣。”

【注释】

①选自《国语·齐语》。齐桓公：名小白，春秋五霸之一。管仲：名夷吾，著名政治家，辅助齐桓公成霸业。②自莒反于齐：从莒地回到齐国。齐襄公（桓公之兄）做国君时国内混乱，鲍叔辅佐小白逃到莒国。后襄公被公孙无知所杀，公孙无知作了国君。不久公孙无知被杀，小白和公子纠争作齐君。管仲辅佐公子纠带兵截击小白，射中小白衣带钩。小白逃回齐国作了国君。③宽惠柔民：宽大和善，感化人民。④柄：根本，治国的准则。⑤枹鼓：战阵之间，击鼓以振作士气。枹，鼓槌。⑥滨：同“濒”，迫近。⑦宥：宽恕。

【译文】

齐桓公从莒国回到齐国当了国君，任命鲍叔牙当太宰，鲍叔牙谢绝说：“我是国君的一个平庸臣子，您给予我恩惠，不叫我受冻挨饿，这就是国君对臣子的恩赐了。如果一定要治理国家，那不是我所能做到的，如果一定要治理国家，那大概就只有管夷吾了。我比不上管夷吾的地方有五处：宽厚仁慈爱戴人民，我不如他；治理国家使其不丢失权力，我不如他；忠诚信义结交诸侯百家，我不如他；制定礼法规范成为全国人民的行为准则，我不如他；在营门前击鼓助威，使诸侯百家勇气倍增，我不如他。”桓公说：“管夷吾用箭射中我的衣带钩，我几乎因此丧命。”鲍叔牙解释说：“管夷吾是为他的君主效命；您如果宽恕他让他回到齐国，他也会这样的。”齐桓公问：“那怎么办？”鲍叔牙回答说：“到鲁国去请他。”齐桓公说：“施伯，是鲁君的智谋大臣。他知道我要任用管仲，一定不会给我，那可怎么办呢？”鲍叔牙说：“派人向鲁国请求，就说：“我们国君有个不好的臣子在贵国，想要把他在群臣面前处死，所以请求贵国。那么就会给我们了。”

图 6-6-1 古代骑士

桓公使请诸鲁，如鲍叔之言。庄公以问施伯，施伯对曰：“此非欲戮之也，欲用其政[①]也。夫管子，天下之才也，所在之国则必得志[②]于天下，令彼在齐，则必长为鲁国忧矣。”庄公曰：“若何？”施伯对曰：“杀而以其尸授之。”庄公将杀管仲，齐使者请曰：“寡君欲亲以为戮[③]，气若不生得以戮于群臣，犹未得请[④]也，请生之。”于是庄公使束缚[⑤]以予齐使，齐使受之而退。

比至，三衅[⑥]，三浴之，桓公亲逆[⑦]之于郊，而与之坐而问焉。

【注释】

①用其政：用他执政。②得志：指如愿称霸。③亲以为戮：亲眼看着杀掉他。④犹未得请：还是没有达到请求的目的。⑤束缚：捆起、捆绑。⑥衅：以香料涂身。古代去除不祥的一种方法。⑦逆：迎接，欢迎。

【译文】

齐桓公派人向鲁国请求，正如鲍叔牙所说。庄公向施伯询问这件事，施伯回答说："这不是想杀他，是想用他治理国家。管仲，是治理天下的人才，所在之国一定能如愿称霸天下，让他在齐国，就必定会长久地成为鲁国的忧患。"庄公问："那怎么办？"施伯回答说："杀了管仲把尸体交给齐国。"鲁庄公准备杀管仲，齐国使臣请求说："我们的国君想亲眼看着处死他，如果不能把活的管仲杀死在群臣面前，还是没达到请求的目的呀，请让他活着回去。"于是鲁庄公派人捆绑上管仲把他交给齐国使臣，齐国使臣领回管仲便离开鲁国。

到齐国的时候，齐桓公多次沐浴并用香料涂身，亲自到城外迎接管仲，和他坐下来一起谈论天下大事。

【开篇有益】

1. 词语积累：

抱、宥、衅、逆

2. 文化常识：

春秋五霸：是指春秋时期五个诸侯之长。

3. 读后有感：

管仲和鲍叔牙初为至交，管鲍分金的故事千载流传。这篇课文记述了鲍叔牙深知管仲之才，向齐桓公推荐管仲，并设巧计迎回管仲的故事，赞扬了鲍叔牙知人能让、举贤荐能的高风亮节和齐桓公重视人才、不计前嫌的博大胸怀。

祭公谏征犬戎

穆王将征犬戎[①]，祭公谋父谏曰："不可。先王耀德不观兵。夫兵，戢而时动[②]，动则威；观则玩，玩则无震。是故周文公之《颂》曰：'载[③]戢干戈，载櫜（gāo）弓矢；我求懿德，肆于时夏[⑤]。允[⑥]王保之。'先王之于民也，茂[⑦]正其德，而厚其性；阜其财求，而利其器用；明利害之多，以文修之，使务利而避害，怀德而畏威，故能保世以滋[⑧]大。"

【注释】

①犬戎：古代西方游牧民族名。②戢：聚集，收藏。时动：按一定季节行动。③载：语助词，无义。④櫜：收藏弓箭的袋子，此指把弓箭收藏起来。⑤夏：中国。⑥允：信，相信。⑦茂：勉励。⑧滋：增益，加多。

【译文】

周穆王将征伐犬戎，祭公谋父劝阻说："不行。先王显示德行而不炫耀武力。兵力是储存起来到一定时候动用的，一旦动用就要显出威势；炫耀武力就会滥用，滥用兵力就没有震慑力。所以周文公作《颂》说：'将兵器好好收藏，将弓箭藏在皮囊；我们君王寻求美德，施予华夏之邦。相信君王定能保持天命久长。'先王对自己的百姓，勉励他们端正德行，使他们性情宽厚；扩大他们的财源，便利他们的工具；指明利害方向，用礼法整顿他们，使他们追求利益而避免祸害，怀念恩德而畏惧威严，所以能保证先王的事业世代相承，日益壮大。"

昔我先世后稷，以服事虞夏。及夏之衰也，弃稷弗务，我先王不窋[①]（zhú）因失其官，而自窜于戎翟之间。不敢怠业，时序其德，纂（zuǎn）修其绪[②]，修其训典；朝夕恪[③]勤，守以惇[④]笃，奉以忠信，奕世[⑤]戴德，不忝[⑥]（tiǎn）前人。至于武王，昭前之光明，而加之以慈和，事神保民，莫不欣喜。商王帝辛，大恶于民，庶民弗忍，欣戴武王，以致戎于商牧。是先王非务武也，勤恤民隐，而除其害也。

【注释】

①不窋：夏朝时期周部族首领，其先祖世代为农官，时称后稷。②绪：前人未完成的事业、功业。③恪：恭敬、谨慎。④惇：敦厚。⑤奕世：累世、代代。⑥忝：辱、有愧于。

【译文】

从前我们先王世代做农官首领，服务虞、夏两朝。到夏朝衰落的时候，废除农官不再致力于农业，我们先王不窋因而失去了官职，隐藏到戎狄中间。他不敢怠慢祖业，时常称道祖先功德，继续完成祖先留下的事业，研习祖先的训令典章；早晚谨慎勤恳，忠实地遵守，诚恳地奉行，世代继承祖先的功德，不辱前人。到了武王，发扬前代光明的德行，再加上仁慈温和，事奉神灵保养百姓，莫不欢欣喜悦。商王帝辛，大为百姓所憎恶，百姓不能忍受，欣然拥戴武王，在商朝国都郊外的牧野地方作战。这不是先王致力于武力，而是为了尽力体恤百姓的痛苦，除掉他们的祸害。

夫先王之制：邦内甸服，邦外侯服，侯、卫宾服，夷、蛮要[①]服，戎、狄荒服。甸服者祭，侯服者祀，宾服者享，要服者贡，荒服者王。日祭，月祀，时享，岁贡，终王，先王之训也。

【注释】

①要：通"邀"，希求。

【译文】

先王的制度：王畿以内五百里的地方称甸服，王畿以外五百里的地方称侯服，侯服之外至卫服之内的地方称宾服，宾服以外的蛮、夷地方称要服，要服以外的戎、狄地方称荒服。甸服地方的诸侯供给天子祭祀祖父、父亲的祭品，侯服地方的诸侯供给天子祭祀高、曾祖的祭品，宾服地方的诸侯供给天子祭祀远祖的祭品，要服地方的诸侯供给天子祭神的祭品，荒服地方的诸侯则朝见天子。祭祖父、父亲的祭品一日一次，祭高、曾祖的祭品一月一次，祭远祖的祭品一季一次，祭神的祭品一年一次，朝见天子一生一次，这是先王的遗训。

有不祭，则修意；有不祀，则修言；有不享，则修文；有不贡，则修名；有不王，则修德。序成而有不至，则修刑。于是乎有刑不祭，伐不祀，征不享，让不贡，告不王。于是乎有刑罚之辟[①]，有攻伐之兵，有征讨之备，有威让之令，有文告之辞。布令陈辞，而又不至，则又增修于德，无勤民于远。

【注释】

①辟：法、条例。

【译文】

有不逐日进贡的，天子就修省内心；有不按月进贡的，天子就修明法令；有不按季进贡的，天子就修明礼仪；有不进岁贡的，天子就修明尊卑名分；有不朝见的，天子就修明德行。这几方面依次做到而仍有不来的，天子就修明刑法。这时就有惩罚不逐日进贡的，讨伐不按月进贡的，征讨不按季进贡的，责备不进岁贡的，晓谕不来朝见的。这时也就有惩治的法律，有攻伐的军队，有征讨的装备，有严厉谴责的命令，有用文字晓谕的文告。发布命令、公布文告，而再有不来的，天子就在德行上增强修养，不让百姓到远方去受苦。

“是以近无不听，远无不服。今自大毕、伯士之终也，犬戎氏以其职来王，天子曰：‘予必以不享征之’，且观之兵，其无乃废先王之训，而王几顿[①]乎？吾闻夫犬戎树惇，能帅[②]旧德，而守终纯固[③]，其有以御我矣。”王不听，遂征之，得四白狼、四白鹿以归。自是荒服者不至。

【注释】

①顿：破坏。②帅：遵循，遵照。③守终纯固：遵守终生朝见一次的礼节，专一不二。

【译文】

“所以近处的诸侯无不听命，远方的诸侯无不归顺。“大毕、伯士一去世，新即位的犬戎国君就带着贡品前来朝见，天子却说：“‘我一定要以不享的罪名征讨他’，并且向他炫耀武力，这样做恐怕会废弃先王的遗训，而使朝见天子之礼濒于破坏吧？我听说那犬戎国君秉性敦厚，能遵循祖先的遗德，遵守终生朝见一次之礼，专一不二，他们会有防御我们的准备的。”穆王不听，去征战犬戎，只得到四只白狼、四只白鹿带回来了。从此以后，荒服地方的诸侯就不来朝见了。

【开篇有益】

1. 词语积累：

戢、载、櫜、恪、辟

2. 文化常识：

犬戎：古族名。戎人的一支。即畎戎。

3. 读后有感：

周穆王要攻打一个叫犬戎的民族，祭公谋父劝说周穆王：圣明的君王是光大自己的德政，而不炫耀自己的武力，用武力征服别人，早晚会带来严重后果的。周穆王不听劝告，率兵攻打犬戎，尽管战争最后取胜，但周边的少数民族再也不称臣纳贡。可见“以德治国”是多么重要。

第七章　见证战争策略

书中有云：兵无常势，水无常形，凡举事者，无不讲究天时地利人和。正如人生百态，充满意外，学习孙子兵法，更重要的是拓展思维，改变思维，审时度势，整合资源，创造条件，随机应变，知行合一，方能受益。

第一节　孙武与《孙子兵法》

一、作者简介

孙武，公元前544 ~ 前470年，春秋时期齐国乐安（今山东省惠民县）人，被后人尊称其为孙子、孙武子、兵圣、百世兵家之师、东方兵学的鼻祖。曾以《兵法》十三篇见吴王阖闾，受任为将。领兵打仗，战无不胜，与伍子胥率吴军破楚，五战五捷，率兵3万打败60万楚国大军，攻入楚国郢都。北威齐晋，南服越人，显名诸侯。

二、作品简介

《孙子兵法》备受古今中外赞誉和推崇，经历千年传世而不衰。在中华文化浩如烟海的文献典籍中，兵法与谋略始终是闪耀着民族智慧的灿烂奇葩，是中华民族对人类文明的重要贡献。作为世界上第一本兵书，《孙子兵法》以哲学理念探讨战争，而其应用价值却突破了兵书限制。书中的原则和策略，已在世界范围内被广泛应用到各个领域。它对国家政治、经济外交、人心人性的解析，即使在2500年后的今天依然令人叹服。《孙子兵法》内容博大精深，思想深邃，逻辑缜密严谨，被誉为“兵学盛典”。

三、经典诵读

谋攻篇

孙子曰：夫用兵之法，全国[①]为上，破国次之；全军为上，破军次之；全旅为上，破旅次之；全卒为上，破卒次之；全伍[②]为上，破伍次之。是故百战百胜，非善之善者也；不战而屈人之兵，善之善者也。

故上兵伐谋[③]，其次伐交，其次伐兵，其下攻城。攻城之法，为不得已。修橹轒辒[④]，具器械，三月而后成，距堙，又三月而后已。将不胜其忿而蚁附[⑤]之，杀士卒三分之一而城不拔者，此攻之灾也。

故善用兵者，屈人之兵而非战也，拔人之城而非攻也，毁人之国而非久[⑥]也，必以全[⑦]争于天下，故兵不顿[⑧]，而利可全，此谋攻[⑨]之法也。

【注释】

①全国：完整地占有别国。②伍：古代最基本的兵制单位，五人为伍。③上兵伐谋：

用兵的上策是以谋略取胜。④修橹轒辒：修，建造。橹，盾牌；轒辒：古时战争中攻城用的大型排车。⑤蚁附：依附。⑥久：指持久战。⑦全：指对敌国全国、全军、全旅、全卒、全伍的胜利。⑧顿：通“钝”，疲惫、挫折。⑨谋攻：用计谋进行攻伐。

【译文】

孙子说：大凡用兵的原则，使敌国举国屈服是上策，击破敌国就次一等；使敌军全军降服是上策，打败敌军就次一等；使敌人一个“旅”降服是上策，击破敌人一个“旅”就次一等；使敌人全“卒”降服是上策，打败敌人一个“卒”的就次一等；使敌人全“伍”降服是上策，击破敌人的“伍”就次一等。因此，百战百胜，不算是最好的用兵策略，不战而使敌人降服的，才算最高明的。

所以上等的用兵策略是打破敌方计谋，其次是挫败敌方外交，再次是击败敌方的武装力量，下策才是攻城。攻城的办法是不得已。制造攻城用的盾牌、排车，准备各种攻城用的器械，数月才能完成；构筑攻城用的土山又要数月才能完工。将帅忍不住自己的愤怒而命令士兵像蚂蚁那样爬梯攻城，士兵被杀伤三分之一而城还攻不下来，这就是攻城的灾害。

所以善于指挥打仗的人，使敌人降服而不用硬打，夺取敌人的城堡而不靠强攻，毁灭敌国而不必久战。一定要以全胜的策略争胜于天下，因而军队不受损失而胜利可以完全取得，这就是以谋攻敌的方法。

故用兵之法，十[①]则围之，五则攻之，倍则分[②]之，敌则能战之，少则能逃之，不若则能避之。故小敌之坚[③]，大敌之擒也。

夫将者，国之辅也，辅周则国必强，辅隙则国必弱。

故君之所以患于军者三：不知军之不可以进而谓之进，不知军之不可以退而谓之退，是谓縻[④]军。不知三军之事而同三军之政者，则军士惑矣。不知三军之权而同三军之任，则军士疑矣。三军既惑且疑，则诸侯之难至矣。是谓乱军引胜。

故知胜有五：知可以战与不可以战者胜；识众寡之用[⑤]者胜；上下同欲者胜；以虞[⑥]待不虞者胜；将能而君不御者胜。此五者，知胜之道也。故曰：知彼知己，百战不殆；不知彼而知己，一胜一负；不知彼，不知己，每战必殆。

【注释】

①十：指十倍于敌。②分：分散。③坚：坚固，引申为硬拼。④縻：羁縻、束缚。⑤识众寡之用：了解兵力多与各种战法的灵活运用。⑥虞：预料。

【译文】

有十倍于敌的兵力就包围他们，有五倍于敌的兵力就进攻他们，有一倍于敌的兵力就分散他们，同敌人兵力相等，就要能战胜他们，比敌人兵力少就要能摆脱他们，实力不如敌人就要避免同敌人作战。所以弱小的军队如果死守硬拼，就会成为强大敌军的俘虏。

将帅是国君的助手。辅佐的周到国家就一定强盛，辅佐的不周到国家就一定衰弱。

所以国君妨害军队的情况有三种：不了解军队不可以前进却硬要让它前进，不了解军队不可以后退却硬要让它后退，这叫作束缚军队的手脚。不懂得军队内部事务而干预军事行政，就会使将士迷惑。不懂得军中的权变之谋而参与军队的指挥，就会使将士怀疑。全军既迷惑又怀疑，诸侯国军队乘机而进攻的灾难就临头了。这就叫扰乱军心，而导致敌人的胜利。

所以，能预见胜利的情况有五种：懂得在什么情况下可以战或不战的会胜利；懂得兵多兵少的不同战法的会胜利；全军上下一心的会胜利；以有备之师待无备之师的会胜利；将帅有才干而君主不加干涉的会胜利。这五条，是预见胜利的方法规律。

所以说：了解敌人也了解自己，百次作战都不会有危险；不了解敌人而了解自己，胜负各半；既不了解敌人又不了解自己，每次战斗必然失败。

【开篇有益】

1. 词语积累：

上兵伐谋、蚁附、顿、谋攻、縻、虞

2. 文化常识：

伍：古代军队的编制：一~（五人）。

三军：①军队的统称②古时指中军、上军、下军或中军、左军、右军。现指陆军、空军、海军。

3. 读后有感：

“谋攻”是指以计谋征服敌人，即所谓“不战而屈人之兵”。孙子反对单凭勇力作战的匹夫之勇，主张综合运用各方手段，力求“兵不顿而利可全”，以最小的投入和损失换取最大利益。“全”为上，“破”次之，蕴含着孙子的战略大局观，军事指挥者要站在整个战役的高度来审视全局，不能贪图眼前一城一池的得失，更不能贪功冒进从而带来孑必要的损耗。深思熟虑，用好计谋，抓住可乘之机实现利益最大化，这才是“善之蓍者”。其实不管做什么事都应牢记孙子的这句话：上兵伐谋。有时候，看似放着四两换千斤的方法不用而去强攻，并不是找不到那个方法，而是缺少了策略制胜的意识。

军形篇

孙子曰：昔之善战者，先为不可胜①，以待敌之可胜。不可胜在己，可胜在敌。故善战者，能为不可胜，不能使敌之必可胜②。故曰：胜可知而不可为③。不可胜者，守也；可胜者，攻也。守则不足④，攻则有余⑤。善守者，藏于九地⑥之下，善攻者，动于九天⑦之上，故能自保而全胜也。

【注释】

①胜：战胜的形势。②使敌之可胜：强使敌人提供被我战胜的机会。③为：强求。④守则不足：兵力不足时应着重防守。⑤攻则有余：兵力充足时就发起进攻。⑥九地：极深的地下，古人常用虚数“九”表示数的极点。⑦九天：指天有很多重，亦指天之极高处。

【译文】

孙子说：以前善于用兵作战的人，总是首先创造自己不可战胜的条件，并等待可以战胜敌人的机会。使自己不被战胜，其主动权掌握在自己手中；敌人能否被战胜，在于敌人

是否给我们以可乘之机。所以，善于作战的人，只能够使自己不被战胜，而不能使敌人一定会被我战胜。所以说，胜利可以预见却不能强求。要想不被敌人所战胜，就必须做好防御；要想战胜敌人，就必须采取进攻。实施防御是由于取胜的条件不足，实施进攻是由于取胜的条件有余。善于防守的人，隐藏自己仿佛深藏地下；善于进攻的人，发动攻击好像破空而下，势不可挡。因此，既保全了自己，又能获得全面胜利。

图 7–1–1　孙武画像

见胜[①]不过众人之所知，非善之善者也；战胜而天下曰善，非善之善者也。故举秋毫不为多力[②]，见日月不为明目，闻雷霆不为聪耳。古之所谓善战者，胜于易胜者也。故善战者之胜也，无智名，无勇功，故其战胜不忒[③]，不忒者，其所措必胜，胜已败者也。故善战者，立于不败之地，而不失敌之败也。是故胜兵先胜[④]而后求战，败兵先战而后求胜。善用兵者，修道而保法[⑤]，故能为胜败之政[⑥]。

兵法：一曰度，二曰量，三曰数，四曰称，五曰胜。地生度，度生量，量生数，数生称，称生胜。故胜兵若以镒称铢[⑦]，败兵若以铢称镒。胜者之战民也，若决积水于千仞之溪者，形也。

【注释】

①见胜：预见胜利。②多力：力量大。③忒：差、差错。④先胜：先创造取胜条件。⑤修道而保法：修明治道，严明法度。⑥政：主宰。⑦以镒称铢：用镒同铢相比，表示力量处于绝对优势。溢、铢：中国古代两个重量单位，一镒等于 24 两，一两等于 24 铢。

【译文】

预见胜利不超过一般人的见识，不算最高明的。打败敌人而普天下都说好，也不算是最高明的。就好像举起秋毫不算力大，看见太阳月亮不算眼明，听见雷霆不算耳聪一样。古代善于作战的人，总是战胜容易战胜的敌人。因此善于打仗的人打了胜仗，没有过人智慧的名声，也没有用兵神武的功劳，所以他的胜利在于没有差错，没有出现差错，是因为他们作战的措施建立在必胜的基础上，是战胜了在气势上已失败的敌人。善于作战的人，总是使自己立于不败之地，而不放过进攻敌人的机会。因此，胜利之师是先具备必胜的条件然后再交战，失败之军总是先同敌人交战，然后期求从苦战中侥幸取胜。善于用兵的人，必须修明政治，确保法制，就能够主宰战争胜负的命运。

兵法的五项原则：一是度，二是量，三是数，四是称，五是胜。度产生于土地的广狭，土地幅员广阔与否决定物资的多少，军赋的多寡决定兵员的数量，兵员的数量决定部队的战斗力，部队的战斗力决定胜负强弱。所以胜利之师如同以镒对铢，是以强大的军事实力攻击弱小的敌人；而败军之师如同以铢对镒，是以弱小的军事实力对抗强大的敌方。高明的指挥员领兵作战，就像决开万丈悬崖的积水一样势不可挡，这就是军事实力的表现。

【开篇有益】

1. 词语积累：

见胜、修道、保法、以镒称铢

2. 文化常识：

九地：极深的地下，古人常用虚数“九”表示数的极点。

九天：指天有很多重，亦指天之极高处。

3. 读后有感：

《军形篇》强调在未取得主动权之前，先藏形晦迹固守自保。“不可胜在己，可胜在敌”这句话与常规想法不同，我们一直觉得被别人打败是因为对手太强大，而能够打败他人是因为自己够优秀。孙子却认为，失败的真正原因不在于敌人多强盛，而在于自己是否够努力，是否全力以赴；战胜敌人也不必骄傲，那只是对手失误罢了。“古之所谓善战者，胜于易胜者”是说善于打仗的人，总是战胜那些容易战胜的敌人。意在提醒人们不要轻狂，能够战胜他人取得一点成就，并不是自己强，而是运气好遇到了弱敌。“善战者，立于不败之地，而不失敌之败也。”在这个竞争激烈的社会，要使自己成为一个百战百胜的将军，必须确保自己有足够的优势能立于不败之地，同时，不放过任何一个击败敌人的机会。

第二节　刘向与《战国策》

一、作者简介

刘向，字子政，原名更生，世称刘中垒，世居长安，籍贯楚国彭城（今江苏徐州）。出生于汉昭帝元凤四年(前77年),去世于汉哀帝建平元年(前6年)。刘邦异母弟刘交的后代，刘歆之父。刘向是楚元王刘交四世孙。汉宣帝时，为谏大夫。汉元帝时，任宗正。以反对宦官弘恭、石显下狱，旋得释。后又以反对恭、显下狱，免为庶人。汉成帝即位后，得进用，任光禄大夫，改名为“向”，官至中垒校尉。曾奉命领校秘书，所撰《别录》，是我国最早的图书分类目录。三篇，大多亡佚。今存《新序》《说苑》《列女传》《战国策》《列仙传》等书，其著作《五经通义》有清人马国翰辑本。《楚辞》是刘向编订成书，而《山海经》是其与其子刘歆共同编订成书。

二、作品简介

《战国策》是一部国别体史书。并编定为三十三篇，主要记述了战国时期游说之士的政治主张和言行策略，可看作游说之士的实战演习手册。书中所载一切攻守和战之计和钩心斗角之事，正是这一时代政治斗争的反映。

《战国策》的文章特点是最长于说事，无论个人陈述或双方辩论，都喜欢夸张渲染，充分发挥，畅所欲言，具有很强的说服力。常常运用巧妙生动的譬喻，通过许多有趣的寓言故事，以增强论者的说服力。语言富于文采，语言明快流畅，纵恣多变，委曲尽情，无论叙事还是说理，都常常使用铺排和夸张的手法，绚丽多姿的辞藻，呈现酣畅淋漓的气势。

三、经典诵读

赵威后问齐使

齐王使使者问赵威后[①]。书未发[②]，威后问使者曰：“岁亦无恙耶[③]？民亦无恙耶？王亦无恙耶？”使者不说，曰：“臣奉使使威后[④]，今不问王而先问岁与民，岂先贱而后尊贵者乎？”威后曰：“不然。苟无岁，何以有民？苟无民，何以有君？故有舍本而问末者耶？”

【注释】

①赵威后：战国时赵惠文王妻。惠文王死，其子孝成王立，因年幼由威后执政。②发：启封。③岁亦无恙耶：年成还好吧？岁：年成。无恙：无忧。④奉使使威后：奉使命出使到威后这里来。

【译文】

齐国国王派遣使者去问候赵威后，书信还没有启封，威后就问使者说："今年的年成好吗？老百姓好吗？齐王好吗？"使者不高兴，说："下臣奉齐王的使命，出使到威后这里来，现在您不问齐王，反而先问年成和百姓，岂不是把需要轻视的放在前面，把尊贵的放在后面吗？"威后说："不是这样。假如没有收成，哪里有百姓？假如没有百姓，哪里有国君？因而有所问，能不问根本而问末节的吗？"

乃进而问之曰："齐有处士[①]曰钟离子，无恙耶？是其为人也，有粮者亦食，无粮者亦食；有衣者亦衣，无衣者亦衣。是助王养其民也，何以至今不业[②]也？叶阳子无恙乎？是其为人，哀鳏（guān）[③]寡，恤孤独，振[④]困穷，补不足。是助王息[⑤]其民者也，何以至今不业也？北宫之女婴儿子[⑥]无恙耶？彻其环瑱[⑦]（tiàn），至老不嫁，以养父母。是皆率民[⑧]而出于孝情者也，胡为至今不朝[⑨]也？此二士弗业，一女不朝，何以王齐国、子万民[⑩]乎？於陵子仲尚存乎？是其为人也，上不臣于王，下不治其家，中不索交诸侯。此率民而出于无用者，何为至今不杀乎？"

【注释】

①处士：有才能有道德隐居不仕的人。②不业：不使他做官以成功业。③鳏：老而无妻。④振：通"赈"，救济。⑤息：繁育。⑥婴儿子：人名。⑦环瑱：耳饰。⑧率民：带领百姓。⑨不朝：不使她上朝。古时夫人受封而有封号者为"命妇"，命妇即可入朝。此句意为：为什么至今不封婴儿子为命妇，使她得以上朝见君呢？⑩子万民：以万民百姓为子女，犹言"为民父母"。

【译文】

威后进而又问他说："齐国有个处士叫钟离子，平安无事吗？这个人做人呀，有粮食的人给吃的，没粮食的人也给吃的；有衣服的人给穿的，没有衣服的人也给穿的。这是帮助国君抚养百姓，为什么到今天还没有成就功业？叶阳子平安无事吗？这个人做人呀，怜悯那些无妻无夫的人，顾念抚恤那些无父无子的人，救济那些困苦贫穷的人，补助那些缺衣少食的人，这是帮助国君存恤百姓的人，为什么到今天还没有成就功业？北宫氏的女儿婴儿子平安无事吗？她摘掉耳环等装饰品，到老不嫁，来奉养父母。这是带领百姓尽孝心的人，为什么到今天还不让她上朝呢？这两个处士没有成就功业，一个孝女也不上朝，靠什么来统治齐国，做百姓的父母呢？於陵的那个子仲还在吗？这个人做人呀，对上不向国君称臣，对下不治理他的家，也不愿同诸侯交往，这是带领着百姓无所作为的人，为什么到今天还不杀掉呢？"

【开篇有益】

1. 词语积累：

恙、鳏、息

积累文中的复姓：钟离、叶阳、北宫

2. 文化常识：

鳏寡孤独：泛指没有劳动力而又没有亲属供养的人。

3. 读后有感：

这篇文章表现了赵威后以年成和百姓为“本”，以国君为“末”的治国思想，显示了她重视人心向背的政治远见。全文围定一个“民”字，以“问”构篇，以赵威后对齐使的问话一贯到底，却问而不答、问而无答、问而不必答；一般问句与反问问句交相变化，排比问句与零散问句穿插使用，提升了语言气势，增加了文章波澜。

图 7–2–1　古代文官

齐宣王见颜斤蜀

齐宣王见颜斶[①]（chù），曰：斶前！”斶亦曰：“王前！”宣王不说。左右曰：“王，人君也；斶，人臣也。王曰‘斶前’，亦曰‘王前’，可乎？”斶对曰：“夫斶前为慕势，王前为趋士[②]。与使斶为慕势，不如使王为趋士。”王忿然作色曰：“王者贵乎？士贵乎？”对曰：“士贵耳，王者不贵。”王曰：“有说乎？”斶曰：“有。昔者秦攻齐，令曰：‘有敢去柳下季垄[③]五十步而樵采者，死不赦。’令曰：‘有能得齐王头者，封万户侯，赐金千镒。’由是观之，生王之头，曾不若死士之垄也。”宣王默然不悦。

【注释】

①颜斶：齐国隐士。②趋士：礼贤下士。③柳下季：指鲁国贤人柳下惠。垄：坟墓。

【译文】

齐宣王召见颜斶，说：“颜斶，上前来！”颜斶也说：“大王上前来！”宣王不高兴。左右近臣说：“大王是人君，你是人臣；大王说‘颜斶上前来！’你也说‘大王上前来！’可以吗？”颜斶回答说：“我上前是趋炎附势，大王上前是礼贤下士。与其让我趋炎附势，不如让大王礼贤天下士。”宣王怒容满面地说：“是王尊贵，还是士尊贵？”颜斶回答说：“士尊贵，君王不尊贵。”宣王说：“有什么道理吗？”颜斶说：“有。从前秦国进攻齐国，秦王下令说：‘有人敢在柳下惠墓地五十步内砍柴的，判以死罪不救免。’又下令说：‘有人能欲下齐王脑袋的，封邑万户，赐金二万两。'由此看来，活王的头，还不如死士的墓。"宣王一声不吭，很不高兴。

左右皆曰："斶来，斶来！大王据千乘之地，而建千石钟[①]，万石虡[②]（jù）。天下之士，仁义皆来役处[③]，辩士并进，莫不来语；东西南北，莫敢不服。求万物无不备具，而百姓无不亲附。今夫士之高者，乃称匹夫，徒步而处农亩，下则鄙野[④]监门闾里。士之贱也，亦甚矣！"

【注释】

①石：古代的计量单位，一百二十斤为一石。钟：乐器。②虡：古代悬挂乐器的架子中间的木柱。③役处：效力，供事。④鄙野：乡野。

【译文】

左右近臣都说："颜斶过来！颜斶过来！大王拥有万乘大国的土地，立有千石重量的大钟，万石重量的钟架。天下知仁行义的士人都来到齐国效力；有口才有智谋的人莫不来到齐国发挥才能；四方诸侯莫敢不服。齐王所要的东西无不齐备，全国百姓无不拥护。现在所谓的高尚之士，不过是被称作匹夫，光着脚处在田野之间，等而下之者就是些边远地方里巷的看门人而已。士人这样下贱，也真是够呛了。"

斶对曰："不然。斶闻古大禹之时，诸侯万国。何则？德厚之道，得贵士之力也。故舜起农亩，出于岳鄙，而为天子。及汤之时，诸侯三千。当今之世，南面称寡者，乃二十四。由此观之，非得失之策与？稍稍[①]诛灭，灭亡无族之时，欲为监门、闾里，安可得而有乎哉？是故《易传》不云乎：'居上位，未得其实[②]，以喜其为名[③]者，必以骄奢为行。据慢[④]骄奢，则凶中之。是故无其实而喜其名者削，无德而望其福者约[⑤]，无功而受其禄者辱，祸必握[⑥]。'故曰：'矜功不立，虚愿不至。'此皆幸乐其名，华而无其实德者也。是以尧有九佐，舜有七友，禹有五丞，汤有三辅，自古及今而能虚成名于天下者，无有。是以君王无羞亟[⑦]（jí）问，不愧下学，是故成其道德而扬功名于后世者，尧、舜、禹、汤、周文王是也。故曰：'无形者，形之君也[⑧]。无端者，事之本也。'夫上见其原，下通其流，至圣人明学，何不吉之有哉！老子曰：'虽贵，必以贱为本；虽高，必以下为基。是以侯王称孤寡不谷[⑨]，是其贱之本与？'非夫孤寡者，入之困贱下位也，而侯王以自谓，岂非下人而尊贵士与？夫尧传舜，舜传禹，周成王任周公旦，而世世称曰明主，是以明乎士之贵也。"

【注释】

①稍稍：渐渐。②实：居上位所应具备的素质。③为名：有（居上位的）名声。④据慢：倨慢，傲慢无礼。⑤约：受阻。⑥握：通"渥"，厚重。⑦亟：数，频繁。⑧无形者，形之君：无形可见的东西，是有形可见的东西的主宰。⑨不谷：不善。用于自称表谦恭。

【译文】

颜斶回答说："不对。我听说古之大禹时代，诸侯有万国。这是为什么呢？因为他们实施仁德宽厚的国策，并得到令人敬重的士人帮助。所以舜帝出身于农民，发迹于僻壤，最终成为天子。到商汤时代，诸侯也有三千。而到了现在，称孤道寡的只不过二十四家。

由此看来，这难道不是得士与失士造成的吗？如果诸侯国渐渐地被杀戮消灭，等到灭国亡族的时候，就是想要做个里巷的看门人，又怎么可能呢？所以，《易经》上不是这样说吗，身居高位者，没有身居高位的道德修养，只喜欢浮夸的虚名，必然走入骄傲奢侈的歧途。骄傲奢侈，灾祸必然随之而来。所以没有深厚修养却只喜欢空名的导致削弱，没有美好德行却希望幸福的必然困窘，没有建立功勋却享受俸禄的自寻其辱，这一切必然招致严重的祸害。所以说：'好大喜功者必定不能建立功业；空言而无行者终究不能实现愿望。这都是爱好虚名，浮夸而无实际德行的人。所以尧有九佐，舜有七友，禹有五丞，汤有三辅。自古至今能以虚名建功立业的人就没有过。因此君主不以多次向别人请教为羞耻，不以向地位低的人学习为愧疚。以此成就他的道德并且流传功名于后世的，像尧、舜、禹、汤、周文王就是这样的人。所以说：'无形可见的东西，是有形可见的东西的主宰。还没有露出头的东西，是事物的本源。'在上能窥见事物的本源，在下能通晓事物的流变，最圣明的人懂得学些什么，怎么会有不吉利的事呢？老子说：'虽然贵，一定以微贱做根本；虽然高，一定以低下做基础。所以侯王自称孤寡不穀，这不正是贱为贵的根本吗？'所谓孤寡，是指人们处于困窘、卑贱的地位，可是侯王却拿来自称，难道不是谦居人下、重视士人的证明吗？尧传位于舜，舜传位于禹，周成王任用周公旦，世世代代被赞扬为明君，这是因为他们明白士人是可贵的。"

宣王曰："嗟乎！君子焉可侮哉，寡人自取病①耳！及今闻君子之言，乃今闻细人②之行，愿请受为弟子。且颜先生与寡人游，食必太牢③，出必乘车，妻子衣服丽都④。"颜斶辞去曰："夫玉生于山，制则破焉，非弗宝贵矣，然夫璞不完。士生乎鄙野，推选则禄焉，非不得尊遂⑤也，然而形神不全。斶愿得归，晚食以当肉，安步以当车，无罪以当贵，清静贞正以自虞⑥。制言者王也，尽忠直言者斶也。言要道⑦已备矣，愿得赐归，安行而反臣之邑屋。"则再拜而辞去也。斶知足矣，归反朴⑧，则终身不辱也。

【注释】

①病：羞辱。②细人：德行低下的小人。③太牢：牛羊猪各一头。④丽都：华丽。⑤尊遂：尊贵显达。⑥虞：通"娱"，欢乐。⑦言要道：言之要道，指进言应该遵循的规则（亦即"尽忠直言"）。⑧反朴：舍弃富贵华丽而返归素朴真纯。

【译文】

宣王说："唉！君子怎能被侮辱呢？我实在自讨没趣啊！至今我听了君子的话，现在才明白不懂得尊重士人乃是小人行为，希望您收下我做学生。而且先生与我交往，我会以上等宴席招待您，外出备有高级车马，妻子儿女穿着华贵服装。"颜斶辞谢而去说："璞玉生在深山中，经玉匠加工而破璞取玉，其价值并非不宝贵，但是那璞玉就不再有本真的完美了。士人生在偏乡僻野，经推举选拔而享有禄位，其地位并非不尊贵显赫，但是他的身心就不再完整独立了。我希望回到乡里，晚点吃饭权当吃肉，悠闲散步权当乘车，不犯王法权当富贵，清静纯正自得其乐。发号施令的是您大王，尽忠直谏的是我颜斶。我阐述的主要意见已经很详尽了，希望您允许我回去，平平安安地回到我的家乡。"于是他拜了两拜后离去。颜斶可以说是知足的人了，保持淳朴的本性回到本乡，这样终身也不会受辱啊！

【开篇有益】

1. 词语积累：

趋士、鄙野、稍稍、据慢、亟、细人、尊遂、虞

2. 文化常识：

不谷：一般指不穀。不穀，一作“不毂”，今人简化为“不谷”。是先秦诸侯之长的谦称，本为周天子所用，后来周室衰落，诸侯霸主也僭用了，齐桓公就是一例，楚国僭越称王后也常用此称呼。

太牢：即古代帝王祭祀社稷时，牛、羊、豕（猪）三牲全备为“太牢”。

安步当车：安：安详，不慌忙；安步：缓缓步行。以从容的步行代替乘车。

3. 读后有感：

前人评此文“起得唐突，收得超忽”。构思颇妙，有如独幕剧。以对话成文，以对话展开波澜起伏的情节，以对话表现人物的性格与内心世界。以情节论，两个“前”字的撞击，一石激起千层浪。先有“左右”狗仗人势的责问，颜斶舌战齐臣；后有齐王“忿然作色”的质疑，颜斶针锋相对，以王贱士贵的有力推论令宣王折服，并得之以丰厚爵禄的笼络以至最终谢绝。文章短却起伏曲折。“文似看山不喜平”，不平即此文美之所至也。

庄辛论幸臣[①]

臣闻鄙语[②]曰：‘见兔而顾犬，未为晚也。亡羊而补牢[③]未为迟也。’臣闻：昔汤、武以百里昌，桀、纣以天下亡。今楚国虽小，绝长续短，犹以数千里，岂特百里哉？

【注释】

①庄辛：楚臣。楚怀王被骗死在秦国，怀王之子顷襄王继位，淫逸侈靡不顾国政，庄辛于是进谏。幸臣：受宠爱的臣子。②鄙语：俗语。鄙：粗俗，低贱。③牢：关牲口的圈。

【译文】

我听俗语说：“看到兔子后才想到呼唤猎犬捕捉，也不算太晚。羊逃跑后再去补修羊圈还不算太迟”。我听说：过去汤王、武王凭借百之地方兴盛起来，桀、纣拥有天下却最终灭亡。今楚国的地方虽小，但是截长补短，还能以几千里计算，何止是一百里呢？

王独不见夫蜻蛉[①]乎？六足四翼，飞翔乎天地之间，俛（fú）啄蚊虻（méng）而食之，仰承甘露而饮之，自以为无患，与人无争也。不知夫五尺童子，方将调饴[②]胶丝，加[③]己乎四仞[④]之上，而下为蝼蚁食也。

【注释】

①蜻蛉：即蜻蜓。②饴：糖浆，粘汁。③加：加害。④仞：八尺，或说七尺。

【译文】

大王您难道没看见蜻蜓么？六只脚四只翼，在天地间盘旋飞翔，俯身捉食蚊虻，仰头承饮甘露，它自以为没有灾难，与谁也不相争了。可是没想到那五尺高的小孩子，正要调

好黏糖粘在丝绳上，加在它身上，将它从高空中粘下来，给蚂蚁吃了。

夫蜻蛉其小者也，黄雀因是以[①]。俛噣白粒[②]，仰栖茂树，鼓翅奋翼。自以为无患，与人无争也。不知夫公子王孙，左挟弹，右摄丸，将加己乎十仞之上，以其类为招[③]。昼游乎茂树，夕调乎酸咸[④]，倏忽之间，坠于公子之手。

【注释】

①因是以：仍然是这样啊。即不以蜻蜓为鉴。因：犹。以：通“已”。②噣：同“啄”。白粒：米。③招：招诱，即靶子，射击的目标。④调乎酸咸：用酸咸调味，指被烹煮。

【译文】

蜻蜓还是其中的小事啊，黄雀也仍然是这样。向下啄食米粒，向上栖息树上，展翅奋飞。它自以为没有灾难，与谁也不相争了。可是没想到那王孙公子，左手拿着弹弓，右手按上弹丸，拉紧弓弦，要在很高的地方射击它，把黄雀作为弹射的目标。白天还在树上游玩，晚上被人加上酸醎的作料做成菜肴了，顷刻之间，就落到了公子手里。

夫雀其小者也，黄鹄因是以。游于江海，淹乎大沼，府噣鲤，仰啮陵衡[①]，奋其六翮[②]（hé），而凌清风，飘摇乎高翔，自以为无患，与入无争也。不知夫射者，方将修其碆（bō）卢[③]，治其矰缴[④]（zēng zhuó），将加己乎百仞之上。被礛磻[⑤]（jiān bō），引微缴，折清风而抎[⑥]（yǔn）矣。故昼游乎江河，夕调乎鼎鼐。

【注释】

①衡：通“蘅”，水草。②六翮：翅膀。翮，羽毛的茎，代指鸟翼。③碆卢：用弓发射打鸟的石箭头。④矰缴：捕鸟用具。⑤礛磻：锐利的石制箭头。⑥抎：同“陨”，坠落。

【译文】

黄雀的遭遇还是其中的小事啊，天鹅也是这样。它在江海遨游，在大水池边停息，低头啄食水中的鲳鲤，抬头吃菱角和水草，举起它的翅膀，驾着清风，在空中自由飞翔，它自以为没有灾难，与谁也不相争了。可是没想到那射手正准备制弓箭，修理捕鸟的用具，要在很高很高的地方射击它。它身中锐利的石制箭头，拖着箭上的细丝绳，在清风中翻转一下就掉下来了。因此，白天还在江湖中遨游，晚上就放在鼎鼐中烹调了。

夫黄鹄其小者也，蔡灵侯[①]之事因是以。南游乎高陂，北陵乎巫山，饮茹溪[②]流，食湘波之鱼。左抱幼妾，右拥嬖（bì）女，与之驰骋乎高蔡[③]之中，而不以国家为事。不知夫子发[④]方受命乎宣王，系己以朱丝而见之也。

【注释】

①蔡灵侯：蔡国的国君。②茹溪：源出巫山。③高蔡：上蔡。④子发：楚大夫。

【译文】

天鹅的遭遇还是其中的小事啊，蔡灵侯也是这样。他南游高丘，北登巫山，在茹溪河畔饮马，吃湘江的鲜鱼。他左手抱着年轻的爱妾，右手搂着心爱的美女，和她们一起奔驰在高蔡的路上，而不把国家的安危当作正事。可是没想到子发正从楚王那里接受了攻打蔡国的命令，最后他自己被红绳拴上去见楚王。

蔡圣侯之事其小者也，君王之事因是以。左州侯，右夏侯，辇从鄢陵君与寿陵君，饭封禄之粟，而戴方府之金，与之驰骋乎云梦之中，而不以天下国家为事。不知夫穰侯[①]方受命乎秦王[②]，填黾（mǐn）塞[③]之内，而投己乎黾塞之外。

【注释】

①穰侯：魏冉，秦昭王舅父，封于穰。②秦王：秦昭王。③黾塞：楚国北部的要塞。黾塞之内是指楚国境内，黾塞之外是指秦国。

【译文】

蔡灵侯的遭遇还是其中的小事啊，君王也是这样。左边有州侯，右边有夏侯，辇车后面还跟着鄢陵君和寿灵君，吃着由封邑进奉来的粮食，载着四方府库所供纳的金银，和他们一起驾着车子奔驰在云梦的路上，而不把天下国家的安危当作正事。没想到穰侯魏冉正从秦王那里接受了攻打楚国的命令，陈兵在黾塞之内，而把自己驱逐在黾塞之外了。”

【开篇有益】

1. 词语积累：

鄢、饴、加、翮、矰缴

2. 文化常识：

亡羊补牢：比喻出了问题以后想办法补救，免得以后继续受损失。

仞：本意是指古代长度单位，周制八尺，汉制七尺，引申义是测量深度。

鼎鼐：意思是鼎和鼐，古代两种烹饪器具。

3. 读后有感：

做错了事情没关系，错了，一段时间没明白过来也没关系，但一错再错不再改正是不对的！本文通过庄辛对楚襄王的劝告，以生动的譬喻，说明强敌当前，必须励精图治；若一味贪图享乐，每日与幸臣为伍，必将遭到国破身亡之祸。

第三节　陈寿与《三国志》

一、作者简介

陈寿（233年—297年），字承祚。巴西郡安汉县（今四川省南充市）人。三国时蜀汉及西晋时著名史学家。

陈寿少时好学，师事同郡学者谯周，在蜀汉时曾任卫将军主簿、东观秘书郎、观阁令史、散骑黄门侍郎等职。当时，宦官黄皓专权，大臣都曲意附从。陈寿因为不肯屈从黄皓，所以屡遭遣黜。蜀降晋后，历任著作郎、长广太守、治书侍御史、太子中庶子等职。晚年多次被贬，屡次受人非议。元康七年（297年）病逝，享年六十五岁。

太康元年（280年），晋灭吴结束了分裂局面后，陈寿历经十年的艰辛，终于完成了纪传体史学巨著《三国志》。此书完整地记叙了自汉末至晋初近百年间中国由分裂走向统一的历史全貌，与《史记》《汉书》《后汉书》并称“前四史”。

二、作品简介

《三国志》是记载中国三国时代的断代史，同时也是二十四史中评价最高的“前四史”之一。全书共六十五卷，善于叙事，文笔简洁，剪裁得当，当时就受到赞许。陈寿能在叙事中做到隐讳而不失实录，扬善而不隐蔽缺点。陈寿所处的时代，各种政治关系复杂，历史与现实问题纠缠在一起，陈寿在用曲折方式反映历史真实方面下了很大功夫。《三国志》行文简明、干净。它常用简洁的笔墨，写出传神的人物。

三、经典诵读

华佗传

华佗，字元化，沛国谯人也，一名旉[①]（fū），游学徐土，兼通数经。沛相陈珪举孝廉，太尉黄琬辟，皆不就。晓养性之术，时人以为年且百岁而貌有壮容。又精方[②]药，其疗疾，合汤不过数种，心解分剂[③]，不复称量，煮熟便饮，语其节度，舍去辄愈。若当灸，不过一两处，每处不过七八壮，病亦应[④]除。若当针，亦不过一两处，下针言“当引某许[⑤]，若至，语人”。病者言“已到”，应便拔针，病亦行差。若病结积在内，针药所不能及，当须刳[⑥]（kū）割者，便饮其麻沸散，须臾便如醉死，无所知，因破取。病若在肠中，便断肠湔（jiān）洗，缝腹膏摩，四五日差，不痛，人亦不自寤[⑦]，一月之间，即平复矣。

【注释】

①雋：同“敷”。②方：处方，药方。③心解分剂：心里明了熟悉药物的分量、比例。④应：随即。⑤引：延伸。许：处所。⑥刳：剖开，开刀。⑦寤：醒，这里指感觉到。

【译文】

华佗，字元化，是沛国谯县人，又名敷。到徐州地区求学，通晓数种经书。沛国的相陈圭推荐他为孝廉，太尉黄琬征召任用，他都不去就任。华佗懂得养生方法，当时的人都认为他年已百岁可看外表还像青壮年。又精通医方医药，他治病时，配制汤药不过用几味药，心里明了药物的分量、比例，用不着再称量，把药煮熟就让病人服饮，告诉病人服药的注意事项，药渣倒完后病就痊愈了。如果需要灸疗，不过一两个穴位，每个穴位不过烧灸七、八根艾条，病痛就应手消除。如果需要针疗，不过扎一两个穴位，下针时对病人说“针刺感应当延伸到某处，如果到了，告诉我。”病人说“已经到了”，便应声起针，病痛很快就痊愈了。如果病患郁积在体内，扎针吃药都不能奏效，应须剖开割去的，就饮服他配制的“麻沸散”，一会儿病人便如醉死一样，毫无知觉，于是开刀取出结积物。病患如果在肠中，就割除肠子患病部位，清洗伤口及感染部位，缝合刀口用药膏敷上，四五天后病就好了，不再疼痛，病人自己也不觉得，一个月之内，伤口便愈合了。

府吏兒[①]寻、李延共止[②]，气俱头痛身热，所苦正同。佗曰：“寻当下之，延当发汗。”或难[③]（nàn）其异，佗曰：“寻外实，延内实，故治之宜殊。”即各与药，明旦并起。

督邮[④]徐毅得病，佗往省之。毅谓佗曰：“昨使医曹吏刘租针胃管讫，便苦咳嗽，欲卧不安。”佗曰：“刺不得胃管，误中肝也，食当日减，五日不救。”遂如佗言。

【注释】

①兒：同“倪”，姓。②止：站住，指就诊。③难：发问。④督邮：汉代郡守佐官。

【译文】

郡守府中官吏倪寻、李延同时来就诊，都头痛发烧，病痛症状相同。华佗说：“倪寻应该把内热通过小便排出来，李延应当把内热通过发汗排出去。”有人对这两种不同疗法提出疑问。华佗说：“倪寻是外实症，李延是内实症，所以治疗它们应当方法不同。”马上分别给两人服药，第二天早晨两人一同病愈了。

督邮徐毅得病，华佗前去看望他。徐毅对华佗说：“昨天让官府内负责医疗的小官吏刘租针刺胃部后，便受苦于咳嗽，想躺下休息都不安宁。”华佗说：“针刺未及胃部，误中肝脏了，食量应会日益减少，过五日不能挽救。”接着像华佗所说的那样。

佗行道，见一人病咽塞，嗜食而不得下，家人车载欲往就医。佗闻其呻吟，驻车往视，语之曰：“向来道边有卖饼家，蒜齑（jī）大酢[①]，从取三升饮之，病自当去。”即如佗言，立吐蛇[②]一枚，悬车边，欲造[③]佗。佗尚未还，小儿戏门前，逆见[④]，自相谓曰：“似逢我公，车边病是也。”疾者前入坐，见佗北壁悬此蛇辈约以十数。

【注释】

①酢：同“醋”。②蛇：指一种形状像蛇的寄生虫。③造：拜访。④逆见：迎面看到。

【译文】

华佗行在路上，看见一个人患咽喉堵塞的病，想吃东西却吃不下，家里人用车载着他去求医。华佗听到病人的呻吟声，车马停止去诊视，告诉他们说：“刚才我来的路边上有家卖饼的，有蒜泥和大醋，你向店主买三升来吃，病痛自然会好。”他们马上照华佗的话去做，病人吃下后立即吐出蛇状的寄生虫一条，把虫悬挂在车边，想到华佗家去拜谢。华佗还没有回家，他的两个孩子在门口玩耍，迎面看见他们，小孩相互告诉说：“像是遇见咱们的父亲了，车边挂着的‘病’就是证明啦。”病人上前进屋坐下，看到华佗屋里北面墙上悬挂这这类寄生虫的标本大约有十几条。

广陵太守陈登得病，胸中烦懑，面赤不食。佗脉[①]之曰：“府君胃中有虫数升，欲成内疽（jū），食腥物所为也。”即作汤二升，先服一升，斯须[②]尽服之。食顷，吐出三升许虫，赤头皆动，半身是生鱼脍也，所苦便愈。佗曰：“此病后三期[③]（jī）当发，遇良医乃可济救[④]。”依期果发动，时佗不在，如言而死。太祖闻而召佗，佗常在左右。太祖苦头风[⑤]，每发，心乱目眩。佗针鬲[⑥]（gé），随手而差[⑦]（chài）。

【注释】

①脉：为……切脉。②斯须：须臾，一会儿。③三期：三年。期，一周年。④济救：这里指“救活”。济，救助。⑤头风：脑神经痛。⑥鬲：膈俞穴。⑦差：同“瘥”，病愈。

【译文】

广陵郡太守陈登得了病，心中烦躁郁闷，脸色发红不想吃饭。华佗为他切脉说：“您胃中有虫好几升，将在腹内形成内一种肿胀坚硬的毒疮，是吃生鱼、生肉造成的。”马上做了二升药汤，让他先喝一升，一会儿把药全部喝了，过了一顿饭的工夫，就吐出了约三升小虫，小虫赤红色的头都会动，一半身体还是生鱼脍的模样（脍：切得很细的鱼肉），所受病痛也就好了。华佗说：“这种病三年后该会复发，碰到良医才可以救活。”按照预计的时间陈登果然旧病发作，当时华佗不在，陈登就去世了。曹操听说而召唤华佗，华佗常守在他身边。曹操为头痛病所苦，每当发作，就心情烦乱，眼睛眩晕。华佗只要针刺膈俞穴，应手而愈。

李将军妻病甚，呼佗视脉。曰:“伤娠[①]而胎不去。”将军言:“闻实伤娠，胎已去矣。”佗曰：“案脉[②]，胎未去也。”将军以为不然[③]。佗舍去，妇稍小差。百余日复动，更[④]呼佗。佗曰：“此脉故事[⑤]有胎。前当生两儿，一儿先出，血出甚多，后儿不及生。母不自觉，旁人亦不寤，不复迎[⑥]，遂不得生。胎死，血脉不复归，必燥著[⑦]母脊，故使多脊痛。今当与汤，并针一处，此死胎必出。”汤针既加，妇痛急如欲生者。佗曰:“此死胎久枯，不能自出，宜使人探之。”果得一死男，手足完具，色黑，长可尺所。佗之绝技[⑧]，凡此类也。

【注释】

①娠：指胎儿。②案脉：切脉。③然：代词，这样。④更：又，再。⑤故事：以前，从前。⑥迎：接生。⑦著：附着：⑧绝技：极高的本领，没人能赶得上的技艺。

【译文】

李将军的妻子病很重，叫华佗来切脉，华佗说："胎儿受到伤害却没能除去。"将军说："听说确实伤害了胎儿，胎儿已除去了。"华佗说："切脉，胎儿没有除去啊。"将军以为不是这样。华佗告辞离去，妇人稍好些，百余日后又发病，再叫华佗，华佗说："此脉相按照先例有胎儿。先前应该生两个婴儿，一个婴儿先除去，血出得太多，后面的婴儿没有及时产下。母亲没感觉到，旁边的人也没有领悟。不再接生，于是不得生产。胎儿死了，血脉不能回复，必然干燥附着他母亲的脊背，因此造成脊背常常疼痛。如今应当施以汤药，并针刺一处，这个死胎必定产下。"汤药针刺施加后，妇人疼痛像是要急着想要生产。华佗说："这个死胎日久干枯，不能自己出来，适宜派人掏取它。"果然得到一个死去的男婴，手足完备，颜色发黑，长大约达到一尺。华佗的卓绝医技，大都像这些情况。

【开篇有益】

1. 词语积累：

刳、瘥、难、造、逆、期

2. 文化常识：

望闻问切：望，指观气色；闻，指听声息；问，指询问症状；切，指摸脉象。合称四诊。

3. 读后有感：

华佗是东汉医学家，精内、妇、儿、针灸各科，尤其擅长外科。他曾用"麻沸散"麻醉病人后再实行剖腹手术，是世界医学史上应用全身麻醉进行手术治疗最早的医学家。

华佗对养生和预防保健尤为注重，并身体力行，编创一套"五禽戏"，仿鹿、熊、虎、猿、鸟的动作，时常操练，以强身除病。

荀彧传

荀彧（yù）字文若，颍川颍阴人也。彧年少时，南阳何颙（yóng）异之，曰："王佐才也。"永汉元年，举孝廉，拜守宫令。董卓之乱，求出补吏。除亢父[①]令，遂弃官归。谓父老曰："颍川，四战之地也，天下有变，常为兵冲[②]，宜亟[③]（jí）去之，无久留。"乡人多怀土犹豫，莫有随者，或独[④]将宗族至翼州。

【注释】

①亢父：地名。②兵冲：军事要冲。③亟：急忙。④独：副词，仅，只有。

【译文】

荀彧字文若，颍川郡颍阴县人。荀彧年少时，南阳人何颙非常看重他，说："是一个辅佐帝王的人才！"永汉元年，被荐举为孝廉，担任守宫令。董卓之乱时，被任命为亢父县父，竟弃官回家。他对父老们说："颍川是四面受敌的争战之地，天下一有变故，就会经常成为军事要冲，应当赶紧离开此地，不要长久停留。"乡人之中很多都留恋本土，犹豫不决，没有追随的，荀彧只将自己的宗族迁到冀州。

自太狙之迎天子也，袁绍内怀不服。绍既并河朔，天下畏其强。太祖方东忧吕布，南拒张绣，而绣败太狙军于宛。绍益骄，与太祖书，其辞悖慢[①]。太祖大怒，出入动静变于常，

众皆谓以失利于张绣故也。钟繇以问彧，彧曰：“公之聪明，必不追咎往事，殆[②]有他虑。”则见太祖问之，太祖乃以绍书示彧，曰：“今将讨不义，而力不敌，何如？”彧曰：“古之成败者，诚有其才，虽弱必强，苟非其人，虽强亦弱。刘、项之存亡，足以观矣。今与公争天下者，唯袁绍尔。绍貌外宽而内忌，任人而疑其心，公明达不拘，唯才所宜：此度胜也。绍迟重少决，失在后机，公能断大事，应变无方[③]：此谋胜也。绍御军宽缓，法令不立，士卒虽众，其实难用，公法令既明，赏罚必行，士卒虽寡，皆争致死：此武胜也。绍凭世资，从容饰智[④]，以收名誉，故士之寡能好问[⑤]者多归之，公以至仁待人，推诚心不为虚美，行己谨俭，而与有功者无所悋惜，故天下忠正效实之士咸愿为用：此德胜也。夫以四胜辅天子，扶义征伐，谁敢不从？绍之强其何能为！”太祖悦。

【注释】

①悖慢：荒谬，傲慢。②殆：恐怕。③无方：不守成规。④从容饰智：装模作样，玩弄小聪明。⑤问：通“闻”，名声，虚名。

【译文】

自从太祖迎接天子到许都之后，袁绍内心不服。袁绍兼并北方之后，天下人都畏惧他的强盛。太祖正东忧吕布，南拒张绣，而张绣在宛县打败太祖军。袁绍更加骄傲，给太祖写信，言辞无理傲慢。太祖大怒，出入的举动不同平常，众人都说是因为失利于张绣的缘故。钟繇为这事问荀彧，荀彧说：“曹公是聪明人，必不追咎往事，恐怕有其他忧虑。”于是见到太祖询问，太祖便将袁绍的信给荀彧看，说：“我现在想要讨伐不义，而力量敌不过他，怎么办？”荀彧说：“自古以来在胜败场中较量，真有才能的人，纵使起初弱小也必将强盛，如果不是有才能的人，即使起初强大也容易弱小。从汉高祖与项羽的存亡，就足以看出这一点。现今同您争天下的人，只有袁绍罢了。袁绍貌似宽容而内心忌刻，使用人之才而又疑人之心，而您明白豁达不拘小节，用人唯才。这说明您的度量胜过袁绍。袁绍处事迟缓优柔寡断，往往错过时机造成失败，您能决断大事，随机应变不守成规：这说明您的谋略胜过袁绍。袁绍治军不严，法令不行，士卒虽多，其实难用，您法令严明，信赏必罚，士卒虽少，都争先效死。这说明您的军队胜过袁绍。袁绍凭借世代门第，装模作样地玩弄小聪明，以博取名誉，因此很多缺乏才能而喜好虚名的士人都归附于他，而您以仁爱待人，推诚相见不求虚名，自己的行为谨慎节俭，赏赐有功的人无所吝惜，因此天下忠诚正直讲求实际的人士都愿意为您所用，这说明您的品德胜过袁绍。用这四大优点来辅佐天子，扶持正义讨伐不义之臣，谁敢不从？袁绍再强又有什么用呢？”太祖很高兴。

十七年，董昭等谓太祖宜进爵国公，以彰[①]殊勋，密以咨彧。彧以为太祖本兴义兵以匡朝宁国，秉忠贞之诚，守退让之实，君子爱人以德，不宜如此。太祖由是心不能平。会征孙权，表请彧劳军于谯，彧疾留寿春，以忧薨[②]，时年五十。明年，太祖遂为魏公矣。

评曰：“荀彧清秀通雅[③]，有王佐之风，然机鉴先识，未能充[④]其志也。”

【注释】

①彰：表彰。②薨：死，古代称侯王死。③通雅：通达儒雅。④充：发挥。

【译文】

建安十七年，董昭等认为太祖应该晋升爵位为国公，以表彰他的特殊功勋，将此事秘密征询荀彧的意见。荀彧认为太祖发起义兵本来是为了匡正朝廷、安定国家，怀抱忠贞的诚心，保持退让的行动，君子根据高尚的道德而爱人，不应该这样做。太祖从此对荀彧心中不满。正好遇上征伐孙权，太祖上表请派荀彧到樵地劳军，荀彧因病留在寿春，由于心中忧郁而死，当年五十岁。第二年，太祖就升为魏公了。

评论说：荀彧才能出众，通达儒雅，有辅佐帝王的风范，然而预先看出了曹氏篡位的苗头，因而没有能够充分地发挥自己的才智。

【开篇有益】

1. 词语积累：

冲、亟、悖慢、殆、从容、充

2. 文化常识：

薨：指成群的昆虫一起飞的声音；古代称诸侯或有爵位的大官死去，也可以用于皇帝的高等级妃嫔和所生育的皇子公主，或者封王的贵族。

3. 读后有感：

荀彧自小被世人称作“王佐之才”。作为曹操统一北方的首席谋臣和功臣，荀彧在战略上为曹操制定并规划了统一北方的蓝图和军事路线，曾多次修正曹操的战略方针而得到曹操的赞赏；战术方面曾面对吕布叛乱而保全兖州三城，奇谋扼袁绍于官渡，叶而间行轻进以掩其不意奇袭荆州等；政治方面为曹操举荐了钟繇、荀攸、陈群、杜袭、司马懿、郭嘉等大量人才。

荀彧在建计、密谋、匡弼，举人等方面多有建树，被曹操称为“吾之子房”。

第八章　文学经典诵读

中国优秀的文化经典，世代遵承的国故著华，是中国精神的活水源头，是一个民族能自立于世界民族之林的生生血脉。读记这些祖先遗传的文化精髓，你会在不经意间与之邂逅相遇时，收获畅读无碍的满足！

第一节　刘勰与《文心雕龙》

一、作者简介

刘勰（约 465 年—约 521 年），字彦和，东莞郡莒县（今山东省日照市莒县）人。南朝梁时期大臣，文学理论家、文学批评家，刘宋越骑校尉刘尚之子。

少时家贫笃志好学，依靠名僧僧佑，学习儒家和佛家理论。撰写《文心雕龙》，得到宰相沈约称赞，授奉朝请，历任临川王（萧宏）记室、步兵校尉、太子通事舍人。昭明太子萧统去世，内心伤悲，请求出家，没有得到梁武帝许可。于是，烧发明志，法号慧地，出家并圆寂于定林寺。

二、作品简介

《文心雕龙》是中国文学理论批评史上第一部文学理论专著。全书以孔子美学思想为基础，兼采道家；理论系统，结构严密，论述细致，“体大而虑周”。作者认为道是文学的本源，圣人是学习的楷模，“经书”是文章的典范。书超前人，风格迥异，独树一帜，对后世影响颇大。

《文心雕龙》引论古今文体及其作法，与刘知几《史通》、章学诚《文史通义》，并称文史批评三大名著，奠定了在中国文学批评史上的地位。

三、经典诵读

1. 缀文者①情动而辞发，观文者披文②以入情③。《文心雕龙·知音》

【注释】

①缀文者：指作者。②披文：阅读、分析文章。③入情：进入作品情境，指被打动。

【译文】

作者只有当感情奔腾涌动时，才能文思如泉，运用文字形成作品；读者只有认真阅读、仔细分析作品，才能与作者产生共鸣，为作品的情所打动。

2. 操①千曲而后晓声②，观千剑而后识器③。《文心雕龙·知音》

【注释】

①操：掌握。②声：指音乐。③器：指武器。

【译文】

掌握了上千支曲子之后。方能通晓音乐；观察过上千口宝剑之后，方能识别武器。

3. 权衡[①]损益[②]，斟酌[③]醉浓淡，芟（shān）[④]繁剪秽，弛[⑤]于负担。《文心雕龙·络裁》

【注释】

①权衡：衡量。②损益：减少增加。③斟酌：考虑。④芟：删除。⑤弛：解除。

【译文】

衡量文字哪里要增，哪量要减；考虑笔墨哪里该浓，哪里该淡，删除多余的字句，剪除污秽内容，使文章减轻负担，避免冗长累赘。

4. 善删者字去而意留，善敷[①]者辞殊[②]而意显。《文心雕龙·熔裁》

【注释】

①敷：铺陈，排列。②殊：不同。

【译文】

善于删削的人，文章中一些多余的字虽然去掉了，但意思仍保留下来；善于铺陈的人，文章中所用的辞藻各不相同，而意思越来越明显。

5. 句有可削，足见其疏[①]；字不得减，乃知其密。《文心雕龙·熔裁》

【注释】

①疏：粗疏，指文意联系不紧密，中间有多余的、无关宏旨的语。

【译文】

文章中有可以删削的句子，足见其粗疏；文章中没有可以削减的字，才知道其精密。

6. 以少总[①]多，情貌无遗矣。《文心雕龙·物色》

【注释】

①少：指语言简练。总：总括。

【译文】

用简清的语言概括丰富的内容，把事物的情态状貌表现无遗。

7. 晦塞[①]为深，虽奥非隐[②]；雕削取巧，虽美非秀[③]。《文心雕龙·隐秀》

【注释】

①晦塞：同“晦涩”，隐晦难懂。②隐：含蓄。③秀：精警。

【译文】

把晦涩当作深，虽然奥秘却不是含蓄；用雕琢去求工巧，虽然华丽却不是精彩。

8. 夸[①]而有节[②]，饰[③]而不诬[④]。《文心雕龙·夸饰》

【注释】

①夸：夸张。②节：节制。③饰：修饰。④诬：捏造事实，无中生有。

【译文】

夸张而有分寸，修饰而不捏造。

9. 谈欢则字与笑并，论戚[1]则声共泣偕[2]（xié）。《文心雕龙·夸饰》

【注释】

①戚：忧愁、悲哀。②偕：在一起。

【译文】

谈到欢乐时文字和笑声并至，论到忧伤时语言和哭泣同来。

10. 文以辨[1]洁为能，不以繁缛为巧；事以明核为美[2]，不以深隐为奇。《文心雕龙·议对》

【注释】

①辨：道理明晰。②事：指文章中所阐述的道理和列举的事实。核：准确。

【译文】

文章以说理明晰、行文简洁为高，不以冗长繁复为巧；文中所阐述的道理或列举的事实以明白准确为要，不以艰深隐晦、难于理解为奇。

11. 论[1]山水，则循声[2]而得貌[3]；言节侯[1]，则披文[3]而见时[6]。《文心雕龙·辨骚》

【注释】

①论：写。②循声：顺着声音。③貌：样子，此指山水的形貌。④节侯：节令物候。③披文：阅读文辞。⑥见时：感受到时令的特点。

【译文】

说到山水，就能使读者仿佛可以顺着声音看到山光水色的样子；说到节令物候，就能使读者在阅读时似乎可以感受到所写时令的寒暖特点。

12. 篇之彪炳[1]，章无疵[2]也；章之明靡[3]，句无玷（diàn）[4]也；句之清英[3]，字不妄也。《文心雕龙·章句》

【注释】

①彪炳：文采焕发。②疵：缺点，毛病。③明靡：明白细腻。④玷：白玉上的斑点，比喻缺点。⑤清英：清新英挺。

【译文】

一篇文章文采焕发，是由于章节没有毛病；章节明白细腻，是由于句子没有缺点；句子清新英挺，是因为文字没有虚妄。

13. 启行[1]之辞，逆萌[2]中篇之意；绝笔之言[3]，追媵（yìng）前句之旨。《文心雕龙·章句》

【注释】

①启行：原意是起程，出发，这里指文章的开头。②逆萌：预先发端。③绝笔之言：指文章的结尾。④追媵：追继，承接。

【译文】

文章开头的话语，就应该预先稍稍显露出文章中心部分的意思；文章结尾处的语言，要能承接照应前面中心部分的主旨。

14. 寂然凝虑，思接千载；悄然动容，视通万里，吟咏之间，吐钠[1]珠玉之声；眉睫[2]

卷舒风云之色。《文心雕龙·神思》

【注释】

①吐纳：偏义复词，指吐，发出。②眉睫：眼毛，指眼前。

【译文】

默默地聚精会神地思考，思绪可上接千年前的生活；悄然转动眼神，视线能看到万里外的景物；吟咏之间，能发出珠圆玉润的声音；凝思之际，眼前就呈现出风云变幻的景象。

15. 意得[①]则舒怀以命笔，理伏[②]则投笔[③]以卷[④]怀。《文心雕龙·养气》

【注释】

①意得：指文思涌现。②理伏：指文思阻塞。③投笔：掷笔。④卷：收。

【译文】

文思涌现就舒展情怀执笔书写，文思阻塞就收起情思放下笔来。

【开篇有益】

1. 词语积累：

晦塞、节候、彪炳、明靡、清英、追滕

2. 文化常识：

意得：意思是谓心愿获偿。引申为称心如意，洋洋自得。

投笔：意思是扔掉笔去参军。指文人从军。

3. 读后有感：

用文字启迪思想，用文字震撼灵魂，这就是刘勰的《文心雕龙》。《文心雕龙》将古典才智和韵律以文字的形式呈现得淋漓尽致，让人赏心悦目；它有关行文、构思、修辞、议论等诸多写作知识，直到今天仍具有无可厚非的价值；而《文心雕龙》的真正魅力还在于它向世人表达了一种文学观—文章之本在于心。《文心雕龙》的书名已清楚地表明了全书的性质与主旨。“文心”即“为文之用心”，是写作时的整个心理活动。“文心雕龙”的本意是将写作的心理活动用精美的文辞予以细密地论述。

此书对写作很有指导作用。正如刘勰所说，写作要注重文质并重，反对片面追求形式的倾向，注重“情”的抒发。追求形式则要在学习优秀作品的基础上融入自己的特色，形成自己的风格,而不是一味地模仿照搬。王国维在《人间词话》中也说到“一切景语皆情语”,文章根本就在于一个情字，情发于心。写文章是和自己的心灵对话；读文章，是和写文章的人对话。以我手写我心，用行文功力表达真实感情，才会有动人的文章。

第二节　刘向与《说苑》

一、作者简介

刘向（前77年—前6年），原名刘更生，字子政，沛郡丰邑（今江苏省徐州市）人。汉朝宗室大臣、文学家，楚元王刘交玄孙，阳城侯刘德的儿子，经学家刘歆的父亲，中国目录学鼻祖。

以门荫入仕，起家辇郎。汉宣帝时，授谏大夫、给事中。汉元帝即位，授宗正卿。反对宦官弘恭、石显，坐罪下狱，免为庶人。汉成帝即位后，出任光禄大夫，改名为“向”，官至中垒校尉，世称刘中垒。建平元年，去世，时年七十二岁。

曾奉命领校秘书,所撰《别录》,是我国最早的图书分类目录。今存《新序》《说苑》《列女传》《战国策》《列仙传》《五经通义》。编订《楚辞》，联合儿子刘歆共同编订《山海经》。散文主要是奏疏和校雠古书的“叙录”，较有名的有《谏营昌陵疏》和《战国策·叙录》，叙事简约，理论畅达、舒缓平易为主要特色，作品收录于《刘子政集》。

二、作品简介

《说苑》是一部兼有议论的杂史小说集。内容多哲理深刻的格言警句，叙事意蕴讽喻，故事性强。以对话体为主，主旨是通过书中历史人物的言论事例来劝诫君臣，阐述儒家选贤尊贤的治国理念。有人说这是一本写给皇帝看的书，其实不然，其中的名言警句、历史故事，能带给你博古通今的哲学思考和发蒙解缚的人生启迪。

三、经典诵读

师旷问学

晋平公①问于师旷曰：“吾年七十，欲学，恐已暮②矣。”师旷③曰：“何不炳烛④乎？”

平公曰：“安有为人臣而戏其君乎？”师旷曰：“盲臣⑤安敢戏君乎？臣闻之：少而好学，如日出之阳⑥；壮而好学，如日中之光⑦；老而好学，如炳烛之明。炳烛之明，孰与昧行⑧乎？”平公曰：“善哉！”

【注释】

①晋平公：春秋时期晋国君主。公，是春秋时期诸侯一种爵位的称法，当时爵位分公、侯、伯、子、男五等。②暮：晚，迟。③师旷：晋国乐师。④炳烛：点烛。当时的烛只是火把，还不是后来的蜡烛。⑤盲臣：师旷为盲人，故自称。意为眼盲的臣子。⑥日出之阳：初升的太阳。⑦日中之光：正午的太阳光。⑧昧行：在黑暗中行走。昧：黑暗。

【译文】

晋平公问师旷，说：“我已经七十岁了，想要学习，恐怕已经晚了。”师旷回答说：“为

什么不点上火烛呢？”

平公说：“哪有做臣子的和君主开玩笑的呢？”师旷说：“我是一个双目失明的人，怎敢戏弄君主。我曾听说：少年的时候喜欢学习，就像初升的太阳一样；中年的时候喜欢学习，就像正午的太阳一样；晚年的时候喜欢学习，就像点火烛一样明亮，点上火烛走路和暗中走路相比哪个好呢？”平公说：“讲得好啊！”

【开篇有益】

1. 词语积累：

孰与、昧

2. 读后有感：

有志不在年高，只要有目标、有恒心、有信心、有决心，年龄、性别、身份都无关紧要。学习是一条漫长的路，所以要活到老，学到老。为人要好学，只要你想学习，什么时候学都是不算晚。学无止境，如果能做到终身学习，必然受益终生。

曾子辞邑

曾子衣敝衣①以耕，鲁君使人往致封邑②焉，曰：“请以此修衣③。”曾子不受。反，复往，又不受。使者曰：“先生非求于人，人则献之，奚为④不受？”曾子曰：“臣闻之，受人者畏人，予人者骄人。纵子有赐，不我骄⑤也，我能勿畏乎？”终不受。孔子闻之，曰：“参之言，足以全⑥其节也。”

【注释】

①敝衣：破旧衣服。②邑：原指县，这里指封邑，封地。③修衣：添置衣物。④奚为：为什么。⑤不我骄：即“不骄我”，不对我显露骄色。⑥全：保全，使……得以保全。

【译文】

曾子穿着破旧的衣服耕田，鲁国国君派人要封给他一座城，说：“请先生用封地的财富买些好衣服吧。”曾子不接受。那人回去，又再送来，曾子还是不接受。使者说：“这又不是先生您向人要求的，是别人献给您的，您为什么不接受？”曾子说：“我听说，接受别人馈赠的人就会害怕得罪馈赠者；给了人家东西的人，就会对接受者显露骄色。纵使国君赏赐了我土地，也不对我显露一点骄色，但我能不因此害怕他吗？”曾子最终还是没有接受。孔子知道了这件事，就说：“曾子的话，完全可以保全他的气节操守。”

【开篇有益】

1. 词语积累：

敝衣、奚为、全

2，文言句式：

不我骄（平时常见“不我待、不我若、不我用……”等句式与此句式相同。）

3. 读后有感：

曾子对鲁国并无贡献，而鲁国国君竟要赠送他一座城镇，以帮助他添置衣服，修饰仪表。虽然这是国君的一片好心，是他对曾子的敬重，但面对如此丰厚的馈赠，曾子不肯接受也不敢接受是有道理的。所谓“受人者畏人，予人者骄人”，虽不是针对某一个人，却是反映了正直的人们对于馈赠而产生的一种负疚心理和忧虑。无功不受禄，这是常理；天上掉馅饼，有违常情。保持清醒的头脑，不为物欲所驱，方为做人的大智慧；而那些节操不保、无视自尊的人，常常是利令智昏之徒。

公叔子巧谏

公叔文子①为楚令尹②，三年，民无敢入朝。公叔子见曰：“严矣。”文子曰：“朝廷之严也，宁③云妨国之制哉？”公叔子曰：“严则下喑④，下喑则上聋，聋喑不能相通⑤，何国之治也？盖闻之也：顺页针缕者成帷幕，合升斗者实仓廪⑥，并小流而成江海。明主者，有所受命而不行，未尝有所不受也。”

【注释】

①公叔文子：人名，复姓公叔。②令尹：楚国官名，相当于后来的垂相。③宁：难道。④喑：不能说话或成了哑巴。⑤通：通达，交流。⑥仓廪：仓库。

【译文】

公叔文子担任楚国令尹三年，臣民没人敢进朝献计，公叔的儿子看到这种现象后说：“太严厉了。”文子说：“朝廷严厉难道说会妨碍国家治理吗？”公叔的儿子说：“朝廷太严厉就会使下面成了哑巴，下面成了哑巴上面就成了聋子，聋子哑巴不能互相沟通，还治理什么国家呢？我听说过这样的话：让针线顺当的能织成帷帐，汇集升斗粮食的能装满仓库，合并小水流就能汇成大江大海。英明的君主，有接受意见却不去实行的，未曾有不接受意见的。”

【开篇有益】

1. 词语积累：

宁、喑、仓廪

2. 文化常识：

令尹：古代官名。春秋战国时楚国所设，为最高官职，掌军政大权。

3. 读后有感：

说话是一门艺术，要懂得方法，讲究技巧。台湾著名成功学家林道安说：“一个人不会说话，那是因为他不知道对方需要听什么样的话；假如你能像一个侦察兵一样看透对方的心理活动，你就知道说话的力量有多么巨大了！”俗话说：“话有三说，巧说为妙。”善用委婉的语气与对方沟通，甚至辩论，是取胜的技巧，是被接受的技巧，是智慧。正所谓“良言一句三冬暖，恶语伤人六月寒”。不注意说话艺术，即使立足点和出发点不错，也往往会导致无谓的误解和争端，甚至影响团结。公叔子在直抒胸臆的同时，既不惹恼君主也达到自己进谏的目的，这种巧谏，值得我们借鉴。

惠子善譬

客谓梁王曰："惠子之言事也善[①]譬。王使无譬，则不能言矣。"王曰："诺。"明日见，谓惠子曰："愿先生言事则直言耳，无譬也。"惠子曰："今有人于此而不知弹（tán）[②]者，曰：'弹之状若何[③]？'应曰：'弹之状如弹。'则谕[④]乎？"王曰："未谕也。"于是更[⑤]应曰："'弹之状如弓，而以竹为弦。'则知乎？"王曰："可知矣。"惠子曰："夫说者，固以其所知谕其所不知，而使人知之。今王曰'无譬'，则不可矣。"曰："善！"

【注释】

①善：擅长，文末"善"译为"（讲得）好"。②弹：以竹为弦的弓。③若何：像什么。④谕：明白；后文"谕其所不知"中的"谕"译为"说明"。⑤更：改变（说法）。

【译文】

客人对梁王说："惠子说话时擅长打比方，大王不让他用比方，他就不能说话了。"梁王说："好。"第二天见惠子，对惠子说："希望先生有话直说，不要用比喻。"惠子说："现在如果有个不知道'弹'是什么东西的人在这里，问：'弹的形状像什么？'回答说：'弹的形状就像弹'，那他明白吗？"梁王说："不明白。"惠子接着说："在这种情况下改变说法回答他说：'弹的形状像弓，并且用竹子做它的弦'，那么他会明白吗？"梁王说："可以明白了。"惠子说："说话的人，本来就是用他们已知的东西来说明人们所不知的东西，从而使人们真正弄懂它。现在您却说'不许打比方'，这就行不通了。"梁王说："说得好！"

【开篇有益】

1. 词语积累：

善、弹、谕、更

2. 读后有感：

比喻说理有"三化"：抽象内容具体化，复杂问题简单化，深奥道理浅显化。说话和写文章都是为了向别人传达你的意思，而打比方则能以具体生动的形象收到简明直观、深入浅出的效果。所以大王虽然不准惠子用比喻，但在惠子的引导之下欣然改变，并肯定了运用比喻的好处。"惠子善譬"这个典故意在说明：把别人的长处看作短处，并且强迫别人改变自己的长处去做事，那是行不通的。小到一个企业，大到一个国家，假如人人都能发挥所长，贡献自己的全部能力，何愁企业不兴，国家不盛？

季文子相鲁

季文子相鲁，妾不衣帛，马不食粟。仲孙它谏曰："子为鲁上卿，妾不衣帛，马不食粟，人其以子为爱[①]，且不华[②]国也。"文子曰："然[③]乎？吾观国人之父母，衣粗[④]食蔬，吾是以不敢。且吾闻君子以德华国，不闻以妾与马。夫德者得[⑤]于我，又得于彼，故可行。若淫[⑥]于奢侈，沉于文章[⑦]，不能自反[⑧]，何以守[⑨]国？"仲孙它惭而退。

【注释】

①爱：吝啬。②华：使……光彩、体面。③然：这样。④粗：粗布衣服。⑤得：有所得。⑥淫：过度。⑦沉：沉溺。文章：指华丽的衣服。⑧反：反省。⑨守：掌管，管理。

【译文】

季文子担任鲁国的宰相，他的妻妾不穿丝织品，喂马不用粮食。仲孙它劝告他说："你是鲁国上等大官，妻妾不穿好衣服，马也不喂粮食，别人都认为你吝啬，而且对国家也不体面"。季文子说："会这样吗？我观察国都中的老年人，他们都穿粗布衣、吃蔬菜饭，我因此不敢不那样做。况且我听说，君子是靠道德使国家体面的，没有听说用妻妾和马使国家体面的。品德好能使我有所得，又能使别人有所得，这是可以做的。如果过分奢侈，沉溺于华丽的衣服，不能自我反省，凭什么管理国家呢？"仲孙它惭愧地告辞了。

【开篇有益】

1，词语积累：

爱、沉、文章、反、守

2. 文化常识：

上卿：释义是古代官名，泛指朝廷大臣。

3. 读后有感：

在奢欲横流、淫侈之风日长的封建社会，身为朝廷重臣的季文子却能俭朴自持，不慕奢华，实属难能可贵；而更为可贵的是，他心存百姓，宁守清贫，"妾不衣帛，马不食粟"。这是因为他看到人民的生活条件还很差，国家还不富裕，所以他不敢奢侈。也就是说，百姓不富裕，当官的也决不享受。这样的人治理国家，必然能够尽心尽力，廉洁奉公，国运昌盛。

第三节 刘义庆与《世说新语》

一、作者简介

刘义庆（403 年—444 年），字季伯，徐州彭城（今江苏省徐州市）人。南朝宋宗室、宰相、文学家，宋武帝刘裕之侄，长沙王刘道怜之子。

为人恬淡寡欲，爱好文史，受封为南郡公。过继叔父刘道规，袭封临川王。历任尚书左仆射，出为荆州、江州、南兖州刺史，加位开府仪同三司，在各地清正有绩。身患疾病，返回京师。元嘉二十一年，去世，时年四十一，获赠荆州都督，谥号为康。

礼贤下士，汇集门客著有《徐州先贤传》，编有《幽明录》《宣验记》《世说新语》。

二、作品简介

《世说新语》，是南朝宋人刘义庆组织一批文人编写的一部主要记述魏晋名士贵族遗闻轶事的笔记小说，反映了魏晋文人的思想言行及上层社会的生活面貌，展示了魏晋名士的群像风骨。其文描写生动，意味隽永，有极高的文学价值；是魏晋南北朝时期“笔记小说”的代表作。

三、经典诵读

急不相弃[①]

华歆、王朗俱乘船避难，有一人欲依附，歆辄难[②]之。朗曰：“幸[③]尚宽，何为不可？”后贼追至，王欲舍所携人。歆曰：“本所以疑，正为此耳。既已纳其自托[④]，宁可以急相弃邪？”遂携拯[⑤]如初。世以此定华、王之优劣。

【注释】

①急不相弃：在有危难、紧急情况时互不舍弃对方。②难：拒绝。③幸：幸好。④自托：把自己托付给别人。⑤携拯：携带救助。

【译文】

华歆和王朗一起乘船避难，有一个人想搭乘他们的船，华歆当即拒绝。王朗说：“幸好船还宽敞，为什么不可以呢？”后面的贼寇马上要追上来了，王朗想抛弃搭船的人。华歆说：“起初我之所以犹豫不决，正是因为这一点。既然已经接纳了他的托付，怎能因为情况危急就丢下他呢？”于是仍像当初那样携带关照那个人。世人凭这件事来判定华歆、王朗的优劣。

【开篇有益】

1. 词语积累：

幸、本、携拯

2. 文化常识：

急不相弃：在有危难，紧急情况时互相都不舍弃对方。

3. 读后有感：

王朗的承诺是在不涉及个人私利情况下的轻诺，所以，当这种轻诺一旦与自己的利益发生冲突时，则暴露了他背信弃义、极端自私的一面；而华歆的承诺则是一诺千金、急不相弃，勇于担当自己的承诺。

这则故事启示人们：言必信，信必行，行必果，既诺必诚，始终如一。不要轻易许诺；既已许诺，就要善始善终。

雪夜访戴

王子猷（yóu）[①]居山阴。夜大雪，眠觉[②]（jué），开室，命酌酒。四望皎然，因起彷徨，咏左思[③]《招隐》诗，忽忆戴安道[④]。时戴在剡，即便夜乘小船就之。经宿[⑤]方至，造门[⑥]不前而返。人问其故，王曰："吾本乘兴而行，兴尽而返[⑦]，何必见戴"

【注释】

①王子猷：名徽之，字子猷，王羲之的儿子。②眠觉：睡醒。③左思：西晋大文人。④戴安道：名道，名画家。⑤经宿：过了一夜。⑥造门：上门。⑦乘兴而来，兴尽而返：趁着高兴便做某事，没有兴致或兴致已过便停止。形容做事随心所欲，不循规蹈矩。

【译文】

王子猷住在山阴。有一次夜里下大雪，他从睡眠中醒来，打开室门，命令下人上酒。他四下一望洁白一片，于是起身徘徊，吟诵左思的《招隐》诗，忽然想起戴安道。当时戴在列地，王子献就连夜乘小船去拜访他。过了一夜才到，王子猷到了门口没有进去却返身回去。有人问他原因，王子献说："我本来是乘着兴致而来，现在兴致尽了就回去，何必一定要见戴安道？"

【开篇有益】

1. 词语积累：

眠觉、造门、乘兴而来，兴尽而返

2. 读后有感：

历经一夜行舟，清晨至友人家，王子猷不去叩门访友，而是转身离去。这种不讲实务效果、但凭兴之所至的惊俗行为，十分鲜明地体现出当时士人所崇尚的"魏晋风度"，任诞放浪、不拘形迹的作风，窥一斑而见全豹。王子猷的追寻真可谓率性而为，来的尽兴，走的洒脱，不为功利目的所羁绊。然而，这兴尽而止的探访，这经宿荡舟的行程，何尝不是一种唯美的、别样的人生风格。

裴遐下棋

裴遐在周馥所，馥设主人①。遐与人围棋，馥司马行酒②。遐正戏，不时为饮，司马恚③，因曳遐坠地。遐还坐，举止如常，颜色④不变，复戏如故。王夷甫问遐："当时何得颜色不异？"答曰："直是暗当⑤故耳！"

【注释】

①设主人：以主人身份备办酒食。②行酒：在宴会上主持行酒令、斟酒劝饮等事。③恚：愤怒。④颜色：脸色，神态。⑤暗当：默默忍受。

【译文】

裴遐到周馥那里，周馥以主人身份宴请大家。裴遐和人下围棋，周馥的司马负责劝酒。裴遐正在和人下围棋，没有及时喝酒，司马生气了，于是撕扯着裴遐，裴遐从座位上摔到地上。裴遐站起来后又回到座位上，举止和平时一样，脸色也没变，还像刚才那样，继续接着下棋。过后王夷甫问裴遐："当时你怎么能不生气呢？"裴遐回答："只得默默承受罢了。"

【开篇有益】

1. 词语积累：

恚、颜色、行酒

2. 读后有感：

所谓大智若愚，是指小事愚，大事明；该糊涂时糊涂，该清醒时清醒。裴遐的忍气吞声，淡然受辱，换来的是周馥家宴的友好气氛。怒不形于色，患不损于情，这等故作颜色从容、深藏不露、毫不计较的美德，正是魏晋士人恢弘不凡的雅量，也是名雅风流千古高绝的气度。裴遐的隐忍不仅没有受到更多的伤害，反而得到了大家的敬重，而那些无礼伤人者也一定会在宽容博大的美德面前自惭形秽，无地自容。

家有名士

王汝南①既除所生服②，遂停墓所。兄王浑之子济每来拜墓，略不过③叔，叔亦不候。济脱④时过，止寒温而已。后聊试问近事，答对甚有音辞，出济意外，济极惋愕；仍与语，转造精微。济先略无子侄之敬，既闻其言，不觉懔然⑤，心形惧肃。遂留共语，弥日累夜。济虽俊爽，自视缺然⑥，乃谓然叹曰："家有名士，三十年而不知！"

济去，叔送至门。济从骑⑦有一马，绝难乘，少能骑者。济聊问叔："好骑乘不？"曰："亦好尔。"济又使骑难乘马，叔姿形既妙，回策如索⑧，名骑无以过之。济益叹其难测：非复一事。既还，浑问济："何以暂行累日？"济曰：。"始得一叔。"浑问其故，济具叹述如此。浑曰："何如我？"济："济以上人。"武帝每见济，辄以湛调之，曰："卿家痴叔死未？"济常无以答。既而得叔，后武帝又问如前，济曰："臣叔不痴。"称其实美。帝曰："谁比？"济曰："山涛以下，魏舒以上。"于是显名，年二十八始宦。

【注释】

①王汝南：王湛，因出任汝南内史而称王汝南。据传，王湛年轻时，少言语，大家以为他痴呆，王济也瞧不起他，不把他当叔父看待。②除所生服：父母死后，守孝期满，脱去孝服。所生：父母，这里指父亲。③过：过访、探望。④脱：或许；偶尔。⑤懔然：严肃不苟的样子。⑥缺然：不足的样子。⑦从骑：骑马的随从。⑧索：围绕、盘旋。

【译文】

汝南内史王湛守孝期满脱下孝服后，便留在墓地结庐居住。他哥哥王浑的儿子王济每次来扫墓，大都不去看望叔叔，叔叔也不等待他来。王济有时偶尔去看望一下，也只是寒暄几句罢了。后来姑且试着问问近来的事，答对起来言语辞致很是不错，出乎王济意料之外，王济非常惊愕；继续和他谈论，愈谈倒愈进入了精深的境界。王济原先对叔叔几乎没有一点晚辈的敬意，听了叔叔的谈论后，不觉肃然起敬，神情举止都变得严肃恭谨了。便留下来和叔叔谈论，一连多日，没日没夜地谈。王济虽然才华出众，性情豪爽，却也觉得自己缺少点什么，于是感慨地叹息说："家中有名士，可是三十年来一直不知道！"

王济要走了，叔叔送他到门口。王济的随从中有一匹烈马，非常难驾驭，很少有人能骑它。王济姑且问他叔："喜欢骑马吗？"他叔叔说："也喜欢呀。"王济又让叔叔骑那匹难驾驭的烈马，他叔父不但骑马的姿势美妙，而且甩起鞭子来就像条带子似的回旋自如，就是著名的骑手也没法超过他。王济更加赞叹叔叔难以估世，他的长处绝不止一种。王济回家后，他父亲王浑问他："为什么短时间外出却去了好几天？"王济说："我刚刚找到一个叔叔。"王浑问是什么意思，王济就一五一十地边赞叹边述说以上情况。王浑问："和我相比怎么样？"王济说："是在我之上的人。"以前晋武帝每逢见到王济，总是拿王湛来跟他开玩笑，说道："你家的傻子叔叔去世了没有？"王济常常没话回答。既而发现了这个叔叔，后来晋武帝又像以前那样问他，王济就说："我叔叔不傻。"并称赞叔叔美好的素质。武帝问道："可以和谁相比？"王济说："在山涛之下，魏舒之上。"于是王湛的名声传扬开来，在二十八岁那年才做官。

【开篇有益】

1. 词语积累：

过、懔然、策

2. 文化常识：

服除：意思是守丧期满。

五常："五常"即仁、义、礼、智、信，是用以调整、规范君臣、父子、兄弟、夫妇、朋友等人伦关系的行为准则。

3. 读后有感：

开朗外向的人容易脱颖而出，优点容易被人看到；深藏不露的内向性格常常吃亏，甚至会被人们说成有精神障碍。其实，性格的外向和内向各有所长短：外向者敏于应对，内向者长于深思；外向者易流于轻浮，内向者易失之拘谨。俗话说"是金子总要发光"，而事实上很多金子往往会被终生埋没。要不是王济偶然与叔叔交谈，王湛可能一直"痴"到

逝世。“世有伯乐，然后有千里马。千里马常有，而伯乐不常有。”当然，有才能的人也不能长期“锦衣夜行”。处在今天这个浮躁的时代，没有多少人闲下心来当伯乐，所以，一定要学会推销自我，像王湛那样不与世交，你也许一辈子都没有机会。

簸之扬之

王文度、范荣期俱为简文所要[①]。范年大而位小，王年小而位大。将前，更相推在前；既移久，王遂在范后。王因谓曰：“簸之扬之，糠秕[②]（bǐ）诊在前。”范曰：“洮[③]之汰之，沙砾在后。”

【注释】

①要：通“邀”邀请。②糠秕：秕糠。③洮：洗。

【译文】

王文度和范荣期二人一起被简文帝邀请。范荣期年纪大而职位低，王文度年纪小而职位高。（到简文帝那里）将要进去的时候，两人轮番推让，要对方走在前面；已经推让了很久，王文度终于走在范荣期的后面。王文度于是说：“簸米扬米，秕子和糠在前面。”范荣期说：“淘米洗米，沙子和石子在后面。”

【开篇有益】

1. 词语积累：

要、糠砒、洮

2. 文化常识：

簸之扬之，糠粃在前：谓扬米去糠，糠在米上。

3. 读后有感：

糠秕，比喻无价值的东西。“簸之扬之，糠秕在前”，形容自己不如别人，无才而居前列。王文度位高而不自傲，范荣期名高而不自誉，二人从行为上谦虚礼让，语言上相互调侃。故事启示我们：在人际交往中，无论对方地位高低、年龄大小，都不能互相嘲笑，要相互尊重，言行一致。谦虚辞让，是生活中对自我的洗礼。学会礼让，谦虚宽容，就如同黑暗里为自己点亮一盏明灯，既照亮自己，也温暖别人。

王石争豪

石崇与王恺争豪，并穷绮丽[①]；以饰舆服[②]。武帝，恺之甥也，每助恺。尝以一珊瑚树高二尺许赐恺，枝柯扶疏[③]，世罕其比。恺以示崇。崇视讫，以铁如意[④]击之，应手而碎。恺既惋惜，又以为疾[⑤]己之宝，声色甚厉。崇曰:“不足恨，今还卿。”乃命左右悉取珊瑚树，有三尺四尺，条干绝世，光彩溢目者六七枚，如恺者甚众。恺惘然自失。

【注释】

①绮丽：指华丽物品。②舆服：车辆和服饰。③扶疏：枝叶茂盛。④铁如意：搔背痒的工具，因能解痒如人意，故名。一端做成灵芝或云叶形供观赏。⑤疾：同“嫉”，嫉妒。

【译文】

石崇和王恺争比富有，都竭力用最华丽的东西来装饰车辆衣冠。晋武帝，是王恺的外甥，常常资助王恺。曾把一棵二尺来高的珊瑚树送与王恺，这棵珊瑚树枝条茂盛，很少有能与之相比的。王恺拿来给石崇看。石崇看后，就用铁如意敲它，马上就打碎了。王恺既惋惜，又认为石崇妒忌自己的宝贝，严厉地大声指责石崇。石崇说："不值得遗憾，现在就赔给你。"于是叫下人把家里的珊瑚树尽数取出，有三四尺高的，树干、枝条举世无双，光彩夺目的就有六七个，像王恺那样的就更多了。王恺看了，惘然若失。

【开篇有益】

1. 词语积累：

示、惘然、过、疾

2. 文化常识：

舆服：意思为车舆冠服与各种仪仗；古代车舆与冠服都有定式，以表尊卑等级。

3. 读后有感：

石崇与王恺都是西晋官僚贵族，他们巧取豪夺，奢靡腐化，争豪斗富。曾以蜡代薪，做锦步幛五十里以竟奢华。王恺虽有晋武帝的资助，却常常敌不过石崇。本文所记其流风之一斑。表现了这些富人骄傲自大、目中无人的攀比心态。成由勤俭败由奢；兴家犹如针挑土，败家犹如水冲沙。

如今的婚庆酒席，动辄上万元一桌的美餐，吃不完就全部倒掉，浪费的是资源，丢弃的却是"半丝半缕恒念物力维艰"的美德；还有绵延数里的殡葬，重金包装下的所谓的孝心，也远离了慎终追远的传统。言不为物役，行不为名累，才能品味生活之幸福，涵养时代之新风。

荀巨伯探病友

荀巨伯远看友人疾，值①胡贼攻郡②。友人语巨伯曰："吾今死矣，子可去！"巨伯曰："远来相视③，子令吾去，败义以求生，岂荀巨伯所行邪！"贼既至，谓巨伯曰："大军至，一郡尽空；汝何男子，而敢独止④？"巨伯曰："友人有疾，不忍委之，宁以我身代友人命。"贼相谓曰："我辈无义⑤之人，而入有义之国。"遂班军而还，一郡并获全。

【注释】

①值：适逢。②郡：指城。③相视：看望你。④独止：一人留下。⑤无义：不懂道义。

【译文】

荀巨伯千里迢迢探望生病的朋友，刚好碰上外族敌寇攻打那座城，朋友劝巨伯说："我马上要死了，您离开这儿吧！"巨伯说："我远道来看望您，您却让我离开，败坏道义来换得生存，难道是我荀巨伯做得出来的事吗？"敌寇进城后，问荀巨伯说："大军一进城，整个郡城的人都跑光了，你是什么人，竟敢一人留下来？"巨伯道："我朋友生了病，我不忍心丢下他一个人，我宁愿用我的命来抵换朋友的命。"敌寇听后相互议论说："我们这些不讲道义的人却侵入了这个有道义的地方。"于是就撤军而回，整个郡城也因此得以保全。

【开篇有益】

1. 词语积累：

值、谓

2. 读后有感：

荀巨伯千里迢迢探视病友，且不说问候病友有多贴心，仅是不顾路途遥远、身心疲惫地前来探视，就已感人至深；更难得的是，他在胡贼攻城时对病友不离不弃，不忍丢弃病友独自避难，而且愿意“以我身代友命”。这种舍生取义、视友情重于生命的精神实为难能可贵。荀巨伯用重义轻生、笃于友情的崇高行为，挽救了朋友，更挽救了一座郡城；唤醒了贼寇粗野无礼的内心良知，还让敌寇发出了“我辈无义之人，而入有义之国”的由衷感叹。荀巨伯顺心而为，一举一动都彰显着其独特的风骨！荀巨伯的行为感人至深，便如盛开的鲜花，无需见面，花香便足以沁人心脾……

参考文献

［1］汤一介．中国传统文化的特质［M］．上海：上海教育出版社，2019.

［2］张竟荣，宋旭民，邱燕．中国传统文化概论［M］．北京：国家行政学院出版社，2019.

［3］袁荣高，张波，欧鋆．中国传统文化教育［M］．成都：电子科技大学出版社，2019.

［4］金开诚，金舒年，徐令缘．传统文化六讲［M］．北京：北京出版社，2019.

［5］张义明，易宏军．中国传统文化概论［M］．西安：西北大学出版社，2019.

［6］王瑞文，柳松，黄凤芝．中国传统文化概论［M］．北京：北京工业大学出版社，2019.

［7］马怀立，姜良威，张毅．中国传统文化［M］．天津：天津人民出版社，2018.

［8］王卫平．中华优秀传统文化［M］．苏州：苏州大学出版社，2018.

［9］常彦．中国传统文化导论［M］．西安：陕西师范大学出版社，2018.

［10］赵昭．中国传统文化十讲［M］．重庆：重庆大学出版社，2019.